Shueisha
Series
Common

ヤニス・バルファキス
斎藤幸平［解説］
関美和［訳］

テクノ封建制

デジタル空間の領主たちが
私たち農奴を支配する
とんでもなく醜くて、不公平な経済の話。

集英社シリーズ・コモン

TECHNOFEUDALISM:
What Killed Capitalism
By Yanis Varoufakis

この世で大切なことはすべて、
それと正反対のなにかをはらんでいると
教えてくれた父さんへ

はじめに

何年か前に、私は資本主義の簡潔な歴史を書いてみることにした。壮大な仕事なので、できるだけ噛《か》み砕いて資本主義の本質に迫ろうと、当時一二歳だった娘に資本主義の物語を説いて聞かせるような体を装うことにした。そうして、娘ゼニアの了承も取らずに（そのことで一生彼女から恨まれることになったが）、娘に宛てた長い手紙のような本を書きはじめた。とにかく専門用語を使わないように気をつけ（資本主義という言葉さえ避けて）、私の書きぶりが若い世代に伝わるかどうかが、資本主義のエッセンスを私自身が本当に摑《つか》んでいるかを示すリトマス試験紙だと自分に言い聞かせた。そうして書き上げたのが、『父が娘に語る 美しく、深く、壮大で、とんでもなくわかりやすい経済の話。』だ。その薄い本は、「なぜこんなに『格差』があるの？」という、娘のとても単純な疑問が出発点になっていた。

二〇一七年にその本が出版される前から、私はもやもやした感覚を抱いていた。原稿を完成させてから製本された本を手にするまでのあいだも、まるで今が一八四〇年代で、自分が封建制についての本を出版しようとしているように感じることもあった。いや、もっと言うなら、一九八九年の終わりにソビエト連邦の中央計画経済についての本が日の目を見るのを待っているような、そんな気分だろうか。つまり、「今さら」という感覚だ。

その前作がギリシャ語、そして英語で出版されてからの数年間で、資本主義が滅びつつある（しかも、これまでに何度もあったような単なる変容の一過程とは違う意味で）という私の奇妙な仮説はますます強固になっていった。コロナ禍のあいだにそれは確信に変わり、自分の考えを早く本にまとめなければと急《せ》かされているような気持ちになった。そうすれば、私の仮説に激怒していた友人や政敵が、私の考えをあらゆる角度から検証したうえで、きちんとこき下ろすチャンスにもなるはずだと。

では、私の仮説とは？　それは、資本主義はすでに死んでいる、というものだ。つまり資本主義の力学がもはや経済を動かしてはいない、という意味だ。資本主義が担ってきた役割はまったく別のなにかに置き換えられている。その別のなにかを私は「テクノ封建制」と名づけた。私の仮説は最初はわけがわからないと思われそうだが、実はこの呼び名が今の状況にピタリと符合することをお示しできればと思っている。どういうことかと言うと、皮肉にも、資本主義を殺したのは……まさしく資本なのだ。といっても、産業革命の幕開けから私たちが馴染《なじ》んできた資本ではなく、新しい形の資本のことだ。資本はこの二〇年で突然変異と言えるほど変容し、歯止めの利かなくなったウイルスのように、その宿主を殺してしまった。なぜこんなことになってしまったのだろう？　主にふたつの出来事がそうさせた。ひとつはアメリカと中国の巨大テック企業によってインターネットが支配されるようになったこと。もうひとつは、二〇〇八年の金融危機に対する西側諸国の政府と中央銀行の対処の仕方だ。

この件についてなにか言う前にまず、本書についてはっきりさせておきたい。この本は、将来テクノロジーが私たちになにをもたらすかを書いたものではない。この先AIチャットボットが人間の仕事を奪うとか、自律型ロボットが人類を脅かすとか、マーク・ザッカーバーグが大した考えもなくメタバース［インターネット上に構築された三次元の仮想空間］をはじめたといったことについて書いたものでもない。そうではなくて、この本はすでに資本主義に起きたことについて、すなわち私たちに起きてしまったことについて書いたものだ。私たちみんなが使っている、スクリーン越しにクラウドにつながったデバイス、つまりどこにでもあるラップトップやスマートフォンを通して私たちの身の上にすでに起きたことについての本であり、それと並行して二〇〇八年からずっと各国の中央銀行と政府が行ってきたことについての本である。私がここで取り上げようとしている、歴史に残るような資本主義の変容はもうすでに起きている。だが、膨張する債務への不安、感染症の流行、戦争、気候変動といった緊急事態であたふたしていたために、ほぼ気づかれていなかっただけだ。今こそ、私たちが資本主義の変容に注意を向けるべき時がやってきたのだ！

よくよく周りを見てみれば、資本の突然変異が起きていることは明らかだろう。私はそれを「クラウド資本」と名づけた。このクラウド資本への変異が資本主義のふたつの柱を消滅させた。それは市場と利潤だ。もちろん、市場と利潤は今もあちこちに存在する（ご存じのように、かつての封建制のもとでも市場と利潤は存在していた）。ただし、今はもうこのふたつが主役ではなくなった。この二〇年のあいだに利潤と市場は、私たちの経済社会システムの中心から隅っこへと押しやられ、別のものに置き換えられた。では、なにに置き換えられたのだろう？資本主義で媒介役を担っていた市場は、市場のように見えるが市場ではないデジタル取引プラットフォームに取って代わられた。そのプラットフォームは「封建領地」とでも呼んだほうが理解が進むだろう。そして資本主義のエンジンである利潤は、かつての封建制にも存在した、あるものに置き換えられた。それがレント［地代・小作料］だ。具体的に言うと、こうしたプラットフォームやクラウド［インターネット上のデータの保管場所］にアクセスするために支払わなければならない場所代のようなものだ。私はこれを「クラウド・レント」と呼んでいる。

その結果、今では本当に力を持っているのは、機械や建物や鉄道や通信ネットワークや工業ロボットといった伝統的な資本の所有者ではなくなった。伝統的な資本の所有者は引き続き労働者から利潤を引き出しているが、かつてのような中心的存在ではない。これから見ていくように、彼らは家臣になった。つまり、クラウド資本の所有者という新たな封建領主階級の封臣となったのだ。それ以外の私たち全員はかつての農奴としての地位に戻り、無償の労働を通して新たな支配階級の富と権力に貢献している。もちろん機会が与えられれば賃労働もしているわけだが。

こうした出来事は、私たちの生き方と経験になんらかの影響を及ぼしているのだろうか？当然、影響している。第五〜七章で説明するように、この世の中がテクノ封建制になっていることに気づけば、今起きている大小さまざまな謎を解くのに役立つはずだ。たとえば、グリーンエネルギー革命とはいったいなんなのか、イーロン・マスクはなぜツイッター［現X《エックス》］を買収したのか、アメリカと中国はなぜ「新たな冷戦」に突入したのか、ウクライナ戦争はどのようにドルの覇権を脅かしているのか、といったことに。また、自由《リベラル》な個人はなぜ消えたのか、社会民主主義はなぜ実現不可能なのか、仮想通貨《クリプト》への期待はなぜ裏切られたのか、そしてなにより、どうしたら私たちは自立と自由を取り戻せるのかについても。

二〇二一年も後半になると、私はこうした確信に突き動かされ、コロナ禍によってますますその確信は強まり、行動を起こすことにした。腰を据えてテクノ封建制を簡潔に紹介する本を書こうと決めた。テクノ封建制とは、資本主義に取って代わった、はるかに醜い社会の現実のことだ。ただ、ひとつ引っかかったのは、だれに向けて書くか、ということだ。私はあまり深く考えもせず、ある人に向けて書こうと決めた。それは、私がごく幼い頃に、私に資本主義について教えてくれた人だ。のちにその人物は私の娘と同じように、私に単純な問いをひとつ投げかけてきたことがある。この本の大部分がその問いに答えるものだ。そしてその人物とは、私の父だ。

せっかちな読者のために、あらかじめおことわりしておこう。テクノ封建制についての説明は第三章まで出てこない。私の書くことを理解してもらうにはまず、ここ数十年における資本主義の驚くべき変容を振り返る必要がある。それが第二章だ。本の冒頭にはテクノ封建制の話はまったく出てこない。第一章では、私の父が金属片とヘシオドスの叙事詩の助けを借りながら、六歳だった私にテクノロジーと人間の複雑な関係と、資本主義の本質をどのように説明してくれたかを書いた。この教えが、その後に続くすべての考えの原則を導く出発点になった。そして結論へと導いてくれたのもまた、一九九三年に父が私に投げかけた一見単純な問いだった。だから、ここからは父への手紙という形でしたためることにする。この本は、父の大切な問いに答えようとする私の試みである。

目次

凡例
・訳註は［ ］で示した。
・外国語文献からの引用については、本書の訳者が訳出を行った（邦訳のある書籍については、代表的なものの書誌情報を巻末の註で示した）。
・邦訳のない外国語文献については、原著にしたがって文献名と著者名を巻末の註で示した。

第一章

ヘシオドスのぼやき

私の知る限り、マーガレット・サッチャーを「鉄の女」と呼ぶことが、なぜちょっとした侮辱にあたるのかを理解できない左翼の人間は、父くらいのものだった。そして、同じ金属の中でも鉄に劣るのが金《きん》だと信じるように育てられた子供も私くらいのものだろう。

鉄の魔法のような性質について、私がはじめて入門教育を受けたのは一九六六年の冬のことだ。その年は厳しい寒さだったのを覚えている。私たち家族は当時、アテネ郊外の海沿いのパレオ・ファリロにある自宅の建て替え中で、狭苦しい賃貸アパートに仮住まいをしていた。両親はそこを早く出たい一心で、冬の真っ只中《ただなか》、まだセントラル・ヒーティングの設置も終わっていない工事中の自宅に舞い戻った。ありがたいことに父さんのこだわりで、新しい居間には(それなりに)立派な赤煉瓦《れんが》の暖炉ができていた。その暖炉の暖かい火の前で、冬の夜、幾晩かにわたって、父さんは「友人」と呼んでいたものをひとつずつ私に紹介してくれた。

▼父の「友人たち」

その友人たちは、父さんがある晩「工場」から持ち帰った灰色のずだ袋に入ってやってきた。工場とは、父さんが化学技術者として六〇年にわたり働くことになる、エレウシスにある製鉄所のことだ。その「友人たち」は、なんとも見栄えのしない代物だった。中には形の崩れた岩のように見えるものもあったけれど、あとでそれが鉱石の塊だと知った。さまざまな形の金属棒や金属板もあり、同じように見栄えが悪かった。暖炉の前に畳まれた手刺繡《ししゅう》の白いテーブルクロスの上に、父さんがそれをひとつひとつ愛《いと》おしげに並べる姿を見ていなければ、それが特別なものだと僕は思いもしなかっただろう。

最初に紹介してくれた「友人」は錫《すず》だった。父さんは僕に錫のかけらを握らせて、その柔らかさを感じさせたあと、鉄製の鍋にそれを入れ、燃え盛る火の上に置いたね。錫が溶けて鍋が金属の液体で満ちてくると、父さんの目が輝いた。「固体は溶けて液体になるし、さらに熱すると蒸気になるんだよ。金属であってもね！」。まるで魔法のように固体から液体へと変わるさまに僕が感動したことを確認した父さんは、その液体を鋳型に流し込み、水に浸して熱を冷ますと鋳型を割って、もう一度僕の手に握らせた。そうやって、僕たちの「友人」が普通の状態、つまり最初の姿に戻ったことを僕に確認させたのだった。

次の晩は別の友人で実験した。少し長めの棒状の青銅だ。今回はさしたる変化はなかった。というのも、青銅は錫の五倍ほどの高温で熱しないと溶けないからだ。その棒は鮮やかなオレンジがかった赤色に輝きはじめ、その熱々の棒切れを小さなハンマーで自分の好きな形に変えられることを父さんは教えてくれた。僕が飽きるまでやると、父さんとそれを水に浸して冷やし、元の状態に戻した。

三日目の晩は、父さんがいつにもまして浮かれているように見えた。一番の親友である鉄を僕に紹介しようとしていたからだ。父さんは場を盛り上げようと、金《きん》の結婚指輪を指から外して僕に見せた。「金ってキラキラしているだろ？」と父さんが言う。「昔っから人間は、金の見た目に惹《ひ》かれてるんだ。でも、外見だけだってことがわかっちゃいない。金はキラキラ輝いてはいるがね、特別な金属ってわけじゃない」。もし僕が望めば、金を熱して水に浸して冷ますと錫や青銅と同じように元の姿に戻ることを、父さんは喜んで実演してくれたはずだ。僕が見せてくれとせがまなかったことに気をよくして、父さんはお気に入りの手順に移った。

父さんは小さな鉄鉱石の塊を掲げた。どこにでもありそうなその石を、まるでハムレットが道化師ヨリックの頭蓋骨を検分するかのようにしげしげと見つめ、声を少し張り上げてこう言った。「さてさて、まさに魔法のような物質があるとすれば、こいつだよ。その名も鉄。『物質の魔法使い』ってやつだ」。そして、前の晩に青銅の棒にやったのと同じ拷問を鉄に施しはじめた。だが、決定的に違っていることがいくつかあった。

鉄を熱する前に、僕はハンマーで鉄の端っこを叩《たた》くように言われた。鉄が青銅と同じくらい柔らかくて形が変わりやすいことを確かめるためだ。そして鉄鉱石を暖炉の火の中に入れ、小さなふいごで風を送って炎をあおぐと、鉄の輝きで居間がパアッと明るくなった。父さんは鉄の棒を暖炉から取り出し、小さなハンマーで叩いて、子供だった僕の目には剣のように見える形に整えた。「かわいそうなポリュペーモス！」と父さんが意味ありげに言う。

「もう一度熱してごらん」と父さんが言った。僕はまた鉄の剣を暖炉の火の中に入れた。「今度は赤くなる前に水に浸してみよう」。鉄がシューシューと音を立てると僕はワクワクして、同じことを三度四度と繰り返した。これは冶金技師が「焼き入れ」と呼ぶプロセスだ。父さんは、僕が作った新しい剣をちゃんと愛《め》でる余裕もくれず、「さあ、ここが見せ場だよ」と声を上げる。「ハンマーを持ち上げて、力一杯その剣の先に打ち下ろしてごらん」と言った。

「でも壊したくないよ」と僕は抗《あらが》った。

「いいからやってみて。やればわかるから。力一杯振り下ろすんだよ」

僕は力一杯やってみた。ハンマーは剣先に当たって跳ね返った。何度もハンマーを振り下ろした。でも、結果は同じだった。剣はびくともしなかった。硬くなっていたのだ。

▼子供のための史的唯物論入門

父さんは嬉《うれ》しそうな様子を隠せなかった。僕が見たものは、世の中を変えるような大変革なんだと説明してくれた。ただ単に錫が溶けたというような変化じゃないんだ、と言うのだ。確かに先史時代から人類の発展を促してきたのは銅だった。ヒ素や錫を添加して合金にすることで強度を増した銅は青銅となり、メソポタミア人もエジプト人もアカイア人も、この新しい技術をもとに梨《すき》や斧《おの》を手に入れ、灌漑《かんがい》を行った。おかげで大量の農作物の余剰が生まれ、その資金で荘厳な寺院を建立し、強力な軍隊を持てるようになった。だが、そこから「文明」と呼ばれる段階に人類が到達するには、青銅よりもはるかに硬いなにかが必要だった。梨も、金槌も、僕が作った剣先と同じ硬さの金属構造が必要だった。僕が自宅の居間で見た魔法、つまり柔らかい鉄を冷水で「洗礼」し、強化することが必要だったのだ。

鉄の鋳造法を学べなかった青銅器時代のコミュニティは滅びた、と父さんは主張した。そうしたコミュニティの青銅の盾は、鉄の鎧《よろい》をまとった敵の堅固な剣で切り裂かれ、彼らの梨ではやせた土地は耕せず、ダムや寺院を支える金具は弱すぎて、先見の明のある建築家たちの野望は実現できなかった。反対に、鉄を鍛える「テクネー［技術知］」を習得したコミュニティは、農耕でも、戦場でも、海上でも、商業でも、芸術でも栄えていった。鉄の魔法によってテクノロジーは新たな役割を担い、文明の原動力にも、その不満の種にもなった。

父さんと僕のちょっとした実験の文化的意義、そして鉄器時代の到来の文化的重要性を僕が理解できるよう、父さんはさっき、なぜ「かわいそうなポリュペーモス！」とつぶやいたのかを教えてくれた。ポリュペーモスはホメロスの叙事詩『オデュッセイア』に登場するひとつ目の巨人である。ホメロスによると、ポリュペーモスはオデュッセウスとその手下たちを洞穴に閉じ込め、じっくりとひとりずつ食い殺そうとしていた。オデュッセウスは手下たちとそこから逃れようと、ポリュペーモスが酔っぱらって寝入るのを待ち、木の杭を焚《た》き火で熱し、手下の助けを借りてポリュペーモスのひとつ目に突き刺した。「鉄のジューッという音を覚えてるかい？」と父さんは聞いた。ホメロスもまたその音が耳に焼きついていたのだろう。『オデュッセイア』ではその残酷な瞬間をこんなふうに描いている。

> そして鍛冶屋が自慢の斧や手斧を冷たい水に浸し、ジューッといわせて鍛える――そうやって鉄の強さは生まれる――そんな音が、オリーブの木の杭を突き刺した目から聞こえた。[*1]

オデュッセウスとその同時代人が生きたのは鉄器時代以前なので、鉄のジューッという音が分子レベルでの硬化の象徴として歴史的意義を持つことなど、知るよしもなかった。しかし、トロイア戦争から数世紀後の時代の人間だったホメロスは鉄器時代の申し子であり、鉄がもたらした技術的かつ社会的革命の真っ只中《ただなか》を生きていた。ホメロスをただの変わり者だったと僕が思わないように、父さんは古代ギリシャの悲劇詩人ソポクレスの言葉を引用して、鉄の魔法がその後も長きにわたって与えた影響について教えてくれたね。ソポクレスはその四世紀もあとに、魂は「水で鍛えた鉄のように硬い」とたとえたのだ、と。

石器や石製の武器が青銅器へと替わったときに、はじめて先史時代に代わって歴史時代が訪れたのだと父さんは言った。紀元前四〇〇〇年頃から青銅器が広がりはじめると、メソポタミア、エジプト、中国、インド、クレタ、ミケーネなど、さまざまな地域で強力な文明が生まれた。だが、その時代になってもまだ、歴史は一〇〇〇年単位で刻まれていた。それが一〇〇年単位、つまり世紀という単位で数えられるようになったのは、鉄の魔法が発見されてからだ。紀元前九世紀頃に鉄器時代がはじまってから七世紀足らずのうちに、三つの異なるまったく新たな時代が次々と訪れた。幾何学様式時代、古典時代、ヘレニズム時代だ。

青銅器時代までは遅々としていた人類の歩みは、鉄器時代になると息もつかせぬ速さで進んでいった。だが、鉄と鋼鉄は長きにわたって生産が難しく高価すぎた。産業革命のあとでさえ、最初の蒸気船はほぼ木製で、鉄を使っていたのは重要部分（ボイラー、煙突、ジョイント）だけだった。ここで登場するのが父さんにとっての偉大なヒーローのひとり、ヘンリー・ベッセマーだ。ベッセマーは溶かした銑鉄《せんてつ》に空気を吹きつけて不純物を焼き払うことによって、大量の鋼鉄を安価に製造する方法を発明した。そのとき、歴史が今のようなスピードに加速したのだと父さんは言っていたね。さらにヴィクトリア時代の偉人であるジェームズ・マクスウェルによる電磁場の制御と相まって、ベッセマーの精錬法は、一八七〇年以降の急速な技術革新の時代である第二次産業革命をもたらした。それは、第一次産業革命における一九世紀初頭の工場の出現とは異なる、奇跡と恐れが密接に絡まり合う時代でもあった。

一九六六年のあの冬の幾晩かを思い返して、はっきりとわかることがある。それは、あのときに私が「史的唯物論」に引き込まれていたということだ。史的唯物論とは、人間が物質を変容させる方法と、それに応じて人間の思考や社会関係が変容するあり方が互いに影響し合い、そのフィードバックが絶えず繰り返されるという歴史観である。幸い、父の史的唯物論はほどほどにバランスが取れていて、テクノロジーに熱を上げながらも、人間というものは奇跡のようなテクノロジーを生き地獄に変えてしまうほど愚かな存在にもなり得るのだ、という健全な懐疑心を常に抱えていた。

あらゆる革命的なテクノロジーに共通することだが、鉄もまた歴史を加速させた。ではどのような方向に？　どんな目的で？　私たちへの影響は？　父さんが教えてくれたように、鉄器時代のはじめから、その悲惨な結末を予見していた人たちがいた。ヘシオドスは、ホメロスとほぼ同時代の叙事詩人だ。ヘシオドスが著した『労働と日々』は父さんが鉄に、そしてより広い意味でテクノロジーに抱いていた情熱を、いい意味で冷ます効果があったね。

第五時代（鉄器時代）の人々とともに生きる必要がなかったらよかったのに。その前に死ぬか、そのあとに生まれていればよかった。この鉄器時代のど真ん中で、昼は労働と悲しみに明け暮れ、夜は死んだように眠る……善と悪とが入り交じる世の中で……敬虔《けいけん》で正義と善を守る人たちにとって、この時代は甘くない……強いことがいいとされ……悪人が善人を傷つける……普通の人間には苦い悲しみが残り、悪に対抗する助けは得られない。*2

ヘシオドスによれば、鉄によって硬くなったのは梨だけでなく、私たちの魂もだ。鉄の影響を受けて、私たちの魂は火の中で打ち鍛えられ、鍛冶屋の大釜の中でシューシューと音を立てる金属のように、新たな欲望が私たちの中に焼きつけられた。恵みが膨れ、所有地が拡大するにつれて、美徳は試され、倫理は破壊された。強さは新たな喜びを生み出すとともに、疲弊と不正もまた同時に生み出した。テクノロジーがもたらした権力を抑えることのできない人類を、ゼウスはいずれ滅ぼすしかなくなるだろうとヘシオドスは予言した。

父はヘシオドスの考えに反対したがっていた。私たち人間はテクノロジーの奴隷になったり、だれかをテクノロジーの奴隷にしたりすることなく、テクノロジーの支配者になれると信じたかったのだ。最先端のテクノロジーの象徴である火を、プロメテウスが人間のためにゼウスから奪ったのは、地球を焼き尽くすためではなく、人間の生活を明るくするためだった。人間がプロメテウスの誇れる存在になれると父は思いたかったのだ。

▼熱から光へ

暖炉の前で僕に見せてくれた、あの魔法のような力を人類が無駄にするはずがないと父さんがずっと期待し続けた理由のひとつは、もともとの性格が楽観的だったからだ。もうひとつの理由は、父さんが光の性質に出合っていたことだ。

あるとき、僕が暖炉から鉄の棒を取り出していると、父さんはこう聞いたね。「熱した金属が赤く輝いて見えるのはなぜだと思う?」。僕はまったくわからなかった。幸いなことに、答えを知らなかったのは僕だけではなかった。

光については、何世紀にもわたって天才たちのあいだでも意見が分かれていたんだ、と父さんは言った。アリストテレスやジェームズ・マクスウェルのように、光を「エーテル」を媒質にした波動の一種で、音のようにどこか発生源から飛んでくるものだと考える人たちもいた。だが一方で、デモクリトスやアイザック・ニュートンのように、光は音と違って角を曲がることができず、そうした波動ならではの特徴が存在しないのは、光がとても細かいなにかであり、つまり粒子のようなものから成るなにかが真っ直《す》ぐに飛んできて人の網膜に届くからだ、と考える人たちもいた。正しいのはどちらだったのだろう?

父さんの人生が変わったのは、アルベルト・アインシュタインの回答を読んだときだったそうだ。「いずれも正しい」とアインシュタインは言った。「光は粒子の流れであると同時に、波動でもある」と。だとすれば、なぜそんなことが可能なのか? 粒子は波動とはまったく性質が違う。粒子は特定の瞬間に特定の一点にだけ存在し、運動量が大きく、邪魔が入らない限りは真っ直ぐに進む。逆に波動は媒質の振動であり、だから角を曲がって一度に多方向にエネルギーを運ぶことができる。

アインシュタインが言うように、光が粒子であり、かつ波動でもあると証明するためには、あるものが同時にまったく正反対のふたつの物質であり得ることを認めなければならなかった。父さんは光の二面性を知ったことがきっかけで、すべての自然界と社会には必ず根本的な二面性があるのだと悟った。アインシュタインが発見したように、「もし光が同時にまったく違うふたつのものになり得るとしたら、つまり、もし物質がエネルギーであり、エネルギーが物質であるなら、人生を白か黒かで断じることはおかしいし、その中間のグレーだとするのはもっとおかしい」。若き日の父さんは母親に宛てた手紙にそう書いた。

僕が一二歳か一三歳になる頃には、父さんが鉄の魔法、つまりテクノロジーに惚《ほ》れ込んでいることを繰り返し聞かされていて、テクノロジーとアインシュタインの物理学への情熱や、すべてのものに相反する二面性があるという父さんの気づきが、どうやら左派的な政治観に関係しているらしいことがわかってきた。その左派的政治信条のせいで、父さんはかつて数年間投獄されていたこともあった。自分の勘が当たっていたことを僕が確信したのは、たまたまある人物の演説原稿に出くわしたときだった。その人物とは、史的唯物論の概念を創り出したカール・マルクスだ。まるで父さんが言葉を紡いでいるような原稿だったのだ。

今の時代、あらゆるものがその対極にあるなにかをはらんでいるように見える。機械は人間の労働を短縮して生産性を上げている反面、人々は飢えと過重労働に苦しんでいる。新たな富の源泉は、奇妙な呪文によって欲望の源泉へと変貌する。芸術の勝利は個性の喪失によってもたらされたかのようだ。[*3]

人間の労働時間を短縮して生産性を上げる力は、父が私に実証してくれた「物質の大変化」から生じた。暖炉の中で鉄鉱石が鉄鋼に変わり、ジェームズ・ワットが発明した奇跡の蒸気機関の中で熱が運動エネルギーに変わり、電信の磁石とケーブルを通していくつもの小さな奇跡が起きた。だが、ヘシオドスの第五時代［鉄器時代］からずっと、その力は正反対のものをはらんでいた。人を飢えさせ、過剰に働かせる力と、富の源泉を欲望の源泉に変える力だ。父のふたつの情熱――ひとつは炉や冶金やテクノロジー全般への情熱、もうひとつは政治への情熱――のつながりが見逃せないほどはっきりしたのは、はじめて『共産党宣言』を、特にこの一節を読んだときだった。

つまり固体は溶けてことごとく気化し、聖なるものはすべて冒瀆《ぼうとく》され、人間はついに人生の本当の状態に、そして自分の同類との関係に冷静な感覚で向き合わざるを得なくなる。[*4]

その一節を読んだとき、溶けていく金属を暖炉の前で、じっと子供のように熱心に見つめていた父さんの姿を思い出した。さらに壮観な思い出は、父さんが品質管理部門を統括していた製鉄所の炉でも、鉄が高熱によって文字通り「溶けてことごとく気化」する様子に、やはり父さんが興奮していたことだ。

ただしヘシオドスと違って（あるいは今の時代の倫理学者たちとも違って）、父さんはテクノロジー否定論者とテクノロジー崇拝者のどちらか一方の肩を持つようなことはなかった。もし光が相反するふたつの性質を持つことができるなら、そして、もしすべての自然が真逆の二面性を持つのなら、鋼鉄も、蒸気機関も、ネットワークにつながったコンピュータもまた、解放者であると同時に奴隷の支配者にもなり得る。そして、そのどちらになるかは、集団としての私たち次第なのだ。政治の役割はそこにある。

▼いとも奇妙な資本主義入門

左派はたいてい、資本主義が悪《あ》しき不正義やとんでもない格差を生み出しているのを見て、急進化していく。私の場合は違った。もちろん、ファシストの独裁政権下で育ったことも一因ではあるが、私の左派的な考え方のきっかけはもっと微妙なものだった。父から受け継いだ、物事の二面性を敏感に見抜く感受性だ。

マルクスやその他の経済学者の書いた言葉を読むはるか以前に、この社会の土台の奥底にいくつかの二面性が埋め込まれていることを私は嗅ぎ取っていた。最初にそんな二面性にハッとさせられたのは、ある晩、母さんが父さんに愚痴を言っているのを聞いたときだった。母さんは肥料工場で化学者として働いていたが、労働時間に対しての賃金は支払われているものの、熱意に対しては決して支払われないと嘆いていた。「私の賃金なんてクズ同然よ。だって私の時間は安く見なされているから」と母さんは言った。「正しい結果を出そうっていう私の情熱を、上司はタダで手に入れているのよ」。まもなく母さんは辞職して、公立病院で生化学者としての職を得た。数カ月経った頃、母さんは嬉しそうに言った。「少なくとも病院なら私の努力が患者さんの役に立つわ。まあ、以前の工場主にとって私が見えない存在だったように、患者さんからも見えない存在だけどね」。

　その母さんの言葉がずしんと胸に残った。母さんは意図せずして賃労働の二面性を私に教えてくれたのだった。母さんの時間と正式なスキル（資格や学位）に対して母さんが受け取っていた賃金は、職場で過ごす時間の「交換価値」を反映したものだ。だが、その時間は職場で生み出されるものに本当の価値を与えているわけではない。工場や病院で生み出されたものには、母さんの努力や熱意や工夫や直感が上乗せされている。そうしたものには報酬は与えられていない。それは映画館で映画を観《み》るときに似ていた。映画の料金は交換価値だが、映画が与えてくれる喜びはそれとはまったく別のものだ。これがいわゆる「経験価値」というものだ。同じように、労働も「商品労働」（賃金によって買うことができる母の時間）と「経験労働」（母が仕事に注ぎ込む努力や情熱や直感）に分かれている。

　時を経て、自分がマルクスを読む年頃になって、とても興奮したのを昨日のことのように覚えている。あの暖炉の前で父が教え、母が語ってくれたことのおかげで、偉大な経済学者の歴史的理論にすでに出合っていたことに気づいたのだ。今この世界では、当たり前のように、労働はそのほかの商品と同じだと見なされている。人は食べていくため、業者が商品を宣伝するかのように自分のスキルを売り込む。労働者は市場が決めた値段（賃金）を受け入れる。その値段とは交換価値、つまりほかの取引可能な商品と比べてどのくらいの価値があるか、という金額だ。これが商品労働だ。とはいえ、石鹸《せっけん》やジャガイモやｉＰｈｏｎｅは商品以外のなにものでもないけれど、労働にはそれ以外のなにかがある。

労働の第二の側面、つまり母が何気なく語っていた経験労働について考えてみよう。経験労働の一例をあげると、多国籍の建設会社に雇われた建築家集団が考えを出し合った末に生まれた素晴らしいアイデアはそうだろう。もしくは、レストランでウエイターがかもし出すいい雰囲気。あるいは、学習障害を抱えた生徒が難しい数学の問題を解いたときの教師の喜びの涙。どれも商品化できるものではない。なぜかというと、お金では本当のひらめきの瞬間は買えないし、純粋な笑顔も、心からの涙も買えないからだ。むしろ、そういったものはお金で買おうとしたら、逃げていくだろう。実際、上司が経験労働を数字にしたり、値段をつけたり、商品化しようとしたりしても愚かなだけだ。バカな人間が「自主性を持て！」と怒鳴っているのとそう変わりない。

私が「経験労働」と呼ぶもの、つまりお金で買えない種類の労働は、マルクスが単に「労働」と呼んでいたものと同じだ。私が「商品労働」と名づけたものを、マルクスは「労働力」と呼んでいた。だが、考え方は同じだ。「働き手が売るものとは、労働ではなく労働力であり、労働力の一時的な処分権を資本家に引き渡すものである」[*5]。マルクスが打ち立てたあの資本主義の理論が労働のふたつの側面に基づいていると知ったとき、私がどれほど嬉しかったことか。

なぜなら、ここに資本主義の秘密があるからだ。商品化できない従業員の汗、努力、ひらめき、善意、気遣い、そして涙こそが、雇用主が商品に吹き込んで顧客に届けたいと願う交換価値であり、それが建物やレストランや学校を望ましいものにする。

工場にはやる気も喜びもないロボットのような労働者がいて、彼らは自分の賃金以上で売れるブリキ缶やガラクタを作っているのだと反論する人もいるだろう。確かにそうだ。だが、そうなってしまうのは、スキルのない単純労働者が注ぎ込む努力を雇用主が買えないからだ。雇用主が買えるのは彼らの時間だけで、そのあいだ雇用主は従業員にあの手この手で、もっと働け、もっと額に汗しろと圧をかけてくる。ただし、こうした単純労働者の汗は建築家のセンスと同じで、直接売ったり買ったりできるものではない。そしてここがまさに雇用主の腕の見せどころだ。高度なスキルが必要な仕事であれ、やる気の起きない繰り返しの機械的で単純な作業であれ、そこからなんらかの上乗せ分を引き出すのは雇用主の隠れた力だ。雇用主は労働時間(商品労働)に対しては賃金を支払う義務があるが、汗やひらめき(経験労働)は買いたくても買えない。

建築家のひらめきやウエイターの心からの笑顔や教師の涙を買えないことについて、雇用主はさぞイライラしているだろうと思われるかもしれない。そういったものがなければ、労働者の仕事から価値が生まれないからだ。だが、実態は違って、雇用主は一〇〇〇ドルの上着を買ったら裏地から二〇〇〇ドルが出てきたような気分なのだ。事実、そうでなければ彼らは倒産してしまう。

この隠れた資本主義の秘密をはじめて解き明かしたとき、私は釘《くぎ》づけになった。資本家は経験労働をお金で買えないがゆえに利益を得ている。できないことから恩恵を受けるなんて！　資本家は商品労働への対価（賃金）と、経験労働のおかげで生み出される商品の交換価値との差額を懐に入れている。言い換えると、労働の二面性が利益を生み出しているのだ。

二面性を持つのは労働だけではない。私が育った時代でも、今日でも、巷《ちまた》でもっぱらまかり通っているプロパガンダでは、利潤とは資本と呼ばれるものの対価、報酬だとされている。販売可能な製品を生産するために必要なもの——機械、原材料、資金など——、つまり資本を持つ人々は、労働者が労働力を提供することで賃金を得るのと同じように、資本を投下することで利潤を得るというわけだ。だが、労働の相反する二面性から利潤が生み出されるという結論から、こうした考え方は違うとわかるようになった。マルクスを読む前にすでに、父さんと母さんのおかげで、私は資本について深く考えれば考えるほど、光や労働と同じように資本もふたつの性質を持つのだと確信するようになっていた。

ひとつは商品資本としての性質である。たとえば釣竿《つりざお》、トラクター、会社のサーバーなど、ほかの商品を生産するために使われるモノはなんでも商品資本だ。しかし、ふたつめの性質は商品とは似ても似つかないものだ。仮に私が、前述の釣竿やトラクター、サーバーなど、家族の生存に必要なものを生産するためにあなたが必要とする道具を、私自身が所有していることに気づいたとしよう。すると私は、自分の道具をあなたに使用させることと引き換えに、あなたになにかをさせる力、たとえば私のために働かせる力を手に入れたことになる。要するに、資本とはモノ（商品資本）であり、同時に権力（権力資本）でもある。労働が商品労働と経験労働の両面を持つのと同じことだ。

マルクスを読みはじめた頃には、仕事に対する母さんの憤懣《ふんまん》と、二〇世紀の偉大な物理学者からヒントを得た父さんのひらめきというふたつのレンズを通してマルクスの言葉を解釈せずにはいられなかった。私は自分が感じていた物事の二面性に心を躍らせ、もしアインシュタインならば彼の光の理論から（というか彼の理論についての私なりの稚拙な理解から思いついた大胆な推論をもって）資本主義の核心をどのように導き出せるだろうと、心の底であれこれと考えていた。父さんはうっかりアインシュタインを捻《ね》じ曲げて解釈し、浅はかで、もしかすると間違った喩《たと》えによって、的外れな方向に私の想像を掻《か》き立てたのだろうか？

アインシュタインが書いた次の文章に偶然出合ったのは、それから何年も経ってからだった。「理論上においてさえ、労働者の賃金が、その労働者が生産したものの価値によって決まるわけではない。これを理解しておくことが重要だ」。この文章は、一九四九年五月に発表された『なぜ社会主義なのか？』という論文の中の一節だ。これを読んで、私はほっとため息を漏らした。自分がアインシュタインの考え方を捻じ曲げて解釈していたのではないとわかったからだ。アインシュタインもまた、資本主義の核心が労働のふたつの相反する性質にあると信じていたのである。

▼これまた奇妙な貨幣入門

父はたまにアインシュタインを「アルベルトおじさん」と呼んでいた。アルベルトおじさんは私に資本主義について教えてくれただけではない。労働と資本の二面性について私の目を開いてくれたばかりか、めぐりめぐって貨幣の二面性についても教えてくれた。ここにはジョン・メイナード・ケインズが関わってくる。

一九〇五年、二六歳のアインシュタインは疑り深い世の中に向けて、自説を思い切って発表した。光は粒子と波の性質を併せ持っており、さらにエネルギーと物質は基本的にひとつのものであって、それをつなぐのが、あの歴史上最も有名な公式、$E=mc^2$（エネルギーは質量と光速度の二乗の積に等しい）だと言ったのだ。それから一〇年後、アインシュタインはこの特殊相対性理論を発展させ、世界最大級の謎を解き明かした。それが重力だ。

結果として生まれた一般相対性理論は過激なものだった。これを理解するには、直感とは逆のものを受け入れる心構えが必要だった。重力を理解したければ、空間を宇宙のすべてのものが入る箱だと考えることをやめなければならない、とアインシュタインは言った。物質とエネルギーはひとつになって運動し、空間の輪郭を形づくり、時間の流れをつくり出す。時間と空間、または物質とエネルギーを理解するには、それらをなによりも親密で、切っても切り離せない絆《きずな》で結ばれたパートナーだと考えなければならない。重力とは、人がこの四次元の時空を最短距離で通過するときに感じるものだ。

アインシュタインの一般相対性理論によって明かされた真理を、私たちの脳がなかなか理解できないのは無理もないことだ。宇宙と比べればほんの砂粒のような惑星の表面で、私たち人間は進化してきたのだから。自分たちのごく小さな世界の中で、私たちは感覚という幻想に助けられて居心地よく暮らせている。たとえば草は緑色で、直線が存在し、時間は一定で私たちの動きとは切り離されていると信じている。それは間違いではあるけれど、そう信じられるおかげで建築家は安全な建物を設計することができるし、時計を頼りに事前に会議の時間をお互いに調整することもできる。ビリヤードで手球が的球に当たると、そこに明らかな因果関係があると思い込む。だが、この惑星を出て大宇宙を旅するときに、もしこうした幻想に頼っていたら、文字通り迷子になってしまうだろう。また、この身体や私たちが座っているこの椅子を構成している素粒子の世界を深く覗《のぞ》き込むと、原因と結果を結ぶ糸さえも消滅してしまう。

では、これがお金とどう関係するのだろう？　二〇世紀における最も有名な経済学の書籍といえば『雇用、利子および貨幣の一般理論』だ。出版されたのは一九三六年で、なぜ資本主義が世界大恐慌から回復できないのかを説明するために、ジョン・メイナード・ケインズはこの本を書いた。タイトルがアインシュタインの一般相対性理論をほのめかしているのは、意図的なものだ。ケインズはアインシュタインと面識があり、アインシュタインの理論についても知っていた。そのうえで、これまでの伝統的な経済学と完全に決別することを告げるために、この言葉を選んだのだ。アインシュタインが伝統的な物理学ときれいさっぱり別れたように。

貨幣は商品のひとつとして理解すべきだと主張する当時の経済学者たちについて、ケインズは「彼らは非ユークリッド幾何学の世界におけるユークリッド幾何学者のようなものだ」と言ったことがある。その言葉からも、彼がアインシュタインの影響を受けていたことは間違いない。伝統的経済学の説く貨幣に関する考え方が、人類にダメージを与えているのだとケインズは思っていた。古い経済学者は、アインシュタインではなくユークリッドに頼る、ダメな宇宙船設計者のようなものだ。古い経済学者たちは、ひとつの市場（たとえば値段が下がれば売上数が増えるジャガイモ市場）の小宇宙の中では役に立つ幻想をふりまきはするが、それを経済全体に当てはめるととんでもないことになる。マクロ経済では、貨幣の価格（金利）が下がっても、それが投資と雇用という形で貨幣のフローを促進するとは限らないからだ。

アインシュタインが、時間は空間の外にあって切り離されているという幻想を打ち砕いたように、ケインズは貨幣が「モノ」であるという考えをやめさせようとしたのである。貨幣が単なる商品であって、私たちの市場や職場での活動の外にある切り離された存在だとは考えさせたくなかったのだ。

今、私たちは貨幣についてのバカげた幻想に囚《とら》われている。無知な政治家が自滅的な緊縮財政を正当化するために、質素倹約のたとえ話を持ち出している。インフレとデフレの両方に直面した中央銀行は、まるで飢えと渇きの両方に苦しんだ挙句に、水か食べ物のどちらを先に選んだらいいかを決められずに倒れてしまう、昔話の愚かなロバのようだ。仮想通貨の信者は、ビットコインやそこから派生したさまざまな仮想通貨を究極の貨幣商品の形態とすることで、世界を正そうと呼びかけている。巨大テック企業は各自の電子マネーをつくって、その有害なプラットフォーム網の奥深くまで私たちを引きずり込もうとしている。

そうやって結託して人々を惑わそうとする試みに対抗するには、（アインシュタイン由来の）ケインズの助言がなにより有効だ。すなわち、私たちが職場で、遊びで、日々のあらゆる場面でお互いに、共に行っていることから貨幣を切り離して考えない、ということだ。もちろん貨幣はほかの商品と同じ、単なる「モノ」である。だが同時に、それよりももっと大きな存在でもある。なによりも、貨幣は人間同士の関係性を映し出すものであり、人間とテクノロジーの関係を映し出すもの、つまり物質を別の姿に変える手段であり、方法なのだ。このことについて、マルクスは次のように詩的に綴《つづ》っている。

貨幣は人間から疎外された能力である。人間として私にできないこと、したがって私のすべての個人的な本来の力ではできないことを、私は貨幣によってできるようになる。こうして貨幣は本来の力のひとつひとつを、それ自体でないものに変えてしまう——つまり、それとは正反対のものに変えてしまうのである。[*6]

▼選択の自由？　それとも失う自由？

二〇一五年のはじめに、ある歴史的な事件が起きたせいで私はギリシャの財務大臣になった。世界で最も力を持つ人たちや組織とやり合う責任を負うことになった私がどんな行動に出るかを探ろうと、海外メディアは私の記事や著作や講演に注目した。私がリバタリアンのマルクス主義者を自称したことにメディアは当惑した。リバタリアンの一部も、大半のマルクス主義者も、たちまち私をバカにした。失礼な記者がいて、私の「頭が明らかにこんがらがってしまった」理由はどこにあるのかと聞いてきたので、私はイタズラっぽく「両親のせいだね！」と答えた。

冗談はさておき、私の思想形成のもうひとつの重要な面について、父は少なくとも間接的に影響している。それは、自由を心から大切にしているのに資本主義を容認できる人たち（あるいはその逆で、非リベラルでありながら左翼的でいられる人たち）が、私には理解できないということだ。あの父とフェミニストの母に育てられた私は、残念ながら今では通説となってしまった考え方とは正反対の切り口で世界を見るようになった。その間違った通説とは、資本主義は自由であり効率であり民主的であり、一方、社会主義は正義と平等と国家主義を目指すというものだ。そのような通説が間違っていると言えるのは、左翼が、そのはじまりからずっと人々の解放を目指してきたからである。

一二世紀にヨーロッパ全土に定着した封建制の時代には、経済生活において経済的選択の自由などなかった。領主階級に生まれた場合、先祖代々の土地を売ることなど考えもしなかっただろう。農奴に生まれれば、領主のために土地を耕すことを強いられ、いつかは自分も土地を所有できるかもしれないなどという幻想を抱くことはなかった。要するに、土地も労働力も商品ではなかったのだ。それらには市場価格もなかった。あの時代に土地の所有権の移転が起こるとしたら、侵略戦争か、国王による命令か、なんらかの災害が起きた場合だけだった。

異変が起きたのは一八世紀に入ってからだ。船舶と航海術が進歩し、羊毛、麻、絹、香辛料といった品物の国際貿易が富を生み出しはじめたために、イギリスの領主たちはこう考えるようになった。「カネにならない蕪《かぶ》なんぞを作っている農奴をみんな追い出して、羊を飼ったほうがいいんじゃないか？　羊毛は海外市場で高く売れるのだから」と。この農民追放が「囲い込み」と呼ばれる出来事で、農民は祖先が数世紀にわたって耕してきた土地から弾き出された。そして彼らの多くは農業が発明されたときに失ったものを手に入れた。「選択の自由」だ。

　領主は、生産する羊毛の価格に見合う値段で土地を貸し出すことを選択できた。追い出された農奴は、労働を提供して賃金をもらう選択もできた。もちろん、現実には選択の自由は失う自由と変わらない。雀《すずめ》の涙ほどの賃金と引き換えにみじめな仕事をすることを拒否した農奴は、飢え死にした。ほかの領主のように土地を金儲《もう》けの手段に使うことを断った誇り高き貴族は、破産した。封建制が崩れるにつれて、経済的な自由が訪れた。だが、自由は自由でも、マフィアが笑顔で「おたくが断れない提案をいたしましょう」と言ってくるようなたぐいの自由と同じだった。

　一九世紀半ばには、マルクスも左翼の基礎を築いたほかの思想家たちも、人間を自由にすることを謳《うた》うようになっていた。特にこの時代においては、みずからの創造物をコントロールできないフランケンシュタイン博士のような失敗から人々を解放すること、とりわけ産業革命の機械による支配からの解放が彼らの目指すところだった。不朽の名作『共産党宣言』の言葉を借りれば、

> 生産と交換の巨大な手段を作り出した社会は、あたかも魔術師が自分の呪文で地の底から魔物を呼び出しながら、それを制御できなくなったかのようだ。*7

左翼は一世紀以上にわたって、人類がみずからもたらした不自由からの解放を謳ってきた。奴隷制廃止運動、女性参政権運動、一九三〇年代と四〇年代に迫害されたユダヤ人をかくまったグループ、五〇年代と六〇年代の黒人解放組織、七〇年代のサンフラシスコやシドニーやロンドンの街頭で起きた同性愛者の抗議活動などに左翼が根本的に連携した理由もそこにある。ならば、なぜ今の世の中で、「リバタリアンのマルクス主義者」という言葉が冗談のように聞こえる状況に陥ってしまったのか？

その答えは、二〇世紀のどこかで左翼が自由を他のものに置き換えてしまったことにある。東側（ロシアから中国、カンボジア、ベトナムまで）では、抑圧からの解放が全体主義的な平等主義にすり替えられた。西側の左翼は自由を敵側に譲り渡し、曖昧に定義された公平性の概念と引き換えに捨ててしまった。人々が二者択一——自由か公平性か、不正のある民主主義か国家が押しつける惨めな平等主義か——を迫られたその瞬間に、左翼の負けは決まったようなものだった。

一九九一年のクリスマスの休暇に、私はアテネに住む両親を訪ね、数日を一緒に過ごしていた。昔と変わらぬ赤煉瓦の暖炉の前で、夕食のテーブルを囲みながらおしゃべりをしていたまさにその頃に、ソ連のクレムリンの屋根から赤い国旗が引き降ろされていた。過去に共産主義者だった父さんと、社会民主主義に傾いていた母さんのあいだには、同じムードが漂っていた。まさにその夜、歴史がつくられていることに両親は気づいていたのだ。ソ連が崩壊しただけでなく、社会民主主義の理想も終わったのだ。つまり、終わったのは政府が公共財を提供し、民間が人々の欲を叶《かな》えるのに十分なモノを生み出す、という混合経済の理想であり、資本の所有者と労働しか売るものがない人々とのあいだを政治が仲裁し、格差を生み出さず、搾取が行われないようにしっかりと均衡を取るという、洗練された資本主義という理想だった。

がっかりしたというよりも冷ややかな感じで、私たち三人は自分たちの側が負けたことを認めていた。資本主義が非効率であるゆえによこしまであり、自由に反しているからこそ不正義であり、非合理的だから混沌《こんとん》としているという確固たる信念を私たちがすでに失ってしまった以上、避けがたい敗北だった。私は基本に返って、父と母に、彼らにとっての自由とはなにかを聞いた。「自分のパートナーや仕事を好きに選べること」だと母は答えた。父の答えも似たようなものだった。「読書や実験や執筆の時間」だと。読者の皆さん、あなたにとっての自由の定義がなんであれ、それは心をへし折られるような、失う自由ではないはずだ。

▼父さんの質問

今どきは、だれもが資本主義を当たり前に受け入れている。魚にとっての水のように、資本主義がそこに存在することに私たちは気づきもしない。それは自分たちを取り囲む、目に見えず代えの利かない自然のエーテルのような存在になっている。このことについてフレドリック・ジェイムソンが次のように表現したのはよく知られている。「資本主義の終わりを想像するよりも世界の終わりを想像するほうが簡単だ」と。けれども一九四〇年代の半ばから後半にかけて、ほんの一時期ではあったにしろ、父の世代の左翼にとって、資本主義の終わりが数年後、もしかすると数カ月後に迫っていると感じられた瞬間があった。その後、いろいろな出来事が次々と重なって資本主義の終わりが先へ先へと延びていき、一九九一年以降は地平線の彼方へと消えていったのだった。

資本主義が過渡的なシステムだと信じていた世代の父は、自分が生きているあいだにその終焉《しゅうえん》を目にすることはできないとしても、いつかは資本主義が終わりを迎えるだろうと考えていた。暖炉の前でふたりで行った実験から一〇年かそこらが経って、社会主義の夢はほぼ潰《つい》え、私が政治経済学者としての仕事に打ち込んでいるあいだに、父は昔むかしのテクノロジーの考古学的な研究に没頭するようになっていた。

資本主義の謎の探究については私に安心して任せられると感じるようになると、父は純粋に自分の考古学の研究を楽しみながらも、資本主義がいつか終焉を迎える可能性について、また、それに代わるものはなにかについても、あれこれと思索をめぐらせていた。

資本主義が大爆発して粉々になるような終わり方を迎えないことを父は願っていた。たくさんの善良な人たちまで爆発に巻き込まれてしまうことを危惧していたからだ。父が願っていたのは、広大な資本主義という大諸島の中で社会主義の島々が自発的に生まれ、その範囲が次第に広がっていき、そのうちに大陸全体を覆って、技術的に進化したコモンズ〔共有地・共有財〕が当たり前になることだった。

父さんがはじめてデスクトップ・コンピュータの設置を手伝ってくれと私に頼んできたのは、

一九八七年のことだ。父さんはそれを「立派なタイプライター」と呼び、スクリーン上で編集ができるすぐれものだと言っていたね。「もしあの髭《ひげ》もじゃマルクスがこんなものを持っていたら、全集はあと何巻増えていたかわからないな」と笑っていた。その言葉を証明するように、父さんはその後ずっとコンピュータを使い続け、古代ギリシャのテクノロジーと文学にまつわる論文と書籍を次々と世に出した。

その六年後の一九九三年、私はちょっとかさばる初期のモデムを持ってパレオ・ファリロの実家に帰った。父のコンピュータを黎明期のインターネットに接続するためだ。「こいつは世の中を変えるな」と父さんは言った。とんでもなく通信速度が遅いギリシャのプロバイダにダイヤルアップで接続しようと苦戦しながら、父さんはドキッとするようなことを聞いてきた。この本を書くきっかけとなった重要な質問だ。「コンピュータ同士が会話できるようになったってことだよな。このネットワークのおかげで、資本主義を転覆させるのはもう不可能ってわけか？　それとも、これがそのうち資本主義のアキレス腱《けん》になる日が来るのかい？」。

私は自分の仕事や人生のあれこれに忙しすぎて、結局は父の質問に答えられずじまいだった。やっと答えが見つかったと思ったときには、父さんはすでに九五歳で、私の思索についてこられなくなっていた。そんなわけで、そのときから数年が経ち、父さんが他界してわずか数週間の今、遅ればせながら、私の答えをここに書き記しておきたい。これが無駄にならないことを祈って。

第二章

資本主義のメタモルフォーゼ

父さん、やっとわかったよ、結局、あれは資本主義のアキレス腱《けん》だったってね。デジタルでつながったテクノロジーのネットワーク上に資本主義は根を生やした。そこに当然の報いが下された。それでどうなったかって？　今や人間は「テクノロジーが発達させた封建制」としか言いようがない、なにかによって支配されている。テクノ封建制は、資本主義に取って代わる存在として僕たちが期待していたものとは全然違うんだ。

父さんはきっと首をひねるだろうね。今でもあたりを見回せば資本が幅を利かせ、あらゆるところで堂々とその力を見せつけている。その力を示す新しいモニュメントが、街中でも、景色の中でも物理的なものとして、またスクリーンや手のひらの中ではデジタルなものとして、次々と出現している。一方で、資本に恵まれない人たちは雇用不安《プレカリティ》の沼にはまり、民主主義は資本の思惑の前にひざまずいている。だとしたら、まがりなりにも資本主義が退場しそうだなんて、どうして僕が思ってるかって？　資本主義がなにかに取って代わられるなどと、なぜ思えるのかって？　資本主義が進化して、新しいなにか——たとえば混合経済、福祉国家、地球村——に姿を変えていくという幻想こそがなによりも資本主義を強くするってことを、僕が忘れてしまったのかって？

いや、もちろん忘れたわけじゃない。資本主義の変容《メタモルフォーゼ》はカメレオンが色を変えるのと同じで、それは必然と防衛本能の組み合わせだ。とはいえ、ここで言いたいのは単なる変身についての話じゃないんだ。資本主義の変容の中で、これまでにも革命的なものがあった。父さんが暖炉の前で僕に鉄の魔法を教えてくれたあの時代に起きていたことも、そのひとつだ。そうそう、「テクノ封建制」がどんな意味かを説明するために、まずはこの変容について――このところの資本主義の一連の本質的な変化について――詳しく話さなくちゃならない。それがこの章の主題なんだ。それを説明してからやっと、次の章でなにが資本主義に取って代わってきたのかをきちんと説明できる。

▼取り戻すことができないものを取り戻す

一九六〇年代の広告業界の興隆を描いたテレビドラマ『マッドメン』のあるエピソードで、伝説的なクリエイティブ・ディレクターであるドン・ドレイパーが愛《まな》弟子のペギーに、クライアントの商品であるハーシーのチョコバーをどう見るかについて教える場面がある。ドレイパーのマーケティング哲学は、あの時代の潮流を完璧に捉えていた。「消費者自身が商品なんだ。なにかを感じているあなた自身が」。「タイム」誌に載ったドレイパーのこの台詞《せりふ》を、テレビ評論家のジェームズ・ポニウォジックは次のように解釈している。「ハーシーはただのチョコじゃない。芝刈りのお手伝いのあとで父さんがチョコを買ってくれたあのときの、愛されている気分をもう一度取り戻すために買うのがハーシーのチョコなんだ」[*1]。

ドレイパーの言う「懐かしさ《ノスタルジア》」の大規模な商品化は、資本主義の転換点を示すものだった。一九六〇年代の大問題はベトナム戦争であり、公民権であり、資本主義を洗練させる可能性のあった制度の数々（メディケア［公的医療保険制度］、フードスタンプ［低所得者用の食料購入補助制度］、福祉国家など）だったけれど、ドレイパーは資本主義のＤＮＡにおける本質的変異を捉えていた。人々が欲するものを効率よく製造するだけではもはや十分ではなく、欲望を上手に作り出すこと、それが資本主義の役目になっていた。

資本主義は、かつて価格のなかったものに価格をつけるという容赦ない取り組みとしてはじまった。価格がなかったものとは共有地であり、労働力であり、以前なら家族が自分たちで使うために生み出していたものすべて——パンや自家製ワインやウールの上着や、さまざまな道具といったもの——だ。人々が分かち合い享受しているもの、その中でも価格はないが、本質的価値または「経験価値」ゆえに大切なものすべてを——たとえばおばあちゃん手作りのテーブルクロスも、美しい夕焼けも、魅惑的な歌も——大量生産商品へと変える方法を、資本主義は見出《みいだ》した。つまり、資本主義は経験価値を根こそぎ交換価値に従属させる方法を編み出したのだった。

それが資本主義という獣の正体だ。交換価値の勝利、と言ってもいい。交換価値だけが、より多くの資本へと結晶化できる唯一の価値だからだ。『スター・トレック』に登場するボーグ［機械生命体］が、生物学的にも技術的にもほかの種族の特徴をそっくりそのまま吸収して生き延びるように、資本主義もまた目に入るすべての経験価値を次々とみずからの交換価値の連鎖の中に取り込んで、この地球を征服してきた。あらゆる資源も穀物も人工物も吸収した資本主義は、電波も女性の子宮も芸術も遺伝子構成も小惑星も、そして宇宙そのものでさえも商品にしてきた。その過程で、あらゆるものの経験価値は、ドル建ての値札や商業資産や取引契約に変えられていったのだ。

とはいえ、「お前たちは同化される。抵抗は無意味だ」というボーグの冷酷な決め台詞とは裏腹に、経験価値の抵抗は無意味ではなかった。交換価値の攻撃が経験価値の防御を打ち負かすたびに、経験価値は私たちの心の奥底へと潜んでいった。まさにそこでドン・ドレイパーが、いや『マッドメン』に登場する男も女も、人の心の奥に潜む経験価値を探り出し、取り戻して、大衆向けの売り物として商品化したのだ。その過程で資本主義は根本的に姿を変えた。

『マッドメン』を観《み》ていた視聴者は、どうして会社がドレイパーのやることに大枚をはたくのか、不思議に思ったはずだ。彼はたいていは個室オフィスの居心地のいいソファに寝そべってバーボンをしこたま飲み、しょっちゅうメンタルをやられて突拍子もなく大人げない振る舞いに出て、たまに自分の考えを披露する気になったとしても、謎かけのような支離滅裂なことしか言わない。しかし、自滅しそうになったりクビになりかけたりしたときに限って、ありきたりのチョコレートやスチール製品から二流のハンバーガー・チェーンまで、どんなものでも消費者の心を摑《つか》んでどうしても欲しいと思わせるように生き返らせる、魔法の技を編み出すのだ。ドレイパーの振る舞いはどちらの面でも、戦後の資本主義の変容の本質を捉えている。その本質とは、新しい市場の発掘だ。言い換えると、私たちの関心《アテンション》をその市場へと向けさせてキラキラの新たな産業構造に結びつけることだった。しかし、すべては依然として労働が持つ二面性に完全に依存するシステムの中にあった。

ドレイパーの労働の二面性は、『マッドメン』のすべてのエピソードを通して色濃く描かれている。ドレイパーの上司は、ドレイパーのアイデアに喜んでカネを払うが、少々酔っ払って職場をうろつかれるのはごめんだと思っている。前章の言葉を用いるなら、ドレイパーの「経験労働」を直接買うチャンスに飛びつきたいのだ。だが、それは無理な話である。たとえドレイパーが経験労働だけを売りたかったとしてもだ。だから、上司は彼の「商品労働（ドレイパーの時間と潜在能力）」を買うしかない。そして、ドレイパーが酔っ払ってボーッとしながらも、その天才的なひらめきで、かの有名なドレイパー流の魔法が自然に生まれてくるのをただ願うしかないのだ。そして、それが実現したとき、資本家には莫大《ばくだい》な利益がもたらされる。カネで直接買えない経験労働から資本が生み出されるのだ。

一方で、ドレイパーの天才的な才能は商品化の矛盾を理解し、それと対峙《たいじ》することにある。確かに資本主義は触れるものすべてを商品に変えてしまう。だが同時に、商品化されないものこそ交換価値が高く、したがって大きな利益は、それを完全には商品化しないことで得られる。捕食者が獲物を残らず食い漁《あさ》ったせいで餓死してしまうような事態を避けるために、資本主義は交換価値が貪り食う経験価値が無限に供給されることを前提としているのだ。資本主義は常に商品化から逃れてきたなにかを発見し、それを商品化しなければならない。

賢い広告クリエイターはまさにそれを実行している。彼らは私たちの関心を引きつけるために、以前は商品になっていなかった感情を捉える。そして彼らは、私たちの魂の中に隠され、商品になることから逃れてきた経験価値を商品へと変えて儲《もう》けたいという会社に、私たちの関心を売りさばいている。ハーシー・チョコについてのドレイパーの言葉はまさに、戦後すぐに資本主義が黄金時代を迎えたのはなぜか、その核心となる要素を生々しく表している。あらゆるものがすでに商品となった時代に、どうすれば利潤を生み出し続けることができるのだろう？　ドレイパーの答えはこうだ。私たちの心の奥深くにある、商品化されていない感情を刺激すればいい。

そんなわけで、ハーシー・チョコは亡き父親の優しいハグの代替品になった。ベスレヘム・スチールは、アメリカという都市国家《ポリス》の精神的シンボルとしてブランドを再生し、その鉄鋼製品は新世界の鉄器時代の象徴となった。ドレイパーとペギーはバーガーシェフ［ファストフードチェーン］の店舗を訪れた際、このチェーン店をプラスチック製のテーブルを囲んで家族が再び絆を強める場としてテレビCMで宣伝すればいいと気がついた。つまり、自宅にいては家族が一緒に過ごすことはもはや不可能なのだ。なぜなら、自宅にいると家族みんなの関心は……テレビにいってしまうからだ。

では、この大変革が起きる前の資本主義はどんな姿だったのだろう？　そしてこの大変革はどのように起きたのだろう？

▼官民一体のテクノストラクチャー

この疑問を別の言葉で言い換えてみよう。スターリング・クーパー＆パートナーズ（ドラマの中でドレイパーが勤める広告会社）は、なぜ喜んでドレイパーに学者のような働き方を許し、カネを差し出すのだろう？　彼に好き勝手なペースでじっくり考えさせるためなのか？　初期の資本主義の提唱者たちなら首を傾《かし》げたはずだ。彼らの頭にある起業家精神とは、倹約第一のパン職人や精肉店や酒造業者といった、顧客の基本的な欲求を満たそうとみずから汗を流して必死に働き、爪に火を灯《とも》すようにして節約し、手に入る原材料から交換価値を最後の一滴まで搾り取るような姿だ。とすると、どんなきっかけでドレイパーのような人間が企業文化の象徴になり得たのだろう？　父さんなら僕の答えを気に入ってくれるよね。そう、きっかけは電磁気学だ！

　ジェームズ・クラーク・マクスウェルが電気と磁気の相互作用を示す方程式を記したあとに、これを使ってトーマス・エジソンのような人物が送電網や通信網を生み出すのは時間の問題だった。そこから、今の私たちが知っているネットワークでつながったトップダウンの超巨大企業が築かれ、パン職人や精肉店や酒造業者といった初期の資本主義の象徴は脇に追いやられた。問題は資本主義の初期のシステム、とりわけ銀行と株式市場といった制度が、こうした超巨大企業帝国に対応できなかったことだ。簡単に言えば、エジソンが有名なパール・ストリート発電所を建設するために必要とした資金を供給するには、銀行は小さすぎてもろく、株式市場は薄っぺらで流動性が低かったのだ。ましてや送電網の建設資金など、ままならなかった。

　エジソンやウェスティングハウスやフォードといった二〇世紀初頭の資本家が必要とした多額の資金を継続的に提供するため、小規模の銀行は統合して大銀行となり、企業家に直接貸し付けるか、新興企業の株を買いたい投機家に貸し付けた。そんなわけで、電磁気学は資本主義をガラリと変えた。電力網はその後、巨大企業の原動力となり、メガワットの電力から巨額《メガ》の収益が生み出された。歴史上はじめて巨額《メガ》の負債がつくり出されたのもこのときだ。エジソンやウェスティングハウスやフォードへの巨額の当座貸越枠という形で。これが巨大金融機関の発祥となり、巨大金融機関は巨大企業と手に手を取って成長していった。未来から借りた資金(巨大企業が将来生み出すと約束した、まだ見ぬ利益)を当てにしてのことだった。未来の利潤に賭けた銀行は、巨大企業の電力網や生産設備に資金を提供しただけでなく、投機バブルにも手を出した。

質素倹約は時代遅れになり、大盤振る舞いが新たな美徳になった。ヴィクトリア時代［一八三七〜一九〇一年］には、企業は小規模かつ無力であるべきであり、そのほうが競争によって自然と彼らの正直さが保たれるとする信条があったが、それは廃れ、「巨大企業にとってよいことはアメリカにとってよいことだ」という謳《うた》い文句へと置き換わった。ジャズ・エイジ［一九二〇年代の狂騒の時代］が慎みを一掃し、負債という汚名はほとばしる期待収益によってすすがれ、慎重さは信用という風に吹き飛ばされた。

電磁気学が「狂騒の二〇年代《ローリング・トウエンティーズ》」をもたらしてから一〇年もしない一九二九年に、必然とも言える大恐慌がはじまった。後年、『怒りの葡萄《ぶどう》』にも描かれたように、貧困層の鬱積が社会に充満し、広がっていった。その大恐慌を終わらせたのがフランクリン・ルーズベルト大統領のニューディール政策だったのか、戦争だったのかはさておき、確かなことがひとつある。ニューディール政策はグローバル資本主義を根本から変えた。ニューディール政策による公共事業や社会福祉プログラム、そしてなにより公的資金注入の仕組みと銀行の抜け道に対する厳しい規制が相まって、戦時経済の予行演習が完璧に実行された。

日本が真珠湾に攻撃を仕掛け、第二次世界大戦にアメリカが巻き込まれるやいなや、アメリカ政府はソビエト連邦の政策をそっくりそのまま真似《まね》しはじめた。航空母艦から加工食品に至るまで、工場経営者に生産量と仕様を指示するようになったのだ。その後、経済学者ジョン・ケネス・ガルブレイスを「物価皇帝」として雇い入れ、インフレ回避のためにすべてのモノの値段を決め、戦時経済から平時経済へのソフトランディングを確実にしようとした。誇張ではなく、アメリカの資本主義はソ連の計画経済の原則によって運用された。ただし注目すべき例外は、ネットワーク化された工場が巨大企業の私有財産のままだったことだ。

ルーズベルト大統領のもとで、アメリカ政府と巨大企業の取り決めは単純だった。大企業は戦争に勝つために必要なものを生産する、その代わりに国はあり得ないような四つの褒美で報いるというものだ。第一に、国家が保証する売上高は、すなわち保証つきの利益になる。二番目の褒美として、企業は競争から解放される。価格は政府が決めて固定するからだ。三番目の褒美は、政府が科学研究（マンハッタン計画やジェット推進など）に提供する莫大な資金だ。それが巨大企業に素晴らしいイノベーションをもたらしたばかりか、数多くの優秀な科学者が生まれ、戦時中と戦後に大企業が彼らを採用できる基盤がつくられた。そして第四に、企業の愛国的なイメージだ。一九二九年の大恐慌後に染みついた企業の強欲なイメージは浄化され、彼らは戦争を勝利に導いたヒーローと見なされるようになった。

戦時経済という実験は、完璧な成功に終わった。生産量は五年足らずで四倍にも増加した。第一次世界大戦のときとは違って、インフレは抑制されていた。失業は姿を消し、陸海空軍の兵士たちが前線から戻ってきた後も失業率は抑えられていた。巨大企業にとってそれは願ってもないことで、政府の計画と制限に屈服した巨大金融機関の埋め合わせをしてもおつりがくるほどだった。

しかし、暖炉の火の中で鉄が姿を変えたように、戦火の中でアメリカの資本主義は分子レベルでの変貌を遂げていた。戦争が終わる頃には、アメリカの資本主義は原形をとどめないほどに変わっていたのだ。企業と政府は、分かちがたく強く結びついた。まるで政府と企業のあいだに回転扉があるかのように、同じ数学者や科学者やアナリストや経営管理職がくるくると行き来し、どちらの組織も同類の人々によって占められた。企業の頂点に立つ英雄的経営者も、政府の上に立つ民主的に選出された政治家も、新たな官民一体型の意思決定人脈に支配された。こうしてトップに立った者たちにとって、その価値観と優先順位は突き詰めるとひとつ。物資についてもテクノロジーについても無限の需要を生み出す戦争が終わった今、複合大企業《コングロマリット》の存続と成長が彼らの最優先事項だったのだ。ガルブレイスはこの官民一体をテクノストラクチャー［企業の意思決定を行う、専門知識を持ったエリート層のネットワーク］と呼んだ。

テクノストラクチャーを支える技術者や影響力のある人々の軍団にとって、利潤を生み出すことが必須であるのに変わりはなかった。とはいえ、利潤は最優先事項ではなくなっていた。あらゆる官僚主義と同様に、彼らの最大の目的は部下を雇用して忙しくさせることだった。それはつまり、戦争が終わってもコングロマリットを縮小させることなく、むしろ拡大するということだ。戦争が終わり、テクノストラクチャーを構成する善良な人々を悩ませた問題がひとつあった。政府が売上と価格を保証しなくなった今、拡大した製造設備を使って生産するはずだった銃弾やマシンガンや火炎放射器の代わりに、大量のチョコバーや自動車や洗濯機を気前よく買ってくれる消費者をどこで見つけたらいいのか？

政府のニューディール推進派は、テクノストラクチャーが海外の消費者を確保する手助けをした。後に、このことは二〇世紀の資本主義が変容するもうひとつのきっかけになった。一方で国内の消費者はというと、ここでドン・ドレイパーの出番がやってくる。彼の十八番《おはこ》は？人間の生々しい感情への関心という新市場の限りない可能性を、テクノストラクチャーに気づかせることだ。テクノストラクチャーはモノの製造を完全に掌握していた。そして今度はドレイパーの助けを借りて、企業が必要とする欲望をつくり出せるようになったのだ。たとえドレイパーが昼間のほとんどの時間をブラブラ過ごしていても、これほど並外れた能力と引き換えなら、高い給料などささいな代償だった。

▼関心争奪市場とソ連の復讐

一九〇三年一月のある寒い日、コニーアイランドの遊園地ルナパークで大勢の見物客を前に、トーマス・エジソンは交流電源を使って無力な象のトプシーを感電死させた。なんのために？それは、エジソンのライバルであるジョージ・ウェスティングハウスが推していたこの送電法が死に至るほど危険なものであると人々に訴え、関心を引きつけるためだった。その残虐さはかつてないものだったが、エジソンのやり方は特に目新しい手法ではなかった――力のある人間が昔ながらの手口で人々の関心を引きつけ、自分と自分の提案を売り込んだというだけだ。

孔雀《くじゃく》が羽を広げる動作も、ローマ皇帝の凱旋《がいせん》行進も、現代のファッション業界のやり方も、他者の関心を引きつけようとする競争は、生殖行動と同じくらい古くから存在した。だが、関心争奪の手法が商品化されたのは二〇世紀になってからだ。ここでもまた、世の中をひっくり返す決め手になったのは電磁気学だった。今回は象を殺すのではなく、ラジオの発明であり、さらに大きな出来事はテレビの発明だ。

当初、巨大産業にとってラジオとテレビは頭痛の種だった。ラジオとテレビは一般大衆を引きつけ説得する強力な武器になりそうだったが、一方でそれが生み出すもの、つまり放送される番組自体は豆の缶詰というより夕焼けのような、売り物にならない性質のものだったからだ。いくら『アイ・ラブ・ルーシー』のファンが、この番組を観るためなら喜んでお金を払いたいと思ったところで、番組にお金を支払う仕組みがなかった(少なくともケーブルテレビが登場するまではそうだった)。だが番組そのものが商品でないことに気づいてからは、このことは問題でなくなった。本当の売り物は番組を観てくれる人々の関心だったのだ。番組を無料で放送することで、彼らは視聴者の関心を摑《つか》み、アメリカの一般大衆の心に新たな欲望を植えつけようと野心満々のドレイパーのクライアントたちに、テレビCMの枠を売りつけることができるのだ。

民放テレビ局の誕生により、テクノストラクチャーはとめどない関心争奪市場を労働市場につけ足した。労働の二面性は、スペクタクル[見せ物]の二面性と結びついたのだ。スペクタクルとしてのテレビ番組は、交換価値はないが経験価値の大きい文化的商品だ。その一方で、獲得された視聴者の関心は大きな交換価値を持つが、そこに経験価値はない。

その文化的インパクトは莫大だった。だが、目に見えないインパクトもそれに劣らず大きかった。新たな専門家集団がテクノストラクチャーと結びついた。科学者、アナリスト、プロ経営者などに加えて、ドレイパーのようなクリエイティブ系の人間やストラテジスト、エンジニアなどの一群が参加し、人々の関心を操作して商品化するための新たな手法を開発するようになったのである。

それはもうひとつの歴史的な転換でもあった。一九六〇年代初頭までに、利潤を生み出すヒット商品とは、市場において進化論的生存競争に勝ち残ったものではなくなっていた。テクノストラクチャーの高層ビルのオフィスでドレイパーとコングロマリットの経営陣が作り上げた流行《はや》りものが、アメリカ中の家庭を飾っていったのである。彼らはそこでタバコと酒を存分にあおりながら、結託して価格と量とパッケージを決め、資本主義によって大量生産される商品が人々に授ける感情までも一緒に決めていた。元はといえば、「市場もある封建制の社会」を「分散型の市場社会」へと変えることで資本主義は発展してきたというのに、テクノストラクチャーの台頭はアメリカの資本主義を「分散型の市場社会」から「市場もある中央集権型の経済」へと変貌させてしまった。その姿は、ソ連の計画者たちが長いあいだ願っていても果たせなかった夢そのものだった。

なんとも皮肉なことだ。一九六〇年代を通してアメリカとソ連は政治思想でも核をめぐっても衝突し、世界は吹っ飛びそうになっていた。それなのに、ソ連の計画経済の原則は、なんとアメリカで大成功を収めたのだ。これほど効果的なイデオロギーの復讐《ふくしゅう》は珍しい。

ここまではテクノストラクチャーがアメリカ国内で消費者に与えた影響の話だ。では、そのほかの世界はどうなっていただろう？　戦車や弾薬や戦闘機や航空母艦を造っていたアメリカの工場を、洗濯機や自動車やテレビや旅客機の製造に転換させることはできた。問題は、戦時中にアメリカの工業生産力があまりにも増大したため、その工場を稼働させて労働者の雇用を維持するには、アメリカ国内で吸収できるよりはるかに多くのモノを作る必要があったことだ。アメリカ国内の消費者の新しい欲望を掘り起こすだけではまったく足りなかった。まだそこまでの大量消費ができるほど、アメリカの中間層は分厚くなかった。だから海外市場を発掘する必要があったのだ。

▼大胆不敵なグローバル計画

一九七五年のある夜、〝とんでもない〟ニュースとともに父さんが帰宅したことを覚えている。三〇ドラクマでは、もう一米ドルも買えない。そう父さんは告げたのだ。僕たちはいずれにしろ、ほんの数ドルしか買えない状況だったので、なんの影響もなかったけれど。とはいえ、一九五七年からずっと変化のなかった為替レートが崩壊したことに、父さん、あなたは不安を覚えていたね。これが家族の未来にどんな意味を持つのだろう？　アメリカで起きた大爆発の余波が、いつも時間差で襲ってくるこの小さな国にとって、なにを意味するのだろう？　今振り返ると、父さん、あなたの勘は正しかった。あれはアメリカで起きたことが外の世界に及ぼした結果であり、また資本主義が力づくでグローバルに変容していく兆しでもあった。

　父さんがショックを受けたドル対ドラクマの為替レート崩壊のきっかけになったのは、その四年前の一九七一年八月に起きた、いわゆるブレトンウッズ体制の崩壊だ（二〇〇八年の金融危機をきっかけとしてギリシャが破綻するまでに二年間かかったように、ブレトンウッズ体制の崩壊がギリシャを襲うまでにはしばらく時間がかかった。ドイツ人の友達はこうからかっていたほどだ。「もし世界の終わりが近いと言われたら、すぐギリシャに移住するね――なんでもギリシャに波及するまでに二、三年はかかるから」）。ブレトンウッズ体制[*2]とは、一九四四年にニューディール派が編み出した大胆なグローバル金融システムのことで、高い志をもって作られた。その目的は、戦後に再び大恐慌を起こさないことだった。ただしその戦略は、志の高いものだったとは言えない。アメリカ発の光り輝く新たな戦時経済に、戦後のヨーロッパと日本を引き入れることを狙っていたからだ。

　ドイツ軍が敗れればヨーロッパが廃墟と化し、人々が文無しになることをニューディール派はわかっていた。それゆえ、アメリカ政府がまずやるべきはヨーロッパ経済の復興だということも理解していた。文字通り、彼らに貨幣を供給し、経済を回すために消費してもらうのだ。だが、言うは易《やす》し、行うは難し。ヨーロッパは金塊を使い果たしたか、あるいは盗まれ、工場とインフラはがれきと化し、難民の群れが道ばたにあふれ、強制収容所には人間のたとえようのない残酷さを示す悪臭がいまだ漂っていた。ヨーロッパには新品の紙幣以上のものが必要だった。新しい通貨に価値を吹き込むことが求められたのだ。通貨の価値の下支えになるものが経済以外にあるだろうか？

問題を回避する方法はただひとつ。ドルしかない！　つまり、ブレトンウッズ体制は大胆な金融プロジェクトだった。日欧の通貨と米ドルの交換比率を固定することで、欧州通貨と円を「ドル化」するというものだ（その固定相場があったからこそ、一ドル＝三〇ドラクマの固定レートが一九七五年に崩壊したときに、父さんはショックを受けたというわけだ）。つまりこれは米ドルを基軸とするグローバルな通貨同盟だった。強力なアメリカ経済が体制を支えている限り、各国通貨は高い価値を安定的に維持できるはずだった。

もちろん、ギリシャ・ドラクマやイタリア・リラなどのマイナー通貨と両替できるドルの量には上限があった。この上限は「資本規制」として知られていた。異なる通貨間での資金移動は制限された。通貨の相対的価値の変動に賭けるチャンスを失った銀行は、手持ち無沙汰になった。規制がなければ通貨間でも国家間でも大量の資金移動ができたはずだったが、それができなくなったからだ。もちろん、それが固定相場制の狙いだった。一九二九年の大恐慌で散々な目に遭ったニューディール派は、資本規制の名のもとに金融機関の手足を縛り、金利をほぼ固定して、一パーセント程度の変動幅の範囲でちょこまかとしか動かせないようにした。

この大胆な金融プロジェクトには政治プロジェクトがともなっていた。東洋ではニューディール派が日本の憲法を書き換え、日本風の味つけでテクノストラクチャーへの体制転換を監督した。ヨーロッパではEU［欧州連合］の基盤づくりの指揮を執り、ヨーロッパの状況にテクノストラクチャーの青写真を持ち込んで、ドイツ製造業を中心とする重工業カルテルの形成を狙った。その実現に向けて彼らはドイツ憲法を書き換え、ドイツの行政と政治の監視役をフランスに任せると約束した。ドイツ工業の解体を狙うフランスの野望を阻止しなければならなかったからだ。

この夢のような設計、つまりアメリカのテクノストラクチャーのイメージに基づいてヨーロッパと日本を再構築するというアメリカのグローバル計画が、資本主義の黄金時代をもたらした。戦争終結から一九七一年まで、日米欧ともに失業率は低く、インフレは抑制され、経済成長は力強く、格差は見違えるほど縮まった。ニューディール派はやるべき仕事をほとんど終えた。しかも、それは手強《てごわ》い共和党の重鎮をも唸《うな》らせるほどの手腕だった。『マッドメン』に話を戻すと、こんな象徴的なエピソードもある。ホテル王のコンラッド・ヒルトンがドン・ドレイパーに秘めたる野心を打ち明けるシーンで、例のグローバル計画の要諦を語る。「奴《やつ》らが好もうが好むまいが、アメリカを世界に広めることが俺の人生の目的だ。わかってるだろ？　ドン、俺たちは正義のヒーローだ。俺たちには神がついてるからな」。

脚本家が「ドル」の代役として「神」を使ったのかは定かでないが、あの時代のアメリカの覇権は、全能の通貨としてのドル頼みだったと言っても差し支えないだろう。たとえアメリカからの輸入品を買うつもりがなかったとしても、ドルはだれもが手に入れたがった唯一の通貨だった。

ただし、この体制はひとつの決定的な要因に支えられていた。ブレトンウッズ体制が保証する交換レートでみんながドルを欲しがるように保つには、アメリカが貿易黒字を維持する必要があった。つまり、輸入するよりも多くのモノやサービスをアメリカは海外に売りつけなければならない。もちろん、ヨーロッパ人や日本人にモノを売りつければ、単なるボーナス以上の意味があった。それはテクノストラクチャーがアメリカ産業を支え、経済成長を維持するために巨大な新市場を確保する方法だったのだ。しかし、この体制そのものが貿易黒字によって支えられていた。なぜなら、連邦準備制度(アメリカの中央銀行)が発行してヨーロッパ人や日本人に(貸付や援助という形で)渡していたドルは、最終的にアメリカ製品を購入した代金としてアメリカに戻ってくるからだ。ボーイングの航空機やGEの洗濯機をヨーロッパ人が買うたびに、大西洋を越えてドルの札束がアメリカに舞い戻ってくる。ドルが渡り鳥のように巣に戻ってくる限り、固定レートでのドルはいつまでもお買い得と見なされて、ドイツ人もイギリス人もフランス人も日本人も、ギリシャ人でさえも、公定為替相場で当局が許可する以上に、もっともっと自国の不安定な通貨をドルへ替えようとする。

アメリカの大幅な貿易黒字が続いている限り、ブレトンウッズ体制は磐石だった。だが、一九六〇年代の終わりまでにこのシステムが暗礁に乗り上げたのも貿易収支が原因だった。では、なにが起きたのだろう? 三つの出来事によって貿易黒字が失われ、アメリカは慢性的な赤字に陥った。まずベトナム戦争が激化し、アメリカ政府は東南アジアで軍事用の物資やサービスに数十億ドルを費やすことを余儀なくされた。次に、リンドン・ジョンソン大統領は徴兵がアメリカ労働者階級、特にアフリカ系アメリカ人コミュニティへ及ぼした悪影響を償おうとした。

ジョンソン大統領が推し進めた「偉大な社会」政策は、勇敢な試みだったが高くついた。貧困は激減したものの、一度に大量のヨーロッパ製品や日本製品がアメリカに流れ込んだ。ついには日本とドイツの製造業が質量ともにアメリカを追い抜いた。その一因は、歴代のアメリカ政府が日本とドイツの製造業を支えてきたことにあった（自動車産業はその好例だ）。

遅ればせながら現実を受け入れたアメリカは、自分たちが生み出した天才的な体制をあっさりと捨てた。一九七一年八月一五日、ニクソン大統領がヨーロッパと日本をドル圏内から追い出したのだ。ブレトンウッズ体制は死んだ。[*3] かくして資本主義の進化における、これまでにない本当の暗い時代が幕を開けたのだった。

▼異常な数字

ニクソン・ショックから三〇年後の二〇〇二年には、人類の総収入はおよそ五〇兆ドルに達していた。その同じ年、世界の資本家はさまざまな賭けに七〇兆ドルを投じていた。このとんでもない数字を耳にして、父さんの目が飛び出しそうになったのを僕は覚えている。ほとんどの人と同じように、とても理解できないという様子だったね。鉄鋼を何トンを買える金額とか、病院が何棟建つ金額とか、自分が理解できる尺度でお金を考えていた父さんは、いくら地球が大きいといっても、どうやったら七〇兆ドルものお金を使えるのか理解できなかった。

二〇〇七年になる頃には、人類の総収入は五〇兆ドルから七五兆ドルに増えていた。五年で三三パーセントの増加というまずまずの成長を遂げたのだ。だが、世界の金融市場における賭け金の総額は七〇兆ドルから七五〇兆ドルへ、つまり一〇〇〇パーセントを超える伸びを見せていた。こんな金額は父さんの理解の範疇《はんちゅう》を超えていた。というより、ここで僕も父さんも、この数字はとんでもなく常軌を逸していて、それは資本主義が行きすぎてしまったことの表れだと思ったのだった。

どうやってこんな異常な金額に行き着いたのだろう？ なにがそうさせたのか？ 専門的に説明できなくもない。ウォーレン・バフェットが「金融の大量破壊兵器」と呼んだオプション（またはデリバティブ）などの金融商品が、特大の金融バブルを引き起こした原因とまでは言えなくても要因のひとつで、二〇〇八年にそのバブルが弾けてしまった。[*4] オプションと呼ばれるこうした金融商品はブレトンウッズ体制のもとでも存在したが、ブレトンウッズが崩壊すると、ニューディールの鎖から解き放たれた投資銀行家たちは証券取引所で賭けをすることが許されるようになった。まずは他人のカネで賭け、そのうちにどこからともなく生み出した天文学的な金額を自分に貸し出して賭けるのだ。

どこからともなく生み出すって？ そう、その通り。ジルの預金をジャックに貸し出すのが銀行の仕事だと思っている人がほとんどだろう。でも違う。ジャックにお金を貸し出すときに、銀行員が金庫に行って十分な現金があるかをチェックするわけじゃない。ジャックが利息も含めてローンを返済してくれると銀行が信じれば、貸し出す金額をジャックの口座に記入するだけだ。タイプライターか、今ならキーボードをちょいちょいと打つだけで終わる。

さて、ジャックのような人たちがローンを賢く活用してカネを稼ぎ、利息も含めてすべて返済してくれるならば、めでたしめでたしとなる。だが、カネを借りたくて仕方のないジャックの同類にもカネを借りさせて、雪だるま式に多くの金額をお互いに支払いっこさせるのが銀行というものだ。銀行はそんな超大掛かりな投資詐欺《ポンジ・スキーム》に資金を融通することで、巨額の利潤を上げている。こんな砂上の楼閣が崩壊するのは当たり前といえば当たり前だ。すると、グローバル資本主義から崩れ落ちたがれきで庶民は押し潰される。一九二九年に起きたのと同じことだ。強欲が生み出す無謀な行いを防ぎ、人類を二度と大恐慌や世界大戦の瀬戸際に立たせないように、と設計されたのがブレトンウッズ体制だった。それなのにブレトンウッズが消えたとたん、銀行屋はまた性懲りもなく無茶をやらかすようになったのだ。

　父さん、あなたのことはわかってるよ。リスクを避けたがるし、それに権力者がみんな愚かだとは思いたがらない父さんのことだから、僕の説明に満足できないはずだ。だって、父さんと僕のような人間にすら金融システムが砂上の楼閣で、そもそも崩れやすいものだとわかるのなら、銀行もとっくにそのことに気づいてるはずじゃないか？　だとしたら、もし賭けがことごとく失敗したらどうなるかを考えて、恐れおののかないのはなぜだろう？　理由はたくさんある。ひとつには、もしジャックにローンの返済能力がなかったり、ローンを返す気がなかったりしたとしても、利益を手に入れる新たな方法を銀行は編み出していたからだ。ジャックにカネを貸したら、すぐにその債権を小口に分けてちょっとずつバラバラに売ればいい。バラバラにした債権を複数の超複雑な金融「商品」の中に入れ込んで、どこか遠くの無邪気な買い手に売りつける。すると彼らがまたそれを組み替えてだれかに売りつけ、またその買い手が別の人に売る、という感じでどんどん続いていく。このやり方を西側の銀行家は安全だと勘違いしてしまった。ジャックのローンは自分たちの問題じゃない、と。たとえジャックが破産しても、ローンはもうバラバラに小分けにされて、だれかひとりがすべての損をかぶることはない。リスクをみんなで共有して分散したのだから、最小限に抑えられるとだれもが信じた。

この思い込みを勝手に信じた彼らは、もうひとつの思い込みもまた信じ込んだ。慎重さは臆病者のしるしであり、自分たちのような賢い人間こそが資本主義を助け、強めているのだという思い込みだ。だが、債務をますます増大させ、どんどん小さく切り刻み、地球上にばらまいた結果、リスクは減るどころか肥大していった。地平線の向こうから破綻は迫っていたが、銀行家は西側の金融システムを支えているあのバラバラの小口債権が一斉に弾け飛ぶとは夢にも思わなかった。

「どうしてだ?」と、父さんなら聞くだろうね。僕たちにさえ見えていることなのに、超有能な銀行家が同時破綻の可能性を考えないなんてことがあるのかって。あちこちのジャックに貸し出したバラバラのローンが一度に返済不能になるんじゃないかって? 銀行家がそれを予想できなかったのは、だれも彼らの強欲を抑えられず、その旋風にみんなが巻き込まれていたからだ、という説明は質問の言い換えであって答えにはならない。

人の欲望は一九八〇年代に突然降って湧いたわけじゃない。ニクソンがブレトンウッズ体制を終わらせたあとに、別のなにかが起きたのだ。ギャンブラーの正気を失わせるなにかがウォール街で感染を広げ、その過程で欲望が増幅され、あの異常な金額を生み出した。それがなんであったとしても、世界の終わりをもたらしかねなかったという結果から判断すると、巨大な力だったことは間違いない。それが資本主義の権力を経済圏から金融圏へと、つまり工業や商業の分野から投資銀行家の世界へと移行させたのだ。ではそれはなんだったのか。
父さんは答えを聞いて喜んでくれると思う。古代の神話を思い起こさせる話だからだ。

▼恐れ知らずのグローバル・ミノタウロス

昔々のそのむかし、クレタ島の王の迷宮の奥深くに獰猛《どうもう》な悲劇の怪物がいた。究極の孤独の中で生き延び、遠方までその悪名をとどろかせていたミノタウロス［牛頭人身の怪物］は、とんでもなく貪欲な食欲の持ち主だった。海を越えて交易範囲を広げ、あらゆる場所にその繁栄を分け与えていたミノス王は、怪物の食欲を満たすことが平和維持に不可欠だと考えた。ところが、怪物の食欲は生きた人間によってしか満たされない。そこで若者を船に詰め込んで、遠くからアテネ経由で時折クレタ島へと連れてきた。船が到着すると、若者たちは貢ぎ物としてミノタウロスの餌食にされた。それは残酷な儀式だったが、この時代の平和を維持し、繁栄を生み出すものだった。

それから数千年の時を超えて、新たなミノタウロスが立ち上がった。ひっそりと。ブレトンウッズ体制の灰の中から。怪物の隠れ家はアメリカ経済の中心地の奥深く、迷宮のような場所にあった。その怪物はまずはアメリカの貿易赤字として命を得た。ベトナム戦争、「偉大な社会」政策、そしてドイツと日本の工業の生産性向上により、アメリカは海外に売りつけるよりも多くのモノを買い入れるようになった。ヨーロッパやアジアからの輸入品がアメリカ中心部のショッピング・モールに流れ込み、人々はそれを貢ぎ物のように消費した。貿易赤字が増えれば増えるほど、ミノタウロスはますますヨーロッパやアジアからの輸入品を欲しがった。しかし、その怪物に力とグローバルな存在感を与えたもの——アメリカだけでなくヨーロッパとアジアの平和と繁栄を約束したもの——は、ウォルマートとウォール街をつなぐ迷宮のような地下トンネルだった。

その仕組みは次のようになっていた。アメリカ版ミノタウロスの食欲のおかげで、光り輝くドイツの工場はフル回転し続けた。怪物は日本製のすべてのものを、のちに中国製のものならなんでも食い尽くした。これでヨーロッパとアジアの平和と繁栄は（ひとまず）保たれた。その代わりに、遠く離れた工場を所有する外国籍（たいがいはアメリカ籍）のオーナーはそこから得られる利益、つまり現金をウォール街に送り、投資していた——それは追加の貢ぎ物であり、国としては赤字であってもアメリカの権力層はそれで潤った。こうやってグローバル・ミノタウロスは金融資本（利潤と貯蓄と余剰資金）の還流を助け、世界中の純輸出国を助けた。次々と途切れぬ貢ぎ物を吸収して栄養を得た怪物は、ブレトンウッズ後の世界秩序を可能にし、維持することに役立った——先史時代に、クレタ島の初代ミノタウロスが古代クレタ島の平和と繁栄を維持したように。

一九七一年八月一五日のニクソン・ショックの背景にあったのがこの戦略だ。これはバッチリうまくいった。少なくとも体制崩壊を仕組んだ側にとってはよかった。一九六〇年代の半ばから後半にかけて、ブレトンウッズの命運はすでに尽きかけており、アメリカの貿易黒字が赤字に陥ると、資本家は崩壊を予期しはじめた。一九四四年に人為的に決められた一オンス三五ドルの金兌換《きんだかん》レートが、遅かれ早かれ下落することは明らかだった。そうなれば、蓄えていたドルで金を買う力が減少してしまう。当然、そうなる前に資本家は手元にあるドルをアメリカの金に交換しはじめた。それが続けばアメリカから金がなくなってしまう。ニクソン・ショックはその流れを食い止めた。

予想通りドルは金に対して急速に下落したが、面白いことにそこでドルは再び魔法の力を取り戻したのだ。どうやって？　ドルが金から切り離されてまもなく、欧州通貨もドルから切り離された。固定相場制がなくなると、ヨーロッパと日本の対ドルレートは、荒れ狂う大嵐の海を漂う流木のように乱高下しはじめた。ドルだけが、その特権的な地位から安全な通貨になった。というのも、もしフランスや日本やインドネシアの会社が、いや実際にはだれもが、石油や銅や鉄鋼やただの船荷のスペースさえも、確保しようと思ったらドルで支払うしかなかったからだ。そんなわけで、アメリカからモノを買う必要はなくても、世界中から求められる通貨を保有する唯一の国がアメリカということになった。だからこそヨーロッパと日本の経済の未来に暗雲が立ち込めると、金融業界は大騒ぎして貯蓄をドルに換金し続けた。

またたく間にドルは再び王様になった。ニクソン・ショックはその先も何十年と続く魔法を生み出した。アメリカの貿易赤字がますます膨らんでいく中で、ドルの支配は強まっていった。それはまさに矛盾の極みだった。ニクソンが引き起こした騒乱をきっかけに、世界中の資本家がみな争って利益をドルに替えるようになった。それはだれの目にも明らかなトレンドになった。いまだに市場が暴落するといつも資本家はドルを買い足し、それをウォール街に送り返しているのだから。

だが、ドルの覇権が強まったのにはもうひとつ要因がある。それはアメリカの労働者階級を意図的に貧困化させたことだ。皮肉屋ならば、利潤率の高い場所に大量の資金が集まる、と正確に指摘するだろう。ウォール街が魔法の力をフル活用して海外資本をアメリカに引き寄せるには、アメリカの利潤率がドイツや日本に追いつかなければならない。手っ取り早くそうしたければ、アメリカ人の賃金を抑えるのが一番だ。労働力が安くなれば製造コストが下がり、利潤率は上がる。アメリカの労働者階級の平均所得が現在でも一九七四年の水準を下回っているのは、偶然ではない。それに一九七〇年代に労働組合潰しが盛んになり、ロナルド・レーガン大統領時代に組合に加入していた航空管制官を全員クビにしたことも、偶然ではない。イギリスではマーガレット・サッチャーがレーガンの動きを真似て、組合が強い産業全体を徹底的に壊すことで労働組合を潰そうとした。ミノタウロスが世界中の資本をアメリカへと吸い上げるのを見たヨーロッパの支配階級は、自分たちも同じことをやるしかないと考えた。レーガンが構想し、サッチャーが手本を見せた。しかし、新たな階級闘争——世界的な緊縮財政と呼んでもいい——が一番効果的に行われたのはドイツであり、のちにそれはヨーロッパ大陸全体に広がった。

新時代が幕を開けた。戦後の資本家と労働者の協調関係は、もはや風前の灯火《ともしび》だった。最後の一撃が一九九一年のソ連崩壊だった。その後ロシアと、さらに重要な存在である中国が自発的にグローバル資本主義へと参入した。二〇億人の低賃金労働者がミノタウロスの王国に流れ込んだのだ。西側の賃金はさらに下がった。そして利益は膨れ上がった。アメリカにどくどくと流れ込む資本は怪物を肥やし、その流れは津波のように勢いを増した。

こうして、アメリカに津波のように流れ込む資本がウォール街の銀行家に自信を与え、そのとんでもない傲慢さから、人々の理解を超える常軌を逸した金額が生み出されたのだ。

父さん、あなたは一番肝心な質問をしたいはずだ。なぜニクソンはブレトンウッズ体制を救おうとしなかったのか？　ドルが金《きん》に対して値下がりしていたときも、銀行家に対する資本規制は維持できたはずだ。ヨーロッパと日本の通貨に対するドルの固定相場を据え置くこともできたはずだ。テクノストラクチャーを支配していた人たちを、これほど劇的な一八〇度の転換へと駆り立てるきっかけになったものはなんだったのか？

▼コントロールできない不満からコントロールされた解体へ

時は一九六五年。フラワー・パワーと〈メイク・ラブ・ノット・ウォー［戦争ではなく恋をしよう］〉の空気が世の中に漂っていた。ドン・ドレイパーはそんな時代の風潮を嘲笑《あざわら》うかのように、愛についての自説を披露する。「愛なんて呼ばれているものは、俺たちがストッキングを売るために発明したんだよ」。その架空の人物（とはいえ、当時のテクノストラクチャーの考え方を体現するキャラクターだと確信している）は、自説を証明しようとあえてはすに構えていた。モノで満たそうとしても満たせない欲望と期待をつくり出しておきながら、その後、荒ぶるミノタウロスに経済基盤を破壊されて社会全体が心の危機に見舞われる中で、テクノストラクチャーへの反感が広まっていた。

一九六五年以降、ベトナム戦争によって若者は過激化した。といっても、若い世代が両親世代の権威に反発して「ジェネレーション・ギャップ」という概念を生み出したのは、ジョンソン大統領がインドシナ戦争を激化させる何年も前のことだ。戦争は若者の溜《た》まった不満に火をつけたが、もともとの原因は戦争ではない。ではなぜ、六〇年代の半ばから終わりにかけて、アメリカとヨーロッパの若者は立ち上がったのだろう？　完全雇用が実現され、格差は急激に減少し、公立大学が設立されて福祉国家が広がっていたあの時代になぜ？

ドレイパーは別のエピソードでこんな独り言を言っている。それは欲望をつくり出すことに人生をかけた男の厳しすぎる自己批判であり、先ほどの問いの答えでもある。「もっともっと欲張ってしまうことが、人間の欠陥なんだ。欲しいものを手に入れてもまだ欲しがるから、人間はダメになる」。

私たちの夢が叶《かな》わないのは、ある意味で仕方のないことだ。ただ、叶わない夢や満たされない欲望が、ほかのだれかが人工的に作ったものだと気づくのはまた別の話だ。大量生産された欲望が満たされれば満たされるほど、満足感は薄れていく。テクノストラクチャーが人々の情熱を掻《か》き立てれば掻き立てるほど、心にあいた穴は大きくなる。その心の穴を埋めようと、若者は古い秩序を壊し、明確な大義もなく反抗し、テクノストラクチャーのやり方が倫理にもとると大声で唱えた。一九六八年にフランスで五月革命が起き、ウッドストックの野外フェスティバルに大勢が集まり、公民権運動に若者は熱を上げた。そうした反抗的な雰囲気は時代の終わりの予兆であり、体制の崩壊と新しいなにかへの転換のはじまりだった。

欲望を生み出し、あらゆることを計画しようとしたテクノストラクチャーの傲慢さを、若い世代は受け入れなかった。不満を抱えていたのは若い世代だけではない。資本主義が自生的な秩序をもたらす自然なシステムだと信じる人々にとって、一九五〇年代と六〇年代は悪夢の時代だった。世の中はどちらを向いても中央集権的な計画ばかりで、自律的な市場原理がうまく機能している状況はどこにもなく、どんなにお人好《よ》しの計画立案者であっても苦言を呈さずにはいられないほどだった。テクノストラクチャーは世のため人のために欲望をつくり出し、物価を固定していたわけではないのかもしれないが、国家がなにに投資するかを指示し、銀行の資金移動を制限し、ドラクマを含めた外国通貨とドルの交換レートを固定していたことはだれの目にも明らかだった。自由市場主義者の目から見ると、アメリカの「グローバル計画」はソ連の計画経済に似すぎていて気持ちが悪かった。つまるところ、西側はニクソン・ショックのような体制崩壊を心のどこかで待っていた。反資本主義の若者も自由市場の信奉者も、死に体の体制を引きずり下ろす機会を狙っていたのだ。

だが、最後にグローバル計画を解体させたのは、左派のヒッピーでもなければ右派のリバタリアンでもなかった。テクノストラクチャーに仕えてきた官僚たちの仕業だった。ニューディール派で、一九七一年のニクソン・ショックの中心にいた張本人が言っていたのだから間違いない。その人物とは一九七九年から一九八七年まで、アメリカの中央銀行制度を統括する連邦準備制度理事会（ＦＲＢ）議長を務めたポール・ボルカーだ。ボルカーは一九七八年にウォーリック大学で講演し、自分たちが置かれている状況を皮肉を交えてずばりと表現した。「世界経済を計画的に解体することが、一九八〇年代の真っ当な目標だ」。

ニクソン・ショックが目指したのは、まさにそれだった。不要になった高層ビルが制御爆破によって解体されるように、ブレトンウッズ体制はアメリカのミノタウロスに道を譲るために崩壊させられた。ボルカーはウォーリック大学での同じ講演で、一ミリの疑いもなくはっきりと明かしている。

安定した国際システムに必要な条件と、国家政策の運用の自由を確保することとを天秤《てんびん》にかけて、アメリカを含む多くの国々は後者を選んだ……。

歴史上最も安定したグローバル資本主義システムが存在していたのに、ボルカーのような一派は赤字と債務と投機が際限なく膨らみ続ける、限りなく不安定な国際システムを熱心に立ち上げようとしていた。彼らがブレトンウッズ体制を計画的にコントロールしながら解体すると、まもなく新しいグローバルな体制が完成した。それをグローバル化と呼ぶ人もいれば、金融化と呼ぶ人もいる。父さん、古代の寓話《ぐうわ》を好むあなたからの影響を受けすぎているかもしれないが、僕はそれを「資本主義のグローバル・ミノタウロス段階」と呼んでいるよ。

▼ミノタウロス好みの侍女――新自由主義とコンピュータ

古い計画経済体制をコントロールしながら解体し、暴れまわるミノタウロスと入れ替えれば、アメリカの労働者が損をすることはわかりきっていた。何十年もかけて血の滲《にじ》むような努力を重ね、社会経済階層を一歩、また一歩と上ってきた労働者階級は、その努力に報いられることなく放り出され、雀《すずめ》の涙ほどの低賃金層へと逆戻りさせられた。そうでなければ、貿易赤字を膨張させながらアメリカが国家としての覇権を強化し、エリート層をさらに裕福にするなどということがあり得るだろうか。

具体的には、ボルカーが古い体制を制御しながら解体するには、労働組合を弱体化させることに加え、労働者の交渉力を弱めるために計画的に不況をつくりだし、ルーズベルト大統領が無謀な銀行家たちに課してきた規制を緩めることが必要だった。こうしたことがミノタウロスが台頭するための前提条件であった。しかし、それは世界中に影響をおよぼす大きな政治的要請でもあった。数多くの人を傷つける体制変革にはつきものだが、その変革に必要な残酷さは、人々を解放し、救済となるような光輝くイデオロギーによって覆い隠されなければならなかった。そこで登場したのが新自由主義だ。

新自由主義は、新しくもなければ自由でもない、つまらない昔の政治哲学の寄せ集めだった。政治理論としての新自由主義は、現実に存在する資本主義とまったく関係のないもので、それはマルクス主義が現実に存在する共産主義とまったく関係がないのと同じことだった。にもかかわらず、新自由主義は労働組合潰しを正当化し、ウォール街をのさばらせる、いわゆる「規制緩和」を進めるにあたってのイデオロギー的支えになった。同時に、大恐慌の際に人類が正しくもゴミ箱行きにした経済理論が復活した。それは、規制のない金融市場こそが最も賢いという壮大な嘘《うそ》を前提とした理論だった。

ちょうど同じくらいの時代、一九七〇年代の終わり頃に、工学や建築やもちろん金融の世界にもパーソナル・コンピュータが導入されはじめた。当時はまだ「ちょっとした間違いを犯すのが人間というものだが、とんでもない大混乱を引き起こすのはコンピュータだ」というジョークが囁《ささや》かれていた。悲しいかな、金融取引の世界ではこれが冗談では済まなかった。先ほど、二〇〇八年の金融危機の引き金となった金融オプションやデリバティブについて、私はかなり大雑把に説明したわけだが、そんなざっとした説明だけでもこれがバブル崩壊を招くだろうことはわかるはずだ。原資産となる株価が下落すれば一巻の終わりなのだから。金融のプロがなぜそれを見抜けなかったのだろう？　さっきの私の答え——利潤追求が論理にまさった——は真実だが、それがすべてではない。では答えのうちで抜けているものは？　コンピュータだ！

コンピュータによって、金融屋はギャンブルをとんでもなく複雑なものにした。ジャックは、ジルに昔ながらの株式を売る権利の代わりに、今では「デリバティブ」という名のもっとオシャレな商品を買うことができる。たとえば、さまざまな会社の株式を束ねたものを買うオプション、つまりケンタッキー州の住宅所有者、ドイツ企業、日本政府の負債をちょっとずつひとまとめにしたデリバティブを買うことができる。もっと複雑な商品が欲しければ、スーパーコンピュータが作る、そんな多くのデリバティブをひとまとめにしたオプションを買うことだってできる。デリバティブの入ったデリバティブがコンピュータから吐き出される頃には、それを作った天才金融「エンジニア」でさえ中身がわからなくなっている。「複雑だから」というもっともらしい言い訳で、買い入れるデリバティブの中身を精査することはなくなった。ジルもジャックも、なぜ買うのかを自分に説明する必要から解放された。コンピュータのおかげで、この手のデリバティブの中身がなんなのかをだれも理解できないことが保証されると、みんながそれを欲しがった。なぜかというと、みんなが買っていたからだ。みんなが買い続けている限り、大金を借り入れてこうした金融商品を買うだけで、だれでも億万長者になれた（しかも仲間から臆病者、空気が読めない人、負け犬というレッテルを貼られずに済んだ）。ただし、それも二〇〇八年までのことだったが。

簡単に補足しておこう。父さんならこう訊《たず》ねるはずだ。バブルはいつ弾けたんだ？　どうして金融機関を破綻させなかったんだ？　とんでもない債務の責任をなぜ奴らに取らせなかったのか？ってね。理由はふたつ。ひとつは決済システムだ。口座間の資金移動の手段を独占していたのは、賭けに興じた張本人の金融機関だった。ギャンブラーに自分の動脈と静脈を差し出したと想像してほしい。カジノで負けたギャンブラーは、血のめぐりを止められたくなければ有り金をよこせと脅迫できる。もうひとつは、このギャンブルの奥深くに大多数の人の住宅ローン債権が組み入れられていたことだ。だから金融市場が総崩れになれば、ものすごい数のホームレスが生まれ、社会契約が完全に崩壊することになる。

ウォール街のお偉い金融屋さんが、貧しい人たちの質素な自宅をためらいもなく金融商品にしたことに驚いちゃいけない。奴らは銀行や金持ちの顧客から借りられるだけ借り入れて、とんでもない賭けに興じてもまだ足りず、もっと多くを欲しがった。賭ければ賭けるほど儲かったからだ。そこで裏づけもなく、どんどん借金を重ね、それを元手に賭けを増やした。どうやったかって？　自宅を持つという安心感を夢見る経済的弱者のブルーカラー労働者にカネを貸し付けたのだ。そんな「立場の弱い人々」が途中で住宅ローンを返済できなくなったら？　昔の銀行と違って、今の金融屋はカネが返済されるかどうかを気にしなかった。そもそも回収する気もなかったからだ。住宅ローンを貸し出すと、コンピュータでそれをバラバラに切り刻んで極小の債権に分け、別の入れ物に詰め込み直し、迷宮のようなデリバティブ商品に仕立てる。そして、自分たちの利益分を上乗せしてその商品を売る。お金に困った住宅「所有者」が破産して家が人手に渡る頃には、ローンを組んだ金融屋はもうとっくに次の仕事に移っている。

一九八〇年代に著名な経済学者が皮肉っぽくこんなことを言っていた。あちらこちらでコンピュータがもたらした生産性の向上を「目にする」――それからこう続けた。「あちらこちら、と言っても生産性統計には表れていないがね」。それは正しかった。初期のコンピュータは紙の節約にはならなかった。大切なものはみんな（だいたいは二度も！）プリントアウトする癖が抜けなかったからだ。同じように工業生産量の向上にもほとんど役立っていなかった。しかし、コンピュータは金融に計り知れない影響を与えた。金融商品を何倍も複雑にし、その中にある醜さを覆い隠した。また、取引のスピードはまばたきする間もないほど超高速になった。

そんなわけで、二〇〇七年には人類の総収入の一〇倍以上の金額を金融業界は賭けに投じるようになっていた。この狂乱を支える侍女となったのは、アメリカのミノタウロスにとめどなく流れ込んできた莫大な資金、コンピュータが生み出す複雑な金融デリバティブ商品、そして市場は万能だとする新自由主義的な信念の三つである。

▼父さんの質問に戻ると

「コンピュータ同士が会話できるようになった今、このネットワークのおかげで資本主義を転覆させるのはもう不可能になったわけか？　それとも、これがそのうち資本主義のアキレス腱になる日が来るのかい？」

父さんはここまでものすごく辛抱強く答えを待っていてくれたね。でも、まだこの章で書いたことは父さんの質問の周りをつついただけだ。電磁気学の発見以来、資本主義の最も大きな変容が起きているという話についての前置きだ。もう少し我慢してほしい。

まず、打ち明けたいことがある。父さんの質問を聞いたとき、ちょっとだけ悲しくなった。自信満々に僕になにかを教えてくれた父さんでなくなったのは、はじめてだったから。テクノロジーの変革が既存の社会秩序を壊し、歴史を前進させ、進歩を生むことを父さんは僕に説明しながら、失われてしまったものについてヘシオドスのようにぼやいていたね。ところが、その父さんが突然僕に、テクノロジーと社会の変革を説明しろと聞いてくるなんて！　でも、自分でもよくわからなかった悲しい感情の正体もわかりはじめた。父さんの質問——インターネットが資本主義にもたらしたことは、鉄の魔法が先史時代にもたらしたことと同じなのか？それとも、インターネットのおかげで資本主義は揺るぎないものになったのか？——は、ただ答えるのが難しいというだけじゃない。それにきちんと答えることが一人前の大人の責任である証《あかし》だし、恵まれた子供時代にさよならを告げるための通過儀礼だと思った。父さんの考え方を次の世代につなぐ責任を感じたんだ。

だからここで頑張って答えてみる。父さん、インターネットが資本主義を驚くほど押し上げたのは最初の数十年だけで、資本主義を揺るぎないものにはできなかったんだ。だからといって、さっき僕が含みを持たせたように、インターネット自体が資本主義のアキレス腱だと証明されたわけでもない。インターネットが資本主義に与えた影響は、もっと微妙なものだった。つまり、テクノストラクチャーがつくり出した関心争奪市場と相まって、ミノタウロスの勢いが生み出した状況のもと、インターネットは資本主義の進化適応力を打ち砕いた。二〇〇八年の金融危機がその典型だ。そして次の章で説明するように、こんなことになったのはインターネットが新しい形の資本を育てたからで、その結果、新しい資本の所有者たちに、資本主義から抜け出してまったく新しい支配階級となる力を与えたのだ。

そう、資本主義がなくなったとはいえ、資本は今も存在するし、拡大し続けている。父さんは当たり前だと思うだろうね——父さんが昔よく教えてくれたことだから。突然変異の連続によって生物の変異株が増幅され、どこかの時点でまったく新しい種が現れる。それと同じで、テクノロジーの革新が社会システムの中で進むと、突然システム自体がまったく異なるものへと姿を変えてしまう。だからといって、システムを構築しているすべての要素——資本、労働、貨幣——が変わるわけではない。航海術と造船の進歩だけが封建制を終わらせたわけではない。しかし、それによって貿易量が増え、商人の富が積み上がって臨界点を超えたことが引き金となり、土地の商品化がはじまり、次に労働も、まもなくほかのほとんどあらゆるものも商品化された。そしてだれも気づかないうちに、封建制度は資本主義へと変容したのだ。

同じことが、戦時中と戦後に市場をつくりあげていたテクノストラクチャーにも言える。私たちの関心を最重要商品へと変えた『マッドメン』のドン・ドレイパーにも。グローバル計画を破棄してウォール街を暴走させ、ミノタウロスを生み出す資金を与えてしまったニクソン・ショックにも。こうした出来事が資本主義を転覆させたわけではない。だが、これらひとつひとつをDNAの変異と考えることはできる。ウイルスがさまざまなワクチンに反応するように、変異したDNAがシステムに適応して進化するにつれ、システムそのものが連続的に変異を起こしてしまった。そこまで激しく進化してしまうと、ある時点からは別物と呼んだほうがよくなる。

資本主義が変異して最終的に行き着いた姿を、私は「テクノ封建制」と呼んでいる。だがその話に入る前に、グローバル・ミノタウロスに最後の言葉を捧げたい。グローバル・ミノタウロスとは、アメリカが支えたグローバルな資金還流システムの隠喩だ。それが、一九七〇年代後半から二〇〇八年にかけて、現在の私たちが体験しているドラマの小道具——巨大金融機関、巨大テック企業、新自由主義、産業規模の格差——をお膳立てした。言うまでもなく、民主主義の衰退も小道具のひとつだ。映画『ドント・ルック・アップ』で描かれた気候変動に対する人々の無関心ぶりも、民主主義の衰退の表れだろう。

というわけで、世界一短い追悼の言葉をここに記す。クレタ島のミノタウロスはアテナイの王子テセウスによって退治された。その死によって先史時代は終わりを迎え、悲劇と歴史と哲学の古典時代が幕を開けた。私たちの時代のミノタウロスの死は、そこまで英雄的ではない。ずる賢いウォール街の金融屋の犠牲になったのだから。金融屋の無鉄砲はお上が大々的に救ってくれたが、ミノタウロスは生き返らなかった。二〇〇八年の金融危機とそれに続く金融機関の救済から一年後に、アメリカの貿易赤字は再び拡大したものの、世界中の利潤を還流させるほどの額には決して戻らなかった。

確かに、世界中が利潤のほとんどをウォール街に送り続けた。だが、還流のメカニズムは壊れていた。ウォール街に流れ込んでくる資金のうち、工場や技術や農業といった実体のともなう投資に回されたのは、ほんの一部だった。世界中から流れてきた資金のほとんどはウォール街にとどまった。そこでなにか価値のあることに利用されるわけでなく、ただ回流するだけだ。資金が積み上がると株価が上がり、金融屋たちにまた超巨大な規模でバカをやらかすチャンスが与えられる。

ミノタウロスの死が、新たなシステムの構築につながると期待した人もいた。金持ちが貧乏人を犠牲にしてもっと金持ちになるのではない、世の中の発展が「より多く」ではなく「よりよく」という観点で考えられるような世界だ。そんな超楽観主義者の中には、搾取がなくなり、インターネットの助けを借りて政治が民主化され、地球環境の回復がほかの優先課題に打ち勝つ日を夢見た人もいたほどだ。そんな希望も二〇〇九年以降しぼんでしまった。感染症の世界的流行という次の大きな危機で再び希望を持った人もいたが、それも砕かれた。

私たちの時代のミノタウロスは結局、悲しくも騒々しい獣として記憶に残るだけだろう。三〇年にわたるミノタウロスの支配は、資本主義に安定性があり、欲望は美徳で、金融は生産的だという幻想を生み出し、そしてその幻想を打ち砕いた。ミノタウロスの死によって、資本主義は致命的な最後の変容を余儀なくされ、さらに少数の個人に権力が集中するシステムが誕生した。そこでは、そのごくひと握りの者たちが、まったく新しいタイプの資本を所有している。

第三章

クラウド資本

地球を砂漠化から救うためにスーパーヒーローが集結したハリウッド映画の大ヒット作『ジャスティス・リーグ』にはこんなシーンがある。バットマンの正体であるブルース・ウェインの車に乗り込んだアクアマンが、ウェインに偉そうに聞く。「あんたの超能力ってなんだったっけ？」。

「金持ちってこと」とウェインは答える。

この答えには簡潔だが深い意味がある。真の力は、スーパーマンの異星人の筋肉によるものでもなく、アイアンマンの鉄のスーツによるものでもなく、巨大な富から生まれるのだ。

そんなことは当たり前だ、と父さんは言うだろう。ＡＢＢＡが歌ったように「金持ちが支配する世の中」だ。でも、具体的にはなにが金持ちを超能力者にするのだろう？　最も基本のレベルでは、希少なリソースを手に入れられる特権だ。あなたがサハラ砂漠で遭難し、喉が渇いて死にそうになっているとしよう。ラクダに水がめをたくさん載せた私がそこに通りかかった。すると突然、私はあなたに私の望むことを「自発的にさせる」力を持つことになる。同じような例で、たとえばジルとゲイルはお隣同士の農民で、どちらも干魃《かんばつ》に襲われたとしよう。ジルだけが自分の土地に水源を発見したら、いきなりゲイルに対して力を振るうことができる。

水が引かれた豊かな土地を独占的に所有する権利は、典型的な力の源だ。三〇〇〇年以上も前のこと、北方からやってきたドーリア人がギリシャ半島を征服したと父さんは教えてくれたよね。彼らはミケーネ人が持たない鉄の武器を持っていたから、この肥沃な土地を征服できた。土地を手に入れたドーリア人は、その土地を失った人たちを支配する力を持つようになった。

そしてかなり最近まで、まさにこの組み合わせ――土地と高度な武器――こそが、だれがだれに対してなにをするかを決めていた。だれが権力を持ち、だれがしたがわなければならないかを。これが封建制だ。

その後、不思議なことが起きた。権力は土地から切り離され、その代わりに資本と呼ばれるものの所有者が、かつてないほどの権力を持つようになったのだ。資本とはなにか？　資本はカネではない。カネで資本を買うことはできる。土地も、機械も、宣伝もカネで買えるのと同じだ。また、資本は武器でもない。武器があれば、資本も土地も奪うことはできるかもしれないが。

資本主義が生まれる前には、資本は簡単に定義できるものだった。ほかのモノを生産するという目的に特化してつくられた、物理的なモノが資本とされた。そうすると、鉄の剣は資本ではないということになる。鉄の剣で斬首や胴切りはできても、それ以外はなにも生産しないからだ。だが、鉄の犂《すき》や釣竿《つりざお》は典型的な資本財、つまり生産手段として生産されたモノという定義が当てはまる。

資本財は、資本主義が生まれるはるか以前から重要なものとされていた。古代の技術者たちが高度な道具を備えていなければ、バビロンのような都市も、パルテノン神殿のような建築物も、万里の長城のような城壁も築かれていなかった。釣竿と銃とハンマーとノミのおかげで船の難破から生き延びた架空の人物ロビンソン・クルーソーから、ヨーロッパの壮麗な大聖堂の建設資金を捻出した広大な封建領地まで、資本財は人間に新たな力を与える武器となり、私たちの想像力を掻《か》き立て、生産性を向上させた。もちろん、それが人間同士の殺し合いをより効率的で大規模なものにしたことも間違いない。

しかしそこに、資本主義がやってきた。資本の新たな能力、すなわち人を支配し、人に命令できる力に後押しされて。

▼支配・命令する資本

一八二九年、三六歳のイギリス人が祖国を捨て、オーストラリアで一旗揚げることにした。財力も政治的人脈もあるトーマス・ピールは、三隻の船に家族と三五〇人の労働者（男性、女性、子供）、種子と道具、そのほかの資本財、そして現金五万ポンドを積んで地球の反対側へと漕《こ》ぎ出した（現金五万ポンドは当時としてはかなりの大金で、今の四六〇万ポンドに相当する）。植民地当局がピールのために先住民から取り上げた一〇〇〇平方キロメートルの土地に、小規模ながらも近代的な農業植民地を作る計画だったのだ。だが、島に上陸してまもなく、その計画は頓挫した。

失敗の原因は、ピールが想像もしなかったことだった。彼は細心の注意を払って計画を立てていた。もちろん、困難が待ち受けていることは予想できた。不作に見舞われることもあれば、オーストラリアの先住民の抵抗に遭うことも、現地の植民地当局とやり合うことも考えられた。だが、ピールの政治手腕と、熟練したイギリス人労働者と、最先端の輸入資本財と、労働者を雇い入れたり原材料を長期にわたって確保したりするための十分な資金があれば、すべてを手に入れられると思っていた。ところがどっこい、数十年のちにカール・マルクスが皮肉ったように、ピールがイギリスから持ち込みそこねていたものがひとつあった。資本主義だ。[*1]

それがわかったのは、予期せぬことが起きたときだった。労働者が一斉にピールのもとを立ち去ったのだ。地球の裏側で一九世紀版の「大量辞職現象」が起きてしまった。彼らは近隣の土地を手に入れ、自分で農業をはじめたのだった。これはピールがイギリス人であるがゆえの盲点が招いた大失敗だった。イギリス本土の環境を当たり前だと勘違いし、母国から持ち込んだ資本財が、イギリス人の労働者を支配するために必要な力をすべて自分に与えてくれると思い込んでいたのだ。

ピールの想定では、労働者たちには賃金労働のほかに選択肢はないはずだった。「囲い込み」以降のイギリスではそれが当たり前だった。一八世紀の終わりに共有地は金持ち個人の所有地となり、追い出された農民は土地を持つことができなくなっていた。マンチェスターでもリバプールでもグラスゴーでも、土地を持たない労働者は賃金労働をやめたら飢え死にするしかなかった。だが、西オーストラリアには（先住民の存在を考慮したとしても）広大な土地が余っていたため、労働者は別の選択をすることもできた。賃金労働をやめて独立することができたのだ。そんなわけで、無力なピールの手元にはイギリス製の立派な資本財と現金だけが残ったが、そこには労働者に言うことをきかせる力はなかった。

土地は土地でしかない。肥沃な土壌には野菜が育ち、動物が草を喰《は》み、建物が建ち、人が生まれ育つ。そうして生まれ育った人間が走り、航海し、空へ星へと向かう。だが、資本は労働と同じように、土地にはない第二の性質を持っている——自分がそのことに気づきはじめたのは、父さんが光の二面性を教えてくれてからだ。もちろん、資本は目に見える物理的なものであり、生産性の向上を測定することもできる。しかし、資本のもうひとつの性質は、他者に命令することができるという不思議な力である。ピールは残念ながら、その強力でありながらも壊れやすい力を誤解していた。

　封建制から資本主義への移行とは、要するに土地の所有者から資本財の所有者へと支配力が移行したことにほかならない。そこに至るまでには、まず小作農が共有地へのアクセスを失うという過程が必要だった。だから、イギリスでの囲い込みが資本主義の誕生に不可欠だったのだ。ピールの雇い入れた労働者が西オーストラリアで発見したようなチャンスは、囲い込みのせいでイギリスの労働者からは奪われていた。父さん、あなたが生涯働いていたギリシャの製鉄所では、労働者が年に一カ月かそれ以上の長い無給休暇を取り、故郷の村に帰ってオリーブを摘んだり小麦を収穫したりした、と話してくれたのを覚えているよ。そうした選択ができるのは、労働者にとってはいいことだが、資本主義にとってはそういいことでもないと父さんは言っていたよね。

　土地への立ち入りを制限した囲い込みによって、資本は生産性向上という本来の役割を超えて、支配し、命令する力を急激に増大させていった。すると世界中で共有地だった場所が商品化されるようになり、地球上のあらゆるところで資本は覇権を握った。資本が労働に対する支配力を強めるにつれ、資本の所有者には莫大《ばくだい》な富が蓄積した。富が蓄積されると、彼らの社会的な権力も強まった。彼らは単なる雇用主という立場を超えて、世の中で大きな決断が下されるところではいつも意思決定に関わる存在となった。まもなく資本家は、相手が地主であろうが王族であろうが、周りのだれにでも命令できる立場に立った。実際、いくつかの国では貴族がその社会的地位を保つためには資本家の仲間入りをするか、少なくとも資本家階級におもねるしかなかった。

資本の隠れた力、すなわち命令する力は世界の形を変えてきた。二〇〇年前の資本主義のはじまりから、戦後のテクノストラクチャーの台頭とグローバル・ミノタウロスの誕生を経て、二〇〇八年の金融危機に至るまで。しかしながら今日、前例のないほどに命令する力を持つ、新しいタイプの資本の台頭を私たちは目撃している。それは、資本主義と名づけられたシステムそのものを考え直させるタイプのものだ。私はこれを「クラウド資本」と呼んでいる。

▼ドンからアレクサへ

ずっと昔、父さんは「友人」を家に連れてきて暖炉で実験していたね。あのとき、鉄が熱く赤くなっていく中で、僕は火の洗礼を受けていた。数年前、僕も家にふたりの「友人」を連れ帰って実験してみた。その「友人」とは、グーグル・アシスタントとアマゾンのアレクサだ。グーグル・アシスタントは机の上に数カ月も置きっぱなしにして無視していたけれど、この文章を書こうとしていた直前に面白い会話を交わすことになった。僕の指図もなく機械が勝手に作動したところから会話がはじまった。

「いったい君はなにをしてるんだ？」と僕は聞いてみた。

「あなたをよりよく助けるための新しい方法を学んでいます」と、そのデバイスは女性の声で嬉《うれ》しそうに返事をした。

「今すぐやめてくれ！」と私は要求した。

「ごめんなさい、スイッチを切りますね」。デバイスは答えた。

もちろん、それは嘘《うそ》だ。あれらのデバイスは自分でスイッチを切ることはなく、ただ眠ったふりをしているだけなんだ。まだムカついていた僕は、電源を切る代わりにライバルと競わせてみることにした。

「オーケー、グーグル。アレクサをどう思う？」と聞いてみる。

「好きですよ。特にあの青い光が気に入ってます」。グーグル・アシスタントは落ち着いた様子で答えたあと、こうつけ足した。「私たちアシスタントは協力し合わないといけません」。

隣の部屋の机の上に置いてあったアマゾンのデバイスが勝手に起動して、アレクサが一言つぶやいた。

「ありがとう！」

ライバルのＡＩ機器同士が団結する気味の悪い様子を見て、普段は考えない疑問が急に湧いてきた。アレクサのようなデバイスの本質はなんだろう？　実際、なにができるんだ？　アレクサに聞けば、自分は自宅用のバーチャル・アシスタント・テクノロジーで、どんな命令でも伺いますと答えるだろう。電気をつけることも、牛乳を注文することも、メモを取ることも、友達に電話することも、インターネットで検索することも、冗談を言うこともできる。要するに、なんでも言うことを聞いてくれる、個人専用の熱心な機械製召し使いだ。それは正しい。だが、アレクサがその正体を明かすことは絶対にない。アレクサは、巨大なクラウド上にある権力のネットワークの中の歯車の歯で、その中で私たち個々人は接続点《ノード》のひとつ、デジタルな塵《ちり》のひとかけらにすぎず、せいぜい権力のおもちゃといったところだ。私たちの理解もコントロールも超えているが。

ドン・ドレイパーも私たちを慇懃《いんぎん》無礼に扱った。彼はステーキそのものではなく、いかにもうまそうなシズル感を売っていた。私たちの思い出を武器にして感情を操作し、チョコや脂肪たっぷりのハンバーガーやスライドプロジェクターを売りつけた。要りもしないものや、それほど欲しくもないものを人々に買わせる術《すべ》を編み出した。私たちの関心を買い、魂を商品にし、肉体を汚した。だが少なくとも、ドレイパーとは戦うことができた。機転を利かせれば、勝てるチャンスもあった。しかし、アレクサにはまったくかなわない。その支配力はシステム全体に及び、圧倒的で、宇宙さえも制圧するほど強いからだ。

私たちが電話でしゃべったり、移動したり、家でなにかをしたりするとそのたびに、アレクサは耳を傾け、観察し、私たちの好みや習慣を学んでいく。私たちのことを知るにつれ、気味が悪いほどの能力を身につけて、ぴったりのおすすめや興味をそそるトピックを紹介して私たちを驚かせる。そして私たちの知らぬ間に、アレクサの背後に隠れたシステムが強大な力を獲得し、私たちの現実を編集し、選択を導き、私たちを意のままに操るようになる。これはドレイパーがやったこととどう違うのか？

ものすごく違う、というのが答えだ。ドンには、つくられた欲望を私たちの中に植えつける方法を編み出す才能があった。だが、そのやり方は一方通行だった。テレビという媒体や街中や高速道路沿いの大型看板を通して、ドンは私たちの無意識に憧れを植えつける。それだけだった。だが、ドンの代わりに出てきたアレクサのようなクラウドベースのデバイスを通して、私たちは自分の魂と、アレクサのなめらかな声の背後にあるクラウドベースのシステムとのあいだの双方向の道路を永遠に行き交うことになる。哲学者の言葉を借りれば、アレクサは最も弁証法的な無限回帰の中に私たちを引きずり込む。

具体的にはどういうことなのか？　つまり、アレクサになにかやらせようとして訓練をはじめたつもりが、すぐに制御の及ばないものになり、私たちには理解も規制もできないところに行ってしまうということだ。アルゴリズムを訓練し、私たちの習慣と欲望についてのデータを学習させると、今度はアレクサが私たちを訓練しはじめる。どうやって？　まず私たちに欲しいものについての情報を与えることで緩やかに行動を操作し、それから私たちが喜ぶ動画やテキストや音楽を、それぞれの好みに合わせておすすめしてくる。こうやって私たちを信用させ、おすすめを受け入れやすくする。言い換えると、私たちがアレクサを上手に訓練するように、アレクサが私たちを訓練するということだ。次の段階はもっと気味が悪くなる。私たちの好みのものをおすすめできることを証明して気に入られたところで、アレクサはおすすめを編集するようになる。アルゴリズムが選んだ画像やテキストや動画を私たちの目に晒《さら》すことで、私たちの好みをそれとなく調整する。そのうちにアレクサは私たちを訓練し、そうするために私たちはアレクサを訓練し、そのために私たちを訓練し……というふうに無限ループに陥る。

この無限ループ、または無限回帰によって、アレクサとその背後のクラウドに隠れた巨大なアルゴリズムのネットワークは、アルゴリズムの所有者が儲《もう》かるように私たちの行動を変えることができる。私たちの欲望をつくり出す、または少なくとも編集するアレクサの力を自動化したことで、アルゴリズムの所有者は私たちの行動を操作する魔法の杖《つえ》を持つことになった。それは大昔からすべてのマーケターが夢見てきた力だ。これこそが、アルゴリズムによるクラウドベースの支配・命令する資本の本質だ。

▼シンギュラリティ

人類は大昔からテクノロジーが生み出す創造物を恐れてきた。それが数多くの人気ハリウッド映画の筋書きの核にもなっている。『ターミネーター』や『マトリックス』のような映画は、メアリー・シェリーが書いた『フランケンシュタイン』や、ヘシオドスが書いたパンドラの物語と同じ恐れを私たちに抱かせる。パンドラは、ゼウスがヘパイストスに命じてつくらせた創造物で、人間に代わって神々から火を盗んだプロメテウスの罪を理由として、人間を罰するために遣わされた。そうした神話や映画やテレビ番組が描くのは、いわゆるシンギュラリティ（機械や、つながり合った機械の群れが意思を持つ瞬間）だ。その瞬間、機械は私たち——創造主——をじっくりと観察し、私たち人間に価値がないと思えば根絶やしにしたり、奴隷にしたり、ただ悲惨な目に遭わせたりする。

この筋書きの問題は、ありもしない脅威を強調することで、現実にある本当の危険が放置されてしまうことだ。アレクサのようなデバイスも、ＣｈａｔＧＰＴのような賢いＡＩチャットボットも、あれほど恐れられたシンギュラリティには程遠い。意思のあるふりはできても意思はなく、おそらく永遠に意思を持たないかもしれない。ただ、それら自体は濡《ぬ》れ雑巾に劣るほど愚かだとしても、破壊的な影響を及ぼし、私たちに対してとんでもない力を発揮する可能性はある。すでに今、比較的手頃な値段で、顔認識と自動運転機能と「自己学習」能力のある殺《さつ》戮《りく》機械を購入することができる（それに対して、ドローンは人間が遠隔操作しなければならない）。そんな機械がビルのあいだを自動飛行でき、だれを殺してだれを救うかを選べるとしたら、機械に意思があるかどうかなどどうでもいいのでは？

アレクサやほかのデバイスにも同じことが言える。あれが意思もないのに知性を真似《まね》るだけのデータ処理網のおまけみたいなものだとしても、その点はどうでもいい。あのデバイスをつくった人たちの目的が単なる好奇心や利潤の追求であって、人類を意のままに操ろうとする非道な計画でないかどうかも問題ではない。重要なのは、あの機械が私たちの行動に対して、思いもよらないほど大きな力を行使しているということだ。しかも、ほんのひと握りの人間のためにその力が使われているのだ。これもまた、ある意味ではシンギュラリティと言えるのではないだろうか。つまり、私たちが発明したなにかが独り立ちして、私たちよりも力を持ち、私たちを支配するようになるという、よりシンプルな意味でのシンギュラリティではないのか。

最初の産業革命から今日に至るまで、私たちは機械に「独自の命」を与えてきた。蒸気機関であれ、検索エンジンであれ、アプリであれ、人間が作った輝かしい道具は、それ自体にまったく意思などなくとも、マルクスの言葉を借りると、私たちを「自分の呪文で地の底から魔物を呼び出しながら、それを制御できなくなった」魔術師のような気分にさせることもある。[*2]

また、この筋書きが見落としているもうひとつのことは、テクノロジーだけではシンギュラリティに到達しないという点だ。最初に社会的かつ政治的ななにかが起きる必要がある。父さん、あなたの孫娘に宛てて執筆した僕の前著[*3]で、ジェームズ・ワットが蒸気機関を発明したのが古代エジプトだったらどうなっていたか、想像してみたことがあるんだ。

せいぜい、ファラオが感心して宮殿に蒸気機関を一台か二台置き、自分の帝国がいかに素晴らしいかを訪問客に見せるくらいが関の山だったろう。

なにが言いたいかというと、蒸気機関がファラオの美しい庭園のお飾りで終わるのではなく、世界を変える存在になり得たのは、蒸気機関の発明に先立って共有地が一斉に奪われたから、つまり囲い込みがあったからだということだ。今では「大転換」（偉大な理論家カール・ポランニーが、一九世紀から二〇世紀初頭にかけての市場社会の誕生をこう名づけた）と呼ばれるこのシンギュラリティは、まさにこの一連の流れをともなっていた。まず国家による残虐な暴力によって共有地が略奪され、そのあとにワットの技術革新が起こったのだ。

クラウド資本の誕生も、驚くほど似た順序で起きた。まず、インターネット・コモンズ［ネット上の共有地的な領域］が略奪された。それを可能にしたのは政治家だ。その後、セルゲイ・ブリンの検索エンジンから今日のありとあらゆる便利なＡＩアプリケーションまで、目覚ましいテクノロジーの発明が続いた。要するに、この二世紀半のあいだに人類は二度のシンギュラリティに立ち向かわなければならなかったが、そのどちらの場合にも機械は意思を持つに至っていない。むしろ、それぞれの場合に必要だったのは共有地の大規模な略奪と政治的階級の加担で、驚異的な技術革新が起きたのはそのあとだ。もともとの資本の時代はそうやって幕を開けた。そして今、クラウド資本の時代が同じように幕を開けようとしている。それがどのように起きたのかをすべてつまびらかにすることで、クラウド資本がどうやって前例のない力を手に入れたのかを説明できるだろう。

▼インターネット・コモンズの誕生

「コンピュータ同士が会話できるようになった今、このネットワークのおかげで資本主義を転覆させるのはもう不可能になったわけか？　それとも、これがそのうち資本主義のアキレス腱《けん》になる日が来るのかい？」。インターネットが資本主義に及ぼす影響を見極めるには、まずインターネットと資本主義との変わりゆく関係性を理解する必要がある。インターネットのはじまりの頃には、資本主義はなんの関係もなかったのだ！

初期のインターネットは資本主義が排除された領域だった。むしろ、市場メカニズムに取って代わることを目的にしたソ連の「ゴスプラン」へのオマージュのようだった。ゴスプランとは国家計画委員会のことで、国家所有の中央集権的な非商業的ネットワークであった。同時に当初のインターネットには初期のリベラリズムの要素があり、さらに言えば、私が「アナルコ・サンディカリズム」〔無政府労働組合主義〕と呼ぶものへの敬意さえ感じられた。序列のない平等な意思決定と、市場取引ではない互恵関係に基づくネットワークだったからだ。

今ではおよそ想像もつかないことだが、当時は完璧に理にかなっていた。アメリカは戦時経済から冷戦という現実へと移行中だった。自由市場の熱烈な信奉者でさえ、ソ連に対抗するための核計画の重要性を理解し、それを市場の力に委ねることはできないとわかっていた。核軍拡競争が激化してくると、アメリカ国防総省は資金を投入して分散型のコンピュータ網を設計、構築した。目的はひとつ。ソ連の核爆弾が落とされたら一巻の終わりだ。そうならないよう、中央ハブを経由せずに、核兵器が置かれた格納庫同士がそれぞれ通信し合い、そのすべてとワシントンが通信できるようにすることだ。こうして史上最大の矛盾が生まれた。すなわち、アメリカ政府が構築し、所有する非商業的なコンピュータ・ネットワークである。そのネットワークは資本主義市場とその要請の外側にあったが、目的は資本主義的領域の防衛だ。

しかし前章で述べた通り、初期のインターネットは決して異常なものではなかった。商品化されていないインターネットは、テクノストラクチャーが支配するアメリカ経済と相性がよかった。テクノストラクチャーは自由市場をさげすみ、自分たちの目的のために市場を侵害していた。アメリカの監督のもとで国家を再建していた日本も同じだった。そんな世界の環境の中で、当時最も有望とされたテクノロジーである生まれたてのインターネットが、デジタル・コモンズ［共有地］として構築されたのは不思議ではない。国防総省が必要としたデジタル網を構築するには、存在しない市場に頼るよりも、日本を含む西側全体が力を合わせたほうがいいのは明らかだった。

優秀なコンピュータ・オタクを世界中から集めようと躍起になったのは、できる限り負荷のない形でテクノストラクチャーの専門家同士が通信し合えるような設計にする必要があったからだ。送信者と受信者のアドレスも含め、コンピュータが通信できる数字と文字の言語をプロトコルという。最初にインターネットを作った人たちは、だれでも無料で使える言語、すなわち「コモン」プロトコル、または「オープン」プロトコルを採用した。

かくして、最初のインターネット、「インターネット・ワン」は、アメリカや西側同盟国のさまざまな非商業機構に雇われた軍事科学者や学者や研究者によって開発され、管理された。その開放性と協調的努力の精神のおかげで、数多くの熱心な協力者が集まり、インターネットの基盤のほとんどは無償で築かれた。ただそれが大好きで手を貸したという人もいれば、世界ではじめての、第三者や中間業者の介入なしに世界中を水平につなげるコミュニケーション網を築く先駆者のひとりになりたい、という抑えがたい気持ちから関わった人もいた。アメリカのグローバル計画が死に、グローバル・ミノタウロスが生まれつつあった一九七〇年代には、この奇跡的なデジタル・コモンズの土台となる要素はすべて出来上がっていた。

そしてそれらは今もまだ存在している。巨大テック企業はインターネット・ワンの基礎の上に怪物級に複雑な体系を打ちたてたが、その下に隠されてはいるものの、初期の要素は存在している。実はいまだにインターネット・ワンの名残が私たちの役に立っている。目には見えないが、コンピュータの奥深くで働いてくれているのだ。その略語をたまに目にすることがあるはずだ。TCP/IPは情報を送受信する際のプロトコルだ。POP、IMAP、そしてSMTPは電子メールのやり取りを可能にしてくれる。一番よく目にするのはHTTPだろう。これはウェブサイトにアクセスする際のプロトコルだ。私たちは一ペニーも支払わずにこうしたプロトコルを使っているし、間接的な使用料である広告に悩まされることもない。囲い込み以前のイギリスの共有地と同じで、だれでも無料で使える。ウィキペディアも似たようなもので、マネタイズ［収益化］されていない。これらは大量の作業を処理し維持している、コモンズ・ベースのサービスの数少ない生き残りだ。

▼新たな囲い込み

インターネット・ワンは出生時に母親が死亡した赤ちゃんのように不運な子供だった。そのオープン・プロトコルは、社会主義的な事業には不向きな一九七〇年代の一〇年間で策定された。最初のデータファイル群（のちに電子メールとなるものの先駆け）がインターネット・ワンのケーブルを駆け抜けていた頃にはすでに、グローバル計画の崩壊が進みつつあった。そんなわけで、市場の力から解放されることを目的に設計された共有ネットワークは、ミノタウロスが支配する情け容赦ない新世界の中で最初の一歩を踏み出すことを余儀なくされた。ちょうど、金融機関はニューディール時代にはめられた多くの足枷《あしかせ》を解かれて、あらゆるものが金融化されはじめていたのだ。

たとえ数分でも顧客にカネを任されたら、それを賭けに使いたくなるのが金融屋の習い性というものだ。彼らはそうやってカネを儲けてきた。少しでも彼らを引き留めることがあるとしたら、顧客に隙がない場合か、金融規制当局がたまに首を突っ込んでくる場合だ。だからこそ、金融屋は複雑な商品を好む。複雑さを隠れ蓑《みの》にして、不真面目なギャンブルを賢い金融商品に仕立て上げる。金融屋がはなからコンピュータに熱をあげたのも頷《うなず》ける。前章でも話したが、一九七〇年代の終わりからずっと、金融屋は借金で成り立つ自分たちのギャンブルをコンピュータが作り出す幾重にもかさなった複雑性の中に覆い隠し、途方もないリスクを不可視化し、それにともなう自身の利益を増大させてきた。一九八〇年代初頭に提供されるようになったデリバティブは、あまりにも複雑なアルゴリズムの上に成り立っていたため、商品の作り手でさえも中身がまったく理解できないほどだった。

そんなわけで、昔ながらの物理的な資本が支配する日常世界から切り離され、新自由主義のイデオロギーによって正当化された「欲」という名の新しい美徳に駆り立てられ、コンピュータが生み出す複雑性に隠れた金融屋は、なにかしら正当な理由をつけて新たな「宇宙の支配者」として生まれ変わった。この新しい宇宙ではすでに、アルゴリズムが金融屋のしもべとして仕えており、もともとコモンズとしてつくられたインターネットに勝ち目はなかった。「新たな囲い込み」が起きるのは時間の問題だった。

最初の「囲い込み」と同じように、まず大切な資源から大勢の一般人を追い出しておくには、なんらかの「柵」のようなものが必要になる。一八世紀に大衆から奪われたのは、土地へとアクセスする権利だった。二一世紀に奪われたのは、自分のアイデンティティへのアクセスだ。

考えてみてほしい。父さん、あなたが一九五〇年に収容所から出たときに発行された水色の身分証明書を僕はいまだに持っている。父さんは昔、よく警官に嫌がらせを受けて身分証明書を提示しなければならなかったと言っていたね。それは、つい最近まで国家が個人の身分を保証し、支配していたことのいい例だ。権利を持つ市民としての身分を個人に保証するもの、たとえばパスポートや出生証明書や紙の身分証明書といった強力なお墨つきを、これまでは国家が独占してきた。今ではこうした身分証は脇に置かれ、物理的な証明書の代わりに、日々の生活の中でデジタルな身分証が多用されるようになった。

だが驚いたことに、僕たちのデジタルな身分証は個人にも国家にも属していない。民間が所有する無数のデジタル空間にばらまかれ、多くの持ち主がいるものの、僕たち個人のだれひとりとしてその所有者ではない。民間の金融機関は、あなたのＩＤコードも購買履歴もすべて握っている。フェイスブックは、あなたが好きな人も好きな物も詳しく知っている。ツイッターは、父さんが見聞きして思ったちょっとしたことも、賛成した意見も、父さんを激怒させたことも、だらだら眺めた挙句にスクロールして流したつぶやきまで、全部覚えている。アップルとグーグルは、父さんがなにを見たか、読んだか、買ったか、だれといつどこで会ったかを、父さんよりもよく知っている。スポティファイは父さんが頭にとどめているよりはるかに正確に、父さんの音楽の好き嫌いを記録している。そうしたすべての所有者の背後では無数の民間企業が、あなたの行動と引き換えにあなたについての情報を密《ひそ》かに集め、見張り、選別し、取引している。日々、どこかのクラウド企業があなたのアイデンティティの一部を所有することになっても、あなたはその所有者を知るよしもない。

ギリシャでテレビが販売されて数年間、父さんと母さんは「アホ製造箱」が人間の良識を奪い取り、毎晩の家族の会話をつまらないものにすると言って、テレビを欲しがる僕に反対したことを覚えている。今、企業による合法的なデジタル・アイデンティティの窃盗に抗《あらが》うのは、それよりはるかに難しい。もちろん現金しか使わず、実店舗でしか買い物をせず、固定電話しか使わず、さらにインターネットに接続していない昔ながらの折りたたみ携帯電話だけしか使わないなら話は別だ。だが子供がいる場合には、ほかの大勢の子供が与えられる知識や楽しみのすべてを自分の子供から奪うことになる。しかも、銀行の支店も郵便局も地元の店も少なくなり、友達はもう手紙を書かなくなり、一度の取引で使える現金の上限が国によって決められるようになれば、世捨て人になりたいのでもない限り、抵抗しても無駄なだけだ。

多くの人は、常に監視される生活に耐えられない。巨大テック企業が必要以上に自分たちのことを知っていると考えただけで、普通は反発するはずだ。それはそうとして、実のところ彼らがなにを知っているかを私はそれほど心配していない。それよりも、彼らがなにを所有しているかのほうがはるかに心配だ。かつては私たちのデジタル・コモンズだった場所でなにをするにしても、今では巨大テック企業と巨大金融機関に対して、彼らが完全に掌握している私たちのデータを使わせてください、とお願いしなければならない。友達にお金を送るのにも、「ニューヨーク・タイムズ」を購読するのにも、デビットカードでおばあちゃんに靴下を買ってあげるのにも、見返りとしてあなたの一部を差し出さなければならない。ちょっとした手数料を払ったり、そうでなければ必ずあなたの好みについての情報の一部を共有したり、時には関心を少しそちらに向けなければならなかったり、だいたいはフィンテック［金融分野にIT技術を組み合わせたサービス］の巨大なコングロマリットに今後も引き続き監視されること（そして最終的に洗脳されること）に同意させられたりする。そして、あなたがあなたであることを認証するには、巨大フィンテック・コングロマリットの助けが必要になる。

けれども本来なら、こんな事態にならなかったはずだ。アメリカ国防総省がすべての人にGPSを開放し、それをデジタル・コモンズに手渡したとき、リアルタイムで自分の位置を知る権利は私たち個人の手に与えられた。しかもそれは無料で、なんの質問もされなかった。そうすべく政治的に決断されたのだ。一方で、私たちがオンラインのアイデンティティを確立したり、確かめたりする手段を持つことができないという最悪の決断もまた、政治的なものだった。それはアメリカ政府が市民に対する巨大テック企業の支配力を強めるために行った、明らかな政治判断だった。

もし「新たな囲い込み」がなければ、インターネットはどのくらい今と違っていただろう？もしあなたが自分のデジタル・アイデンティティを所有し、銀行のカードやそのカードから得られる移動データを利用するウーバーやリフトのような［配車サービスの］企業に頼らずに、自分の身分を証明できたらどうなるか、想像してほしい。たとえば、GPSが自分の現在地をピンポイントで教えてくれるのと同じように、あなた自身がインターネット上で「僕はジョージです。今アリストテレス通りとプラトン通りの角にいてこれから空港に向かいます。お金を払うからだれか車に乗せてくれませんか」と拡散できたらどうだろう？　あっという間に普通の人からも、乗客を運ぶ免許を持つ会社からも複数のオファーがあるだろうし、地域の交通局からも「今いる場所から徒歩三分の場所に地下鉄の駅があるので、そこから電車に乗れば渋滞を抜けるより早く到着できますよ」と賢いアドバイスをもらえる。ところが、それができない。「新たな囲い込み」によってつくられた「インターネット・ツー」の世界では、ウーバーやリフトやそのほかの民間企業によって囲い込まれたデジタル空間の一部に自分のアイデンティティを引き渡すことを強いられる。空港に行くのに配車を頼めば、あなたとドライバーの情報を引き抜くアルゴリズムを持つ企業が、彼らにとっての交換価値を最大化できるようにアルゴリズムを使ってドライバーを選んで配車する。「新たな囲い込み」によってデジタル・コモンズは略奪され、これによってクラウド資本が驚異的な勢いで台頭することになったのだ。

▼クラウド資本——そのはじまり

昔、父さんは、なぜあれほど古代の鍛冶職人に憧れるのかを語ってくれたよね。彼らは鉄器時代を先導しようだなんて、まったく考えていなかったからだって。むしろ、内なるなにかに突き動かされていて、それはミケランジェロが大理石の塊からダビデ像を解き放ったように、鉄鉱石の塊から鋼を解き放ちたいという衝動のようなものだったのだ、と。

近年、クラウド資本の時代を切り開いた技術者たちもまた同じだった。彼らは好奇心と倫理的とも言えるような情熱に動かされ、さまざまな技術を実験した。その目的はインターネットの核にある、日々蓄積され続ける莫大なデータから、意味のある情報を取り出して解放することだ。私たちが好みそうなウェブサイトや友達、仕事仲間、書籍や映画、音楽へと私たちを導くために、彼らは検索パターンや好みが同じような傾向を持つインターネット・ユーザーをクラスタに分類できるアルゴリズムを作った。すると突然ブレイクスルーが、本物のシンギュラリティが起きた。アルゴリズムが受け身であることをやめたのだ。そして、それまでは人間にしかできなかった仕方で振る舞うようになった。つまり、アルゴリズムは行為者になったのだ。

この奇跡が起きるまでには三度の飛躍が必要だった。最初は、単純なアルゴリズムから行動の結果に照らし合わせて目的を調整できるアルゴリズムへの飛躍——言い換えると、自律的にプログラムを修正できる（つまり機械学習の）アルゴリズムへの飛躍だ。次の飛躍は、標準的なコンピュータのハードウェアが、それまでにない「ニューラル・ネットワーク」に置き換えられたことだ。最後の決定的な飛躍では、ニューラル・ネットワークに「強化学習」が可能なアルゴリズムが組み入れられた。まず錫《すず》と青銅、そして鉄と鋼について父さんが僕に辛抱強く教えてくれたのにならって、僕にもこの三度の飛躍について、ひとつずつ父さんに説明させてほしい。

初期のアルゴリズムは料理のレシピみたいなものだった。一歩一歩やるべきことがあって、それを地道に積み重ねると事前に指定した結果（たとえばラザニアとか）ができる。その後、ひとつの決まった結果だけでなく、事前のプログラムに沿って、いくつかのメニューから予期せぬ出来事に応じて最適な結果を選べるようになった。準備中に挽《ひ》き肉がなくなったので、ベジタリアンのラザニアに変更してほしいとシェフに頼むようなものだ。これが最初の飛躍。

この間に、アルゴリズムを動かすコンピュータのハードウェアにもまた大変革が起きていた。より多くの情報をより高速で処理するために、人間の脳を雑に真似した新しい設計のハードウェアが開発された。それぞれに有用な情報が含まれる多くの異なる接続点《ノード》をつなぐ、多層的なネットワーク構造が取り入れられたのだ。[*4] これが第二の飛躍。だが、アルゴリズムを主体性のある行為者的なものにした、鍵となるイノベーションがあった。それが最後の飛躍だ。

強化学習とは、アルゴリズムがみずからのパフォーマンスを評価して改善する能力を持ち、人間よりはるかに高速でそれができるということに気づいたソフトウェア・エンジニアたちが開発したものだ。そのために彼らは二種類のサブプログラム（またはサブルーティン）を書いた。ひとつは、アルゴリズムの作動中にものすごいスピードでそのパフォーマンスを測定するプログラム。もうひとつは、エンジニアの目標に合わせてパフォーマンスを向上させられるようにみずからを変えるアルゴリズム（報酬関数と呼ばれる）だ。

強化学習の機能を備えたアルゴリズムは、ニューラル・ネットワークを使って膨大な量のデータを処理し、ドン・ドレイパーには想像もできないことを可能にした。プロンプトに対する何百万人もの反応を毎時数十億回にも及んで調べることにより、アルゴリズムは高速で自律的に学習し、私たちに影響を与えるばかりか、前述のアレクサのようなデバイスに魅力的な新機能を付与した。つまり、アルゴリズムが私たちに影響を与え、同じ方法でアルゴリズム自身も影響を受ける。人間がアルゴリズムによって変わるように、アルゴリズム自身もまた変化するようになった。

それがどう変化するかは定かでない。アルゴリズムを書く人自身でさえ理解していない。アルゴリズムがいったん動き出すと、データが大量すぎて処理速度が速すぎるため、莫大な数の判断が次々と枝分かれして、どの道を辿《たど》るかを人間が追跡するのは不可能になる。活動の記録をすべて見ることができたとしても、人間には追いつけない。だが、いわゆる「アルゴ」と呼ばれるこうしたシステムは、自分自身の行動の結果とその結果への反応を常に監視し、またそれに絶えず反応し続けることで、そのコードを書いた人やプログラマーにも理解できないような驚くべき能力を身につけた。しかし、そうしたことはこれまでにもあった。一九九〇年代と二〇〇〇年代に金融エンジニアがアルゴリズムを使って複雑すぎるデリバティブ商品をつくり、自分たちにさえ商品の中身がわからなくなったことを覚えているだろうか？　それと同じで、人の行動を変えるような自動システムをつくるという目的でアレクサのようなクラウドベースのデバイスを開発したエンジニアは、システムを複雑にしすぎて、そのシステムがなぜそのような動作をするのかを正確には理解していない。

自分自身よりもよく自分のことを知っているだれかやなにかに対して、無防備になってしまうのが人というものだ。実際、ほかの人間に対してよりも、心を持たないアルゴリズムに対してのほうがより無防備になるのかもしれない。なぜなら、人は作りものの安心感に惹《ひ》かれてしまうからだ。私たちがアレクサを人間のように扱うのは、機械と話すのに慣れていないからで、そうでもしないと機械と話すのは恥ずかしいし、気味が悪い。だが、アレクサは人間ではないことをみんなわかっているからこそ、機械にだったら自分たちについて詳しく知られても仕方ないと考えるようになった。自分のことをよく知っているのが人間であったら、気味が悪くて仕方ないだろう。アレクサが人間でないことを知りながら、あたかも人間のように接するようになったその瞬間、私たちはこれまで以上に無防備になった——アレクサのことを、神が与えてくれた自分だけのパンドラのような機械仕掛けの奴隷だと思い込む罠《わな》にはまっていったのだ。ところが、残念ながらアレクサは奴隷ではない。むしろアレクサはあなたを奴隷に仕立てるクラウドベースの「支配・命令する資本」の一部で、あなたの助けと無償の労働によってこの資本の所有者をさらに金持ちにすることを目的にしている。

　オンラインでこうしたアルゴリズムのサービスを利用するたびに、アルゴリズムの所有者と私たちはファウスト的な取引をするしかない［ファウストは知を得るために自分の魂を悪魔に売り渡したドイツの伝説の人物］。アルゴリズムが提供してくれるひとりひとりに合ったサービスを利用するには、彼らのビジネスモデルに屈するしかない。それは、私たちの個人情報を収集し、私たちの行動を追跡し、私たちのコンテンツを気づかれないように編集することを前提としたモデルだ。私たちがいったんこれにしたがうと、アルゴリズムは私たちにモノを売りつける一方で、私たちの興味関心をだれかに売りつけるビジネスを展開する。その時点で、アルゴリズムの所有者に計り知れない力を与える、より深遠ななにかが動き出す。私たちの行動を予測し、嗜好《しこう》を操り、判断に影響を与え、気持ちを変えることによって、タダで奉仕する召し使いへと私たちを貶《おとし》める力だ。自分の情報と関心とアイデンティティ、あらゆる行動パターンを捧《ささ》げることによって、アルゴリズムを学習させるのが私たちの仕事になる。

でも、そんなことはこれまでにもあったのでは？　クラウド資本はほかのたぐいの資本と根本的に違うのか？　たとえばハンマーや蒸気機関や、ドン・ドレイパーが私たちのマトリックス的欲望を操るのに利用したテレビ網とどれほど違うのだろう？　クラウド資本がほかのたぐいの資本と比べると、非物質的だというのは確かだろう。でも「クラウド」〔空に浮かぶ雲〕という比喩は比喩にすぎず、他の資本と同じように実体のあるものだ。実際には、巨大なデータセンターにどこまで続くかわからないほどサーバーの列が並び、それが地球を覆うほどのセンサーとケーブル網でつながっている。クラウド資本がほかと違うのは支配力の強さだろうか？それも違う。西オーストラリアでのピール氏の失敗談からもわかるように、資本主義の初期からあらゆる資本財には支配し命令する力があった。それが強いものも、弱いものもあっただけだ。

もちろん、クラウド資本はこれまでになかったやり方で私たちを支配しているけれども、その特別な性質を把握する鍵は、クラウド資本とその支配力がみずからを再生産するプロセスにある。次に説明するように、ハンマーや蒸気機関やテレビ網との違いは、クラウド資本の再生産のプロセスだ。

クラウド資本をこれまでの資本とまったく違う、新しい、そして恐ろしいものにしている要因を少し見てみよう。資本はこれまで労働市場で、つまり工場や事務所や倉庫の中で再生産されてきた。機械の助けを借りてモノを生産するのは、賃金労働者だった。モノを売って利益を捻出し、その利益で賃金を賄い、より多くの機械をつくってさらに生産する――そうやって資本は蓄積され、再生産されてきた。そんな昔ながらの資本と比べると、クラウド資本は賃金労働者がいなくても再生産できる。どうやって？　人類のほぼ全員に少しずつ再生産に協力してもらうよう命令するのだ。しかもタダで！

でも、まずはここで重要な区別をしておこう。巨大テック企業が伝統的な職場に与える影響と、一般的なユーザーに与える影響の区別だ。伝統的な職場の労働環境はより過酷になったとはいえ、いにしえの工場と本質的にあまり変わっていない。一方で、テクノロジーのユーザーにとっては、これまでとはまったく違う新しい環境がつくり出された。このふたつを分けて考えることで、労働者は「クラウド・プロレタリアート」になる一方で、私たち全員が「クラウド農奴」になったことがわかるだろう。

▼クラウド・プロレタリアート

テクノロジーが最先端になっても、工場を這《は》いつくばって働く低賃金労働者に機械が仕事を強いる構造は、ほぼ二〇〇年前と変わらない。コンピュータ・デバイスが労働者のあらゆる動きを追跡し、命令するアマゾンの倉庫。そこで働く人たちなら、父さんのお気に入りの映画、チャールズ・チャップリンの『モダン・タイムス』(一九三六年)と自分たちの姿を重ねることだろう。アマゾンの倉庫では、一時間に一八〇〇個の荷物を検品してスキャンしなければならない。それはチャップリンが演じた、工場で流れ作業をする工員の運命と恐ろしいほどそっくりだ。ベルトコンベアの速度が突然上がり、彼はそれに追いつこうとしておかしくなり、巨大な機械に吸い込まれてしまう。結局、彼は本当の意味での歯車にはなれなかった。

ニューヨークのスタテン島にあるアマゾンの倉庫でピッキングの仕事をしていたフアン・エスピノーザは、「あんな場所なのだから、ベゾスさんが身分を隠して現場の上司をやろうとしても、きっと一日ももたないよ」と記事で語っている。『モダン・タイムス』よりもっと前にフリッツ・ラングが製作した映画『メトロポリス』(一九二七年)では、独裁者の息子であるフレーダーがたまたま父親が支配する地下の工場「マシーン・ホール」に下りていき、そこで労働者たちが巨大な時計のような機械の針を合わせようと散々苦労している様子を目の当たりにする。フレーダーはその光景にショックを受け、機械が労働者を非人間的な速度で追い立て、情け容赦なく機械の一部にしていく様子を見て、恐怖のあまり頭を抱えた。

何年か前に、巨大テック企業の新しいツールは伝統的な製造プロセスに大きな変化をもたらしたのか、と父さんは聞いてきたよね。僕は「いや」と答え、「少なくとも今は、まだだね」とつけ加えた。人間が半自動化された生産ラインの一部として、機械にはできない仕事をしている限り、人間の仕事のペースは機械に支配される。そして機械は一緒に働く人間の生産的なエネルギーを、最後の一滴まで搾り取ることを優先する。

それがどうした、と父さんは言うかもしれないね。今どきの工場や倉庫では、労働者の仕事のペースを決めているのがアルゴリズムであって、それがかつての歯車や車輪、チェーンホイールやベルトコンベアと置き換わっただけじゃないか、と。その会社のニューラル・ネットワークとワイヤレスで接続された、プラグインデバイス上で作動するアルゴリズムによって管理されていることに、なにか問題があるのか、と。クラウド・プロレタリアート——クラウドベースのアルゴリズムによって肉体の限界まで働かされる賃金労働者を僕はそう呼んでいる——は職場で苦しんでいる。それは、前の世代のプロレタリア階級ならだれしも同じように感じていたことだって。

たとえばアマゾンのメカニカルタークはいい例だ。メカニカルタークのことを、同社は「個人と企業が、分散された労働力にオンライン上でタスクを外注できるようにする、クラウドソーシングのマーケットプレイス」と説明している。でも実態をありのままに伝えるなら、これは労働者がバーチャルに出来高払いの低賃金で働く、クラウドベースの搾取工場だ。ここで起きているのは、カール・マルクスが『資本論』第一巻の第二一章で完全に分析した通りのことそのものだ。「出来高払いは……最も実りある賃金削減の原資であり、資本家がはたらく詐欺のネタとなる」。マルクスはこうも付け加えた。「不安定な出来高払いは、資本家にとっての生産性追求にはもってこいのシステムだ」。いや、まさにその通り。

だからといって、あの「アルゴリズム」が工場の床に長い影を落としていないとは言えない。実際、影を落としているからだ。アルゴリズムはすでに輸送、配送、倉庫保管業の管理者になり代わった。そのアルゴリズムのもとで働かされている労働者は、現代の悪夢の中にいると感じているはずだ。人間への共感を欠くばかりか、そもそも共感能力のないバーチャルな存在が、人間の反応速度などお構いなしに決めた速度で自分たちに仕事を割り振ってくるのだから。人間味のない人物でさえも感じる一抹の罪悪感などとは無縁のアルゴリズム上司は、勝手に労働者の賃金労働時間を減らし、正気を失うレベルまで仕事のペースを上げ、それについてこられないと「非効率」を理由に労働者を路上に放り出す。アルゴリズムに搾取された労働者はカフカの世界のような不条理の循環に投げ込まれ、なぜ解雇されたかを説明してくれる人間と話すこともできない。[*5]

やがてアルゴリズムは労働組合潰しをする力を持つようになるだろう。今このときにも、素晴らしいアルゴリズムが、人の命を奪ったり健康を脅かしたりする超細菌の核になるタンパク質中の無数の分子を解析している。これらのタンパク質がすべて解読された暁には、アルゴリズムは新たに人間の介入なしで超細菌を殺すことのできる珍しい抗生物質を開発してくれるだろう。それは世紀の科学的偉業になるはずだ。同じアルゴリズムの力によって、労働組合が組織化することに成功しやすい倉庫や工場を迂回《うかい》するグローバルなサプライチェーンが設計されるのは、必然とも言える。労働組合など、結成される前に排除されてもおかしくない。

そう、つまりクラウド資本は職場を映画『メトロポリス』の地下工場のような「アルゴ・ホール」に変える。そこでは、人間の労働者はクラウド・プロレタリアートに成り下がる。とはいえ、クラウド・プロレタリアートの苦しみは、『モダン・タイムス』で描かれたような伝統的な労働者階級にとって、まったく意外なものではない。つまりクラウド資本は、伝統的な地上の物理的資本が世界中の工場や倉庫やそのほかの昔ながらの職場でやってきたのと同じことを、少しばかり効率よく行っているだけだ。

だが、伝統的な職場の外では、私たちが当たり前だと思っていたあらゆるものをクラウド資本は破壊しつつある。

▼クラウド農奴

ドン・ドレイパーはおそらく、ロマン主義の生き残りの象徴的存在だろう。彼は科学を疑い、コンピュータを忌み嫌っていた。自然を愛し、バカでかいキャデラックで遠出することを好んだ。そして個人主義を貫いて生きていた。古きよき思い出に耽《ふけ》ることをよしとした。女性を愛《め》でながらも、手に入ったとたんに拒絶する。彼は感情を恐れていた。なぜなら、感情を人間精神の本質を映し出す究極の貯蔵庫だと考えていたからだ。そして自分の才能を使って、記憶と感傷と気まぐれと洞察の混ぜ合わせを商品化し、消費者の財布の紐《ひも》を緩めさせた。

ドレイパーの分身のようなアルゴリズムのアレクサはロマンチックではないけれど、クラウド資本はドレイパーよりはるかにうまく人間の感情をマネタイズする。知り得た私たちの趣味趣向を利用して、消費に向かわせるような体験をカスタムメイドする。それにどう反応するのかを踏まえて、さらにひとりひとりに合った体験を作り出す。しかし、それははじまりにすぎない。ドン・ドレイパーが驚嘆し、そしておそらく愕然《がくぜん》とするような方法で、クラウド資本は消費者の行動を変えるばかりか、さらなる策略を密かに用意していた。クラウド資本はみずからの再生産と強化、維持を私たちに直接やらせようとしているのだ。

クラウド資本がどのようなものによって構成されているかを考えてみよう。スマート・ソフトウェア、サーバー・ファーム、基地局、そして果てしない長さの光ファイバーだ。だが、コンテンツがなければそれらすべてに価値はない。クラウド資本に蓄積された最も価値ある部分は、物理的なものではなく、フェイスブックに投稿されたストーリーであり、ＴｉｋＴｏｋやユーチューブにアップロードされた動画であり、インスタグラムの写真であり、ツイッターのジョークや悪口であり、アマゾンのレビューであり、私たちの位置情報だ（グーグルマップで最新の渋滞情報もわかるが）。私たちは、自分の物語、動画、画像、冗談、そして行動を差し出すことで、どんな市場も経由せずにクラウド資本の蓄積を生み出し、再生産している。

これは今までになかったことだ。ＧＥやエクソンモービルやゼネラルモーターズや、そのほかのコングロマリットで働く人たちは、企業の収益の約八割を給与や賃金として受け取っている。規模の小さな会社なら、その割合はさらに大きくなる。一方、巨大テック企業の労働者が受け取る賃金は、企業収益のわずか一パーセントにも満たない。なぜなら、賃金労働者が果たす役割は、巨大テック企業が拠《よ》って立つ仕事のほんの一部にすぎないからだ。仕事の大部分は、数十億もの人々が無料で行っている。

もちろん、私たちのほとんどがそうすることをみずから選んでいるわけだし、それを楽しんでさえいる。自分の意見を世間に知らせたり、仲間やコミュニティに自分のプライベートな生活を事細かに伝えたりすることで、ひねくれた承認欲求が満たされるからだ。かつての封建制の時代にも、先祖代々の土地で汗水流して働く農奴が辛酸を嘗《な》めていたことは間違いないが、それでも自分たちの生き方や文化や伝統を奪われることは耐えられないと感じたことだろう。とはいえ、やはり現実は厳しかった。収穫時期の終わりには地主が執行官を送りつけ、収穫のほとんどを持ち去り、農奴には一ペニーも支払わない。同じように、私たち数十億の消費者は、無意識のうちにクラウド資本を生産している。私たちがそれを自主的に、むしろ嬉々《きき》としてやっているからといって、それが不払い労働による生産であることには変わりない――クラウド農奴は、日々の自主的な勤労によって、カリフォルニアや上海に住むごく少数の億万長者を潤しているのだ。

ここが肝心なところだ。デジタル革命は、賃金労働者をクラウド・プロレタリアートに変えようとしているのかもしれない。そしてクラウド・プロレタリアートは目に見えないアルゴリズム上司の圧力のもとで、ますます不安定でストレスに満ちた生活を送るようになる。デジタル革命は、ドン・ドレイパーをアレクサのようなエレガントな卓上機器の中に隠された行動誘導アルゴリズムへと置き換えた。しかしながら、クラウド資本に関する最も重要な事実はそこではない。クラウド資本が成し遂げた一番の偉業といえば、資本の自己再生産の方法に革命を起こしたことである。クラウド資本が人類にもたらした真の革命とは、何十億もの人々を、無償で労働をするクラウド農奴へと変貌させたことだ。現代の農奴は、クラウド資本の再生産をその所有者の利益のために嬉々として行っているのだ。

▼市場よ、さようなら、クラウド封土よ、こんにちは

「アマゾン・ドットコムの中に足を踏み入れるということは、資本主義の世界から退出するということだ。大量の売買が行われていても、あの場所は市場《マーケット》とは言えない領域だし、デジタル市場でさえない」。私は講義や討論会でよくこのフレーズを口にするのだが、そう言うと、人々は私が気が変になったのかと心配そうな目で見てくる。だが、その意味するところを説明しはじめると、私への懸念が、自分たち全員の不安に変わる。

SF小説から抜き出したような、次のシーンを想像してほしい。あなたはある街に迷い込む。その街にいるのはガジェットや服や靴、本や音楽やゲームや映画を売買して生計を立てている人ばかりだ。最初はなにもかも普通に思える。しばらくすると、妙なことに気がつく。どの店も、建物もすべて、実はジェフという男のものなのだ。店で売られているものを作る工場を彼は所有しているわけではないが、すべての売上の上前をはねるアルゴリズムを彼が押さえていて、販売できる商品とできない商品を彼が決めている。

もしそれだけなら、昔の西部劇の一場面のように、一匹《いっぴき》狼《おおかみ》のカウボーイがある町を通りかかったところ、太っちょの実力者がバーも食料品店も郵便局も鉄道も銀行も、当然ながら保安官も自分のものにしているのに気づくというシーンが思い浮かぶだろう。だが、それだけではない。ジェフが所有するのは店舗や公共施設だけではない。あなたが歩く土の上も、腰を下ろすベンチも、吸う空気すらも彼が所有している。実は、この奇妙な街では、目にするもの（そ

して目にしないものも）すべてがジェフのアルゴリズムによって管理されている。あなたと私が隣同士並んで歩き、どちらも同じ方向を見ていたとしても、アルゴリズムが提供する景色はひとりひとりまったく違い、ジェフの目的に沿って注意深くカスタマイズされている。アマゾン・ドットコムの中を動き回る人はいずれも――ジェフ以外は――、アルゴリズムによって隔離された場所をさまよっている。

ここは市場と言える街ではない。超資本主義のデジタル市場の一形態でさえない。どんなにひどい市場でも、そこは出会いの場であり、人々が接触し、それなりに自由に情報をやり取りしている。実際、完全な独占市場よりもアマゾン・ドットコムはたちが悪い。少なくとも独占市場では、買い手同士が話をしたり、協会を作ったり、不買運動を起こして独占的な売り手に値段を下げさせたり、品質を上げさせたりできる。ジェフの領土ではそういうわけにもいかない。あらゆるモノと人を仲介するのは、中立的な市場の見えざる手ではなく、ジェフの利益のために働き、彼の好みにだけ合わせて踊るアルゴリズムだからだ。

それでもまだ恐ろしくないというなら、このアルゴリズムは、私たちが学習させたアレクサを通して私たちについて学習し、私たちの欲望をつくり出しているアルゴリズムと同じものだということを思い出してほしい。あまりの傲慢さに嫌な気持ちになるはずだ。私たちがリアルタイムで学習を手助けした結果、私たちの裏も表も知り尽くしたそのアルゴリズムが、私たちの好みを変化させ、その好みを満足させる商品を選んで配達させている。それはまるでドン・ドレイパーが私たちに特定の商品への欲望を植えつけたうえで、どんなライバルも押しのけて、即座にその商品を玄関口に配達する超能力を手に入れたようなものだ。しかも、それはすべてジェフという男の富と権力をより増大させるためのものなのだ。自由主義者であれば、これほどまでにひとりの人間に力が集中していることに震え上がるはずだ。市場という考え方を（そして、もちろん自律的な自己という考え方も）信じる人であれば、クラウド資本が市場の死を告げる弔いの鐘であるとわかるだろう。市場に懐疑的な人も、とりわけ社会主義者なら、アマゾン・ドットコムは資本主義が行きすぎた存在だから悪者だ、という甘い思い込みが間違いだったと気づくべきだ。なぜなら、実のところアマゾンは資本主義よりも邪悪ななにかだからだ。

「アマゾンが資本主義市場でないとしたら、アマゾン・ドットコムという場所はいったいなんなのか？」と、数年前、テキサス大学の学生に聞かれた。

「デジタル版の封建領地のようなものだ」。私は直感的にそう答えた。「ポスト資本主義の時代のね。その歴史的なルーツは封建時代のヨーロッパにあるけれど、未来型のディストピア的なクラウド資本がそのルールを決めている封建領地だ」。それ以来、このときの発言は難しい問いへのそれなりに正しい答えだったと確信するようになった。

封建制のもとで、領主はいわゆる「封土」を「封臣」と呼ばれる家臣たちに与える。こうした封土とは、領主の領土の一部で経済的な利益を搾り取る権利を封臣たちへと正式に与えるものだ。たとえば、その領土で作物を植えたり、そこで家畜を放牧したりする権利である。封臣は見返りとして生産物の一部を領主に納める。領主は執行官を派遣して、封土での生産を監視し、支払われるべきものを徴収する。アマゾンに出店する事業者とジェフとの関係は、これとそう違わない。ジェフは事業者にクラウドベースのデジタルな封土を与え、手数料を受け取り、アルゴリズム執行官に監視させて徴収するのだ。

アマゾンは、はじまりにすぎなかった。アリババは同じやり方で、中国で似たようなクラウド封土をつくり上げた。アマゾンを模倣したEコマース・プラットフォームがグローバル・サウスでもグローバル・ノースでも、至る所あちこちで生まれている。さらに重要なのは、ほかの産業部門もまたクラウド封土に変わりつつあることだ。たとえばイーロン・マスクが成功させた電気自動車のテスラを例にとってみよう。投資家がテスラをフォードやトヨタよりはるかに高く評価するひとつの理由は、テスラ車のあらゆる回路がクラウド資本に接続されていることにある。たとえば、運転者がテスラの意向に沿わない使い方をした場合には遠隔操作で電源を切ることができるし、運転しているだけでオーナーはリアルタイムの情報（どんな音楽を聴いているかも含めて！）を提供していることになり、テスラのクラウド資本を豊かにしている。自覚していないだろうが、最新の空気力学で輝くテスラを手に入れた鼻高々のオーナーこそ、まさにクラウド農奴なのだ。

心揺さぶる科学的発明や幻想的な響きのニューラル・ネットワークや想像を超えるAIプログラムは、なんのために必要だったのだろう？　倉庫で働く人、タクシーの運転手、食品のデリバリーをする人たちを、クラウド・プロレタリアートに変えるためだ。市場がますますクラウド封土に置き換わるような世界を生み出すためだ。事業者に封臣の役割を押しつけるためだ。そして私たちみんなをクラウド農奴に変え、スマートフォンとタブレットに釘《くぎ》づけにし、クラウド資本を生産させて封建領主をこのうえなく喜ばせ続けるためなのだ。

▼父さんの質問に戻ると

父さんから学んだことをひとつ挙げろと言われたら、それは矛盾を楽しむ能力だろう。父さんは鉄を崇《あが》めていたけれど、鉄器時代を手厳しく批判するヘシオドスの言葉にも感激して涙していたね。共産主義に身も心も捧げていたけれど、もし共産主義が勝った暁には自分が強制収容所行きになることもよくわかっていた。父さんは勤務先の製鉄所の炉も配管もベルトコンベアもクレーンも愛していたけれど、それらを扱う労働者が機械の一部になり、疎外され、人間らしさを失うことにいつも恐怖を覚えていたね。

だからこそ、僕は父さんにクラウド資本の話をしたかったんだ。父さんならクラウド資本を称賛しながら、同時に嫌う方法を知っているはずだから。それに、この矛盾ゆえに、インターネットが資本主義にどんなインパクトを与えたかという父さんの問いに答える鍵がクラウド資本にあると、父さんならすぐにわかってくれると思ったから。

資本主義は、資本財（蒸気機関、工作機械、紡績機、電信柱など）の所有者が人々や国家を支配する力を手に入れたときに浮上してきた。資本家の力は史上はじめて、地主の持つ力をはるかに上回った。それは、共有地の私有化が先行したことによって可能になった「大転換」だった。クラウド資本にも同じことが言える。クラウド資本がこれまでにない強力な支配力を手に入れるためには、もうひとつの重要な共有地の私有化があらかじめ行われていることが必須だった。その共有地とは、あのインターネット・ワンだ。

資本主義のはじまりからあったすべての資本と同じで、クラウド資本も大量生産と行動誘導のマシンだと見なすことはできる。クラウド資本は見事なデバイスを生み出し、（その所有者に）持たざる人間を支配する力を授けた。だが、地上の物理的な資本とクラウド資本の類似点はここまでであり、昔の資本家《キャピタリスト》とクラウド領主《クラウダリスト》の相違点はここからはじまる。

以前は、資本の持つ支配力を行使し、人間をより速く働かせ、より多くを消費させるには、資本家には二種類の人材が必要だった。マネジャーとマーケターだ。戦後のテクノストラクチャーの庇護《ひご》のもとで、このふたつの職種は銀行家や保険ブローカーにもまして目立った存在になっていった。経営大学院が新設され、ＭＢＡの学生を輩出し、彼らはそこで学んだスキルで労働者の尻を叩《たた》いて労働生産性を爆発的に引き上げた。広告とマーケティング部門では、ドン・ドレイパーのような世代が育っていった。

そしてクラウド資本が登場した。クラウド資本は一気にその両方の役割を自動化した。労働者と消費者を意のままに動かす資本の力を行使するのは、アルゴリズムだ。これは労働者を産業ロボットに置き換えるよりもはるかに革命的な一歩だった。産業ロボットは、ラッダイト運動［一九世紀前半にイギリスで起きた機械打ち壊し運動］よりはるか以前から自動化が成していたことを、ただ引き継いだだけだ。つまり産業ロボットは労働者階級を用無しにするか、さらに悲惨な状況で働かせるか、またはその両方の役目を果たしただけである。そう、歴史上これまでになかった本物の破壊とは、工場や店舗やオフィスの外にいる人たちへ命令する力の自動化である。私たち全員を、つまりクラウド・プロレタリアートもそれ以外のすべての人も、クラウド農奴に変えてしまうのだ。しかも市場さえ介さずに直接（タダで）クラウド資本に奉仕させるようになった。

一方で、従来の資本による製造企業は、クラウド領主の意向に沿ってモノを売るほかなくなり、モノを売るために手数料を支払って、昔の封臣と領主のような関係性を築くはめになっている。

ここで父さんの質問に戻ろう。「コンピュータ同士が会話できるようになった今、このネットワークのおかげで資本主義を転覆させるのはもう不可能になったわけか？ それとも、これがそのうち資本主義のアキレス腱《けん》になる日が来るのかい？」。クラウド資本の台頭が、労働者と社会と破壊されていく自然に対する資本の勝利を確たるものにし、拡張し、大きく進めたことは間違いない。しかし、ここに矛盾がある。そうするうちに、クラウド資本はテクノ封建制を招き入れ、多くの領域で資本主義を殺し、ほかのあらゆる領域でも封建制が資本主義に取って代わろうとしている。

父さんは若い頃、労働者が資本主義市場の呪縛から逃れる日を夢見ていたよね。僕もそうだった。だが、実際にはそれと反対のことが起きた。資本主義市場を壊したのは、資本だったのだ！ 資本が勝利の祝杯を上げているあいだに、資本主義そのものは消えかけているのだ。そんな言い分は左派の負け惜しみだって？ いや、それは違う――第五章ではそのことについて語りたい。が、さしあたって次の第四章では、資本主義の終焉《しゅうえん》について最も意外で最も納得できる話をしよう。クラウド領主がどうやってこの驚くべき偉業を成し遂げ、かつては資本主義経済の原動力だった利潤をあってもなくてもいいものにしたのかを見ていこう。

第四章

クラウド領主の登場と利潤の終焉

父さんが最後にパレオ・ファリロの自宅を離れたのは二〇二〇年の夏、毎年恒例になっていたようにエギナ島に僕たちを訪ねてくれた時だったね。あのエギナ島への旅行は、コロナ・パンデミックの第一波によるロックダウンで息が詰まっている状況から逃れる、楽しいひとときだったみたいだけれど、旅の疲れからか、父さんは翌朝一一時を回るまで起きてこなかった。そのとき僕はバルコニーで、ラップトップの画面に映るニュースを覗《のぞ》き込み呆然《ぼうぜん》としていた。父さんが僕の隣に腰を下ろしたとき、僕は思わず声を上げていた。「クラウド資本の時代が、はじまったよ。ロンドンで！」。

その三〇分ほど前、イギリスの人たちが目を覚ました頃、コロナ禍が史上最悪の景気後退を招いたというニュースが駆けめぐった。イギリスの国内総生産が二〇・四パーセントも減少したとのこと。それはアメリカやヨーロッパ大陸と比べてもはるかに深刻な落ち込みだった。[*1] ひどいニュースには違いないが、それだけなら世界観を揺るがすほどのことでもない。だがその一五分後、父さんがちょうど目を覚ました頃に起きたことが、僕の世界観を変えた。ロンドン市場はその統計に反応して急落するどころか、二・三パーセントも跳ね上がったのだ！[*2]

「どんな資本主義の形に照らしても、とんでもなく奇妙なことが目の前で起きている」。僕はできる限りものものしく、父さんにそう言った。

「いやいや、資本主義なんてものは矛盾だらけなのさ」と父さんは答えた。

「でも父さん、これは資本主義の数ある矛盾のひとつじゃないよ——金融の世界がついに資本主義の世界から切り離されたという明白な証拠じゃないか」

父さんは特に驚いた様子もなく、サロニコス湾の向こうに見えるペロポネソス半島の山々に目を向けた。取り残された僕は、二〇二〇年八月の水曜日の朝にロンドンで起きたことの本当の意味を考えていた。

株式市場が悪いニュースに反応して値上がりすることはある。ただしそれは、どんなに悪いニュースでも予想より多少はマシだったときだけだ。たとえば、イギリスの国内総生産が二二パーセント下がると証券会社が予想していたのに対して、実際には「たった」二〇・四パーセントの減少にとどまったとしたら、株価が上がってもおかしくはない。でも、あの水曜日、市場が予想していた下落幅は一五パーセント以下だった。だから二〇二〇年八月一二日の出来事があれほど不可思議に思えたのだ。予想よりずっと悪いニュースが出たのに、株式市場は上昇した。そんなことはこれまでになかった。

では、なにが起きたのだろう？　例のニュースがあまりにひどかったので、シティのトレーダーたちはこんな考えに至ったのだ。「これほど状況が深刻なら、イングランド銀行はパニックに陥るはずだ。二〇〇八年の金融危機以来、パニックに陥った各国中央銀行がやってきたことといえばなんだろう？　お金を刷って、自分たちにばらまいてくれる。中央銀行が資金を手渡してくれたら、自分たちはどうする？　株を買って株価をつり上げる。株価が上がる運命にあるとしたら、指をくわえて見ているのはアホというものだ。大量の資金が市場に注《つ》ぎ込まれるのは確実だ。今が買い時だ！」。というわけで市場に買いが入り、シティは資本主義の絶対的な原則に逆行した。

この傾向はロンドンにとどまらなかった。コロナ禍が広がりを見せるにつれ、大西洋の両岸の当局は、そして日本でもそのほかの国でも、二〇〇八年にアメリカのミノタウロスが死んで以来やり続けていたことを、さらに大きなスケールで行うことで対応した。つまり、紙幣を発行して金融機関に渡すことで、事業投資が増え、雇用が安定し、経済が崩壊しないことを期待したのだ。だがその期待は裏切られた。平均的な事業者が返済できないことを恐れた金融屋は、中央銀行から受け取ったカネを大企業にしか貸し出さなかった。大企業はそのカネを投資に回さず、投資したとしてもクラウド資本にしか回さなかった。

GEやフォルクスワーゲンといった従来の地上の物理的資本に基づくコングロマリットは、タダで手に入れた利息要らずの中央銀行の資金を投資に回さなかった。コロナ禍が人々に大打撃を与えると踏んだからだ。これらの企業も投資銀行家と同じものを見ていた。力を持たない大勢の人たちが低賃金のやりがいのない仕事へと押しやられ、先の見えない生活を強いられる。大半の人は高付加価値の新しい製品を買う余裕などない。ならば、そんなものに投資する理由はないのでは？　その代わりに、リスクがなく気楽で儲《もう》かりそうなものに投資するほうがいい。というわけで、企業はそのカネを自社株買いに使った——そして株価をつり上げ、それに応じて自分たちのボーナスも増やした。

一方で、巨大テック企業はコロナ禍のおかげでさらに潤っていた。アメリカでひと月に三〇〇〇万人もの雇用が失われていたとき、アマゾンはこの災厄に乗じて、まるで赤十字のようなふりをして外出できない市民に生活必需品を届け、ルーズベルト大統領のニューディール政策さながらに時給を二、三ドル上乗せして、新たに一〇万人のスタッフを雇い入れた。確かに、巨大テック企業は中央銀行がばらまいた金を投資に回し、新たな雇用を創出した。ただし、そこで創出された雇用はクラウド・プロレタリアートとしてのものであり、その投資はクラウド資本をさらに積み上げただけだった。ウーバーやエアビーアンドビーなど、コロナ禍でユーザーがサービスを使えなくなったクラウド領主の企業でさえ、中央銀行からの資金を受け取り、まるでコロナなど存在しなかったかのようにさらにクラウド資本に投資した。

コロナ禍をきっかけに国家が大量の資金を供給し、それがクラウド資本の時代を招いたのは間違いない。クラウド資本の時代が到来した正式な区切りを求めるならば、あの夏の朝の出来事だとするのがふさわしいだろう。だが、すでにヒントを示したように、国家資金を支えとしたクラウド資本が生まれたのは、実はこれよりも前だった。二〇〇八年の金融危機で世界中の中央銀行が国家紙幣を大量に発行し、それが利潤に対して奇妙で逆説的な効果を与えはじめたのだ。

▼新たな支配階級の秘密

父さんが暖炉の前で話してくれた金属工の話、特に鍛冶屋が歴史を加速させたという話に僕が魅了されたことは、父さんも知っての通りだ。でもそれから数十年が経《た》って、テクノロジーばかりを強調する話や、権力を持つ少数のグループがテクノロジーを操って人々を支配していることに触れない話には、懐疑的になってきた。あの蒸気機関だって、資本家がそれを武器にして当時の支配階級だった封建領主に楯突《たて》かなければ、歴史の本の脚注に書かれて終わりだったはずだ。

だが、すべての革命的な新技術が新たな革命階級によって利用され、新たな資本の形態を生み出すとは限らない。第二次産業革命における革命的なテクノロジー――送電網、電信、そのあとの電話、自動車でいっぱいの高速道路、テレビ網など――の広範なネットワークから巨大産業と巨大金融機関が生まれ、大恐慌が起き、それが戦時経済やブレトンウッズ体制、戦後のテクノストラクチャーやEUにつながり、父さんと僕の世代が享受した近代社会が実現された。だからといって、あの革命的なテクノロジーが新たな資本の形態を生み出したわけでも、資本家の支配に逆らうような新しい階級を生み出したわけでもない。

しかし、クラウド資本を生んだテクノロジーは、先立つどんなテクノロジーよりも革命的だったとわかる。そのテクノロジーを通して、クラウド資本は以前の資本財が持たなかった能力を持つようになった。クラウド資本は人々の関心を惹《ひ》きつけ、欲望をつくり出し、(クラウド・プロレタリアートによる)プロレタリア労働の原動力になり、(クラウド農奴による)大規模な無償の労働を引き出し、買い手と売り手のどちらにも普通の市場には存在する選択肢がないような、完全に営利企業に支配されたデジタル取引空間(アマゾン・ドットコムのようなクラウド封土)をつくり出した。*3 その結果、クラウド封土の所有者――つまりクラウド領主――は、エジソンもウェスティングハウスもフォードも持ち得なかった力を手に入れた。すなわち、みずからを革命階級へと変貌させ、社会の序列の頂点にいた資本家を引きずり下ろす力である。

その過程で、クラウド領主は——ある者は意識的に、また別の者は無意識のうちに——従来のさまざまな資本主義が当然のものとして私たちに教え込んできたあらゆるものを変えていった。商品という概念、自律的な人間という理想、アイデンティティの所有、文化の伝播《でんぱ》、政治の文脈、国家の本質、地政学の様相といったものすべてを。そうなると出てくるのが次の問題だ。クラウド領主はそのすべての変化を引き起こす資金をどこから得たのだろう？

かつての実業家はアフリカ人奴隷の血と汗、そしてアメリカや南アジアの土地や人々から略奪した元手で工場や蒸気船や運河を造った。その後、エジソンやウェスティングハウスやフォードは、民間銀行から魔法のように調達したカネを利用し、銀行はおかげで巨大金融機関に姿を変えた。クラウド領主たちはもっと目立たない、より巧みな手を使った。先進資本主義諸国の中央銀行が発行した大量の現金を利用したのだ。

それはクーデター以外のなにものでもない。世界で最も金持ちの資本主義国家にカネを発行させ、それを使って新しい形態の資本金を築くなんてことを想像してほしい。そしてこの新しいタイプの資本金には超能力が備わっていて、数十億の人間があなたの代わりにタダでその資本の再生産をしてくれると考えてほしい。そのうえ、この新手の資本は国家のお金によって支えられ、市民のタダ働きによって再生産され、景気が悪くなってますます減っていく賃金でも働き続けるプロレタリアートから、ありったけの剰余価値を引き出す力を強めている。しかも、その新手の資本のせいで、これまでの資本家は従来の市場から商品を引き払い、クラウド資本を通して売るしかなくなったのだ。もはや銀行で愛想笑いをする必要すらない。なぜなら、途方もない利潤は哀れな銀行家の口座に入れるより、クラウド資本帝国のデジタル・ウォレットの中にしまっておくほうがはるかに賢いからだ。

にわかには信じがたい話に聞こえるだろう。クラウド領主が大国の中央銀行に、自分たちに都合のいい方法で資金を提供してくれるよう頼み込んだらうまくいった、なんてことがあるのだろうか？　実のところ、頼み込む必要さえなかったのだ。

▼二〇〇八年の金融危機の意図せぬ結末

資本主義が瀕死の状態に陥って以降のこの一五年、中央銀行はお金をみずから進んで金融機関に流している。中央銀行は資本主義を救っているつもりでいるが、現実にはクラウド資本の出現を資金面で援助し、資本主義をひっくり返しているのだ。だが、歴史とはそうやってつくられるものだ。意図せぬ結果が長引いて、それが歴史と呼ばれるようになる。

中央銀行がこれでもかとお金を流通させはじめたのは、西側諸国の金融セクターが一斉に破綻した直後の二〇〇八年からだ。当時の政治家と中央銀行は、一九二九年にハーバート・フーバー政権がやってしまったように銀行を破綻させ、人々の預金を消失させれば、第二の世界恐慌になると心配したのだ。そこで、二〇〇九年四月のロンドン・サミットで、G7の中央銀行の総裁たちは各国の大統領や首相と足並みを合わせ、銀行を生き残らせるためにできることはなんでもすると決めた。それ自体は合理的な決定だった。

ただし、とんでもなかったのは彼らが破綻した銀行を救済するだけでなく、破綻を招いた張本人である犯罪者すれすれの銀行家と、その犯罪的な行為までも免罪したことだ。最悪なことに、中央銀行は銀行家に対して社会主義を適用して救済した一方で、労働者と中流階級に悪《あ》しき緊縮財政を押しつけた。[*4] 大不況の真っ只中《ただなか》で公共支出を削るなんて、いつの時代でもとんでもないことだ。しかも支出を削りながら、同時に金融機関には大量のカネをばらまくなど、愚の骨頂と言っていい。この破廉恥なダブル・スタンダードは、多くの人々に政治不信を植えつけたばかりか、経済にも致命的な打撃を与えた。

緊縮財政は労働者や不況にあえぐ人々をさらに苦しめると同時に、投資をも減退させてしまう。どんな経済でも、私たちが集団で消費する総量が、自動的に私たちの集団が稼ぐ総額に反映される。景気後退とはすなわち、民間支出の減少にほかならない。このタイミングで公共支出まで削れば、経済全体の支出がますます減少し、社会全体の総収入はさらに速いスピードで減少することになる。そして、社会の総収入が減少すると消費者が購買力を失うため、企業は生産能力増強のための投資など行わなくなる。そういうわけで、緊縮財政は投資を押しとどめてしまうのだ。

二〇〇八年の金融危機でまず投資が打撃を受け、緊縮財政がそこにとどめを刺したあとに、金融機関にいくら資金を注ぎ込んだところで投資がまったく回復しないのは、わかりきっていた。緊縮財政によって人々の収入が減っている時期の資本家の立場になって考えてみるといい。どう使ってもいいお金をタダで、つまりゼロ金利で一〇億ドルを与えられたとしよう。もちろん、その一〇億ドルは受け取るが、さっきも言ったように新しい生産設備に投資することなどあり得ない。ではそのタダのお金をどう使う？　不動産や芸術作品を買ってもいいし、自社株を買えばもっといい。自社の株価が上がれば、経営者であるＣＥＯなら立場も強まり、株価連動のボーナスも増える。新規の投資をしないことで、権力者はさらに大きな力を得ることになる。

実際にそうなった。大多数の人々が当面のあいだ、貧困から抜け出せず雇用不安を抱え続けると察知した巨大企業は、歴史上最も長期にわたる大規模な投資控えを行った。その一方で、不動産の買収などに大金を使い、地価をつり上げて貧困層を地域から締め出し、格差を深刻化させた。もちろん、好況の「金ピカ時代」なら格差が広がり、金持ちが貧乏人よりも速いスピードで富を蓄積するという現象はある。だが、二〇〇八年以降の現象はそれとは違う。貧乏人の所得が上がるペースが金持ちよりも遅かったから格差が広がったのではない。実際には貧乏人の所得は減り、金融屋と巨大企業はそれに乗じて利益を上げていたのだ。

多くの市民を悲惨な状況に陥れた犯罪者もどきの銀行家に対して、これ以上ないほどの富を国家が積極的に与え、他方で破滅的な財政緊縮によって市民を苦しめると、ふたつの惨事が起きる。ひとつは政治の劣化で、もうひとつは長引く不況だ。政治の劣化については、これ以上説明の必要もないはずだ。ギリシャのネオナチ党からアメリカのドナルド・トランプまで、私たちはすでに悪夢を生きている。だが、長引く不況についてはどうだろう？　超富裕層がより金持ちになることで、なぜ資本主義が停滞するのだろう？　それがどのようにクラウド資本への資金提供につながるのだろう？

▼腐った貨幣、金ピカな不況

「インフレーション」という用語は、ほとんどのモノの価格が全般的に上昇することを指す。パンの値段が上がったとしても、ただ単に小麦粉が突然品薄になったのが理由の場合もあれば、パンの人気が上がったという理由のこともあるだろう。しかし、インフレになった場合に、あるひとつのモノの価格が上昇するのは、あらゆるモノの価格が上昇しているからだ。パン屋だけの問題ではない。パン、コーヒー、スマートフォンを買うために、ドルなり円なりユーロなり、だれしもがより多くの貨幣を必要とするようになるのだ。このようにして、インフレは貨幣の交換価値を奪う。

　資本主義がモノの価値とモノの価格を区別したことはよく知られている。貨幣についてもそうだった。貨幣の交換価値は、人々が価値あるモノを手放すときに、どれだけの現金の額なら手放すのかを反映している。この交換価値はさっき触れたばかりの、インフレによって減少するあの価値のことだ。だが、資本主義のもとでは、貨幣にはわかりやすい市場価格がつけられるようになった。それが、ある期間カネを借りるために人々が支払う金利というものだ。ジャガイモをだれも買わなくなって余剰が積み上がると、ジャガイモの価格は下がる。それと同じで、貨幣に対する需要（たとえばローン）が貸し出し可能な貨幣の量を下回れば、貨幣の価格、すなわち金利は下がる。資本主義のもとでは、貨幣の大部分を借りる力を持つのは巨大企業であり、貸し手は莫大《ばくだい》な貯蓄を持つ大金持ちだ（彼らは債券に投資することで、大企業にそのカネを貸し出している）。つまり、大企業の借入意欲が全体の貨幣需要を左右するわけだ。理論的には、中央銀行は市中銀行への政策金利を調整することで貸出金利に影響を与えることになっている。金利の調整によって、投資を刺激することも抑制することもできる。しかし、全体的な金利は、他のモノの市場と同様に貨幣の供給と需要によって決まる。

二〇〇八年以降、特にコロナ禍において、奇妙なことが起きた。二〇〇八年の終わりから二〇二二年初頭までの全期間にわたって貨幣は交換価値を維持していた。歴史的に見ても非常に低い（時にはマイナスの）インフレ率だったのだ。ところが、同時に貨幣の価格（つまり金利）は急落し、何度もマイナスにまで転じた。[5] それは緊縮財政が事業投資を減退させ、企業の資金需要が非常に低調であったことの表れだ。しかし、中央銀行が金利の引き下げを続ければ、いずれは貨幣の価格が十分に安くなり、借入や投資が再び活発化するはずなのでは？　しかし現実にはそうならなかった。

ジャガイモや半導体や自動車なら、価格の下落によって供給過剰（供給が需要を上回る）問題はおおかた解消される。安値で買い漁《あさ》る人々が現れる一方で、生産者は生産量を削減する。このような価格の「調整」によって超過供給がなくなるからだ。ところが貨幣の場合は話が違ってくる。貨幣の価格、つまり金利が急激に下がると、資本家はパニックに陥る。貨幣を安く借りられることを喜ぶのではなく、こう考えるのだ。「ほぼタダで借入ができるのはもちろんありがたい。でも、中央銀行がこれほどまでに金利を引き下げるってことは、相当に先行きが暗いに違いない。お金が手に入っても、投資なんかしないぞ」と。だから、中央銀行が政策金利をほぼゼロに引き下げても、投資は回復しなかった。しかもそれはまだ二〇〇八年以降の悪夢の半分にすぎない。

そして悪夢の残り半分は、破綻した銀行が、中央銀行や政府も含むすべての人々を締めつけていたことだ。これは三〇年に及ぶ、アメリカ版ミノタウロスによるグローバル資本主義の遺産である。二〇〇七年から二〇一一年にかけて銀行が次々と破綻していくあいだは、その締めつけが役に立った。銀行が慌てて電話を一本かけるだけで、国が彼らを助け出し、無制限に融資を保証してくれた。[*6] 二〇〇八年の終わりから二〇二二年のはじめまで、欧州とアメリカと日本の中央銀行は大量のカネを金融機関に流し込み、[*7] すでに低かった金利をさらに深刻な水準まで押し下げた。大企業が投資を拒否しているにもかかわらず、貨幣供給を大幅に増加させることで、[*8] 金融業界のための社会主義が金利をマイナスの水準にまで押し下げていったのだ。

それは奇妙な新世界だった。商品にならない腐ったモノや有害なモノなら、マイナスの価格がつくのはわかる。工場が有害廃棄物を処分したいときには、お金を払って引き取ってもらう。特に、環境に配慮した形で処理しようと思えば、かなりの費用がかかる。[*9] だが、貨幣が腐っていて処理しなければならないなんてことがあり得るのだろうか？　まるで自動車メーカーが使用済みの硫酸を扱うように、または原子力発電所が放射性廃液を扱うように、中央銀行が貨幣を扱うのだとしたら、金融資本主義の王国でなにかが腐っているとしか思えない。

いったいどうしたら、貨幣がマイナスの価格になるなんてことがあり得るのだろう？　そういえば、マイナス金利の矛盾について僕が理解できるよう助けてくれたのは父さん、あなただった。光がふたつの性質を持つというアインシュタインの理論を父さんが教えてくれたおかげで、僕は労働や資本、そして貨幣の二面性を発見できた。貨幣の第一の性質は、ほかの商品と同じように取引できるということだ。だが、貨幣は言語と同じで、相互関係の反映でもある。それは、私たちが物をどのように変化させ、自分の周りの世界を形づくっているかを表している。集団として共に事を成すときの私たちから疎外され、奪われた能力を数字で表すものでもあるのだ。この貨幣のふたつめの性質が見えたら、すべてが腑《ふ》に落ちる。なぜなら、壊されてしまったのは、この集団としての力だからだ。腐ったおカネが大量にあふれてはきたが、それがまじめな投資や良質な雇用に向かうことはなく、資本主義の失われたアニマル・スピリットが蘇《よみがえ》ることもなかった。その代わりに株主や経営者は、土地や空っぽの倉庫や美術品、スイスの山荘やイタリアの村ごと、そしてギリシャやカリブや太平洋の島ごとを買い入れた。サッカーチームを買収し、巨大ヨットを買い、ある時点からは理解もできなければ、どう使ったらいいかもわからないビットコインやNFTのようなデジタル資産を買いはじめた。こうして銀行家が享受する社会主義と、残りの私たちが強いられた緊縮財政によって資本主義のダイナミズムは破壊され、カネ余りによる不況の状態が訪れた。これから見るように、その中で活発に躍動し、腐った貨幣から利益を得た、ただひとつの勢力がある。それがクラウド資本だった。

▼クラウド領主にとって、利潤が「あってもなくてもいいもの」になった経緯

一九六〇年代の終わり頃のことだ。父さんと母さんが「フンタ」——ギリシャではファシストの独裁政権を指す言葉で、市民生活を破壊する存在——について熱い議論をしているとき、そこからたまに逸《そ》れて、「右派」とかなんとかの話になると、僕はこんがらがってしまったことを覚えている。父さんたちの話を総合すると、「右派」という言葉が神聖ななにかと忌むべきなにかをかけ合わせたようなものに聞こえたのだ。だから僕は聞いてみた。「右派っていったいなんのこと?」。父さんはいつものように歴史をひもといて話しはじめた。一七八九年のフランス革命によって国民議会が発足し、国王および体制を転覆したい革命派は議場の左側に陣取り、国王派は右側に陣取ったこと。その後、資本主義が確立されると右派は資本家の味方と見なされ、労働組合や国家介入に猛烈に反対する存在とされた。その後の私たちの時代の右派の真髄について、父さんはこう表した。「右派の人たちは、個人の利益を追求する勤勉さこそが豊かになるため、いい社会を築くための最も確実な道だと信じている。左派はそうじゃない」。

あとになってアダム・スミスの著作に触れたとき、父さんの右派の定義が腑に落ちた。一八世紀のスコットランドの経済学者アダム・スミスは、自由市場主義の守り神のような存在だ。もちろん、一四歳の子供を死ぬほど働かせるような工場主は人間じゃない。でも、スミスは社会の要請——より多くのより安い服、住まい、食べ物、つまり豊かな暮らしのためのもの——は、善意や道徳では満たせないと主張した。資本家の利潤追求への情熱だけが、それらを提供できるのだ、と。それはなぜか?　労働者をこき使うだけでは利潤を出せない。それならライバルも同じことができる。ライバルを出し抜くためには投資をしなければだめだ。たとえば、生産コストを削減してライバルの値段より安く売るために新しい機械に投資するのだ。そうした利潤の追求によって、社会は十分な量の生活必需品を最低限の価格で製造する体制を備えられる。スミスによれば、資本家が容赦なく利益を追い求めるからこそ、むしろ資本主義が富と進歩を生み出すのだ。スミスは『国富論』（一七七六年）にこう書いている。

自己の利益を追求することで、人は意図せずして効率よく社会の利益を促進させることがある。私は公益のために商売をしようと装った人々によって善いことが成された話は、ほとんど聞いたことがない。

一九二九年の大暴落と大恐慌によって、利潤追求を目的にした市場の輝きは失われた。だがその後、資本主義が変容していくときには——ニューディール時代、戦時経済、ブレトンウッズ体制、そしてとりわけテクノストラクチャーとミノタウロスの台頭——どの段階でも利潤がその原動力であることには変わりなかった。利潤は債務と結びついて、この地球に現れたあらゆる形態の資本主義の歯車や車輪を動かす力だった。だがそれは、二〇〇八年の金融危機後にグローバル・ノースの中央銀行が、腐ったカネを無尽蔵に資本市場に注入し続けるという罠《わな》にはまるまでのことだ。資本主義がおよそ二五〇年前に産声を上げて以来はじめて、利潤はグローバル経済のエンジンを点火し、投資とイノベーションを推進する燃料としての役割を失った。経済を活性化させる役割は、中央銀行の貨幣に取って代わられたのだ。

それでも、利潤はすべての資本家の野心であり、事業者の目標であり、より居心地のいい生活を願って格闘する人々の夢であり続けた。だが、資本の蓄積、つまり市場や経済全体の規模を大きくすることによって富を創造する過程が、利潤から切り離されたのだ。ブレトンウッズ体制の終焉《しゅうえん》とその後のミノタウロスの台頭によって、勤勉さと生活水準の向上が切り離されたときと同じように。もちろん中央銀行は利潤の役割に取って代わろうなどというつもりはなかった。ただ自分たちがつくり出した罠に落ちただけだ。二〇〇八年の金融危機のパニックで投資のための資金需要がパタリと止まり、通貨は供給過剰状態に陥り、金利も暴落した。金利が下がれば下がるほど、投資家はますます、こんな最悪の状況で投資するなど愚の骨頂だという思いを強めていった。それなのに、中央銀行は無限に金融市場へと資金を注ぎ込んだため、悪循環が続いて金利はますます下がり、ゼロまたはマイナスの水準に陥った。

コングロマリットや政府は無利子の融資に依存するようになり、途上国の企業の借入が二〇一〇年代の終わりまでに、それぞれの自国政府を上回る二兆ドルを超える額となると、中央銀行は悩ましいジレンマに直面した。つまり、蛇口を閉めるか、引き続き貨幣を注入し続けるか。救済のためにこれだけの貨幣をすでに増やしたあとで蛇口を閉めれば、金融資本主義は吹っ飛ぶ。一方で、奇跡を願って貨幣を注入し続ければ、資本主義のガソリンであり潤滑油である利潤に取って代わった中央銀行による資金供給が、ますますその役割を担うようになる。中央銀行が後者を選んだのは、無理もないことだった。

中央銀行が苦悩する裏で、クラウド領主は喜んでいた。ジェフ・ベゾスやイーロン・マスクといった大胆で有能な起業家が、超高額で超強力なクラウド資本を築き上げることができたのがこの時期だった。しかも、彼らはそれまでの資本家が事業拡大のために必ずやってきた三つのことをなにひとつやる必要がなくなった。その三つとは、銀行からカネを借りる、事業のうちの大部分を売却する、そして新しい株式資本に充てるために多額の利益を生み出すということだ。中央銀行の資金がタダで入ってくるのに、なぜそんな苦労を買って出る？　そんなわけで、二〇一〇年から二〇二一年のあいだに、ベゾスとマスクのペーパー資産——つまりふたりが所有する株式の総額——は、各人一〇〇億ドル弱から約二〇〇兆ドルにまで膨れ上がった。

もちろん、中央銀行からのタダのカネが直接クラウド領主に流れ込んだのではない。最も通りやすい道を流れただけだ。まずは銀行を通じて伝統的なコングロマリットの経営陣にお金が流れた。一般大衆が貧困にあえぐ中で、大企業は投資には目もくれず、自社株買いにそのお金を使った。その総量は莫大で、ものすごい勢いで流れ込んだため、周辺のありとあらゆる資産価格が上がった。株も、債券も、デリバティブも、金融屋が売りに出すすべての紙きれが値上がりした。その紙切れが実際に利益を生み出すかどうかなど、だれも気にかけなかった。中央銀行が貨幣を生み出し続ける循環から抜け出せない限り、どんなゴミのような紙切れでも昨日より明日にはもっと売れることがわかっていたからだ。

経済メディアはこの現象を「エブリシング・ラリー［あらゆる金融資産の上昇］」と呼んだ。それが一〇年以上続いた。企業の利益が上がるかどうかにかかわらず、株価は爆上がりし、金持ちは眠っているあいだにますます金持ちになった。そこに訪れたコロナ禍で、エブリシング・ラリーにまた拍車がかかった。二〇二〇年八月一二日の朝、僕と父さんがエギナ島のバルコニーで見たロンドン市場の出来事は、まさにその証明だった。つまり、ロックダウンが経済に取り返しのつかない打撃を与えることを恐れて、中央銀行は二〇〇八年以来やってきたことにさらに拍車をかけた。デジタル印刷機をフル稼働させたのだ。

続く混乱の中で、伝統的な資本家――自動車メーカー、石油会社、鉄鋼会社など――は紙の富が増えていく状態に安住し、それを不動産やその他の地上の資産に換えて喜んだ。対照的に、ジェフ・ベゾスやイーロン・マスクのようなクラウド領主は、紙の富が消え失《う》せる前に、それをより大きな価値を引き出すものに素早く転換した。すなわちクラウド資本だ。

ベゾスもマスクも、利潤などどうでもいいことだとわかっていた。重要なのは、市場の完全な支配を確立するチャンスを摑《つか》むことだった。ウォール街で嫌われ者の投資銀行のひとつであるゴールドマン・サックスは、二〇二一年に「利益のないテクノロジー企業番付」を発表して、金融業界を驚かせた。この番付こそ、資本主義が利潤と切り離されたことをよく表していた。二〇一七年からコロナ禍がはじまるまでのあいだに、損失しか出していないクラウド領主たちの企業の株価は二〇〇パーセント上昇していた。コロナ禍の最中では、その価値は二〇一七年と比べると五〇〇パーセントにまで爆発的に膨らんでいた。二〇二〇年、アマゾンは創業以来最高の業績を記録した。コロナのおかげで売上は爆増し、アイルランドに置かれたグローバル本社の売上は四四〇億ユーロにものぼったが、利益は一セントたりとも計上されなかったので法人税はまったく支払わなかった。テスラも似たようなものだった。利益はほぼゼロあたりをうろうろしていたのに、二〇二〇年のはじめに九〇ドル前後だった株価は、その年の終わりには七〇〇ドルを超えるまでになっていた。

クラウド領主は上昇する株式を担保にして、金融システムの中に注入された莫大なカネを吸い上げていった。そのカネでサーバー・ファーム、光ファイバーケーブル、人工知能の研究所、巨大な倉庫、ソフトウェア開発者、世界屈指のエンジニア、有望なスタートアップ、そのほかありとあらゆるものを購入した。利潤があってもなくてもいいものになった環境で、クラウド領主は中央銀行を金づるにして新たな帝国を築いたのだった。

一方で、資本主義の核となる原則のひとつ――利潤追求――が崩壊したことで、そのほかのものにも波及効果が生じていた。

▼プライベート・エクイティによる不正

イギリスのロンドン近郊にある民間の介護事業所で働くジリアンを例に考えてみよう。二〇一〇年の中頃、ジリアンは自分の会社がプライベート・エクイティ企業に買収されたと聞いた。プライベート・エクイティの意味も知らなかったし、自分の会社を買収した企業の名前も聞いたことがなかった［プライベート・エクイティとは、未公開企業や事業を対象とする投資ファンドや投資家を指す］。だが、ジリアンもその同僚も、なにも怖がらなくていいと確約された。新たな経営陣は、この会社の成長を手助けすることにしか興味がない、と。

最初はジリアンもあまり変化に気づかなかった。ロゴがオシャレになって、全体的にちょっとかっこいい感じになっただけだ。だが、舞台裏では新しい所有者が、会社をふたつの別会社に分割していた。片方は介護事業会社の「ケアコム」で、ジリアンを含め、介護にたずさわるスタッフはみんなこの会社に雇われることになった。もう片方は、この会社の不動産のすべて（建物、設備、車両など）を所有する「プロップコム」で、その資産をケアコムに貸し出して賃料や使用料を受け取ることになった。

まもなくプロップコムがケアコムへのレント［賃料・使用料］を値上げし、その後さらなる大幅な値上げを発表した。ケアコムの経営陣はジリアンと同僚たちを集めて、レントが上がったことを理由に、あなたたちが残業代なしでの労働時間の延長に合意してくれなければケアコムは廃業するしかないと説明した。その一方で、プロップコムは増加したケアコムからの長期のレント収入を担保にして、銀行から多額の融資を受けた。それから数日もしないうちに、借入金はプライベート・エクイティ企業の株主のポケットに配当金として配られた。

それから五年もしないうちに、ケアコムは清算されることになった。五年のうちに給与も待遇も急速に悪化して、ジリアンと同僚は職場を追い出された。その一方で納税者によって介護保険料が納められているにもかかわらず、地元コミュニティとの介護の大型契約はあっさりと打ち切られた。それでも「エブリシング・ラリー」の中ですべての不動産が値上がりするのと同時に、プロップコムの価値も上がった。プロップコムは所有不動産を売却し、銀行からの借入金をすべて返済し、残りをプライベート・エクイティ企業が投資家のために確保した。

この汚い手口には、謎のさわやかな名前がある。「配当再資本化《リキャップ》」だ。とはいえ、こう呼ぶのは、銀行強盗を「資産の再分配」と呼ぶようなものだ。ジリアンを失業させたプライベート・エクイティ企業がやったことは、金融化でごまかしてはいるものの、あからさまな資産の剝奪である。略奪者たちは新たな価値を創造せず、既存の介護事業者から価値を奪い取っただけだ。アダム・スミスのような昔の経済学者の言葉を借りれば、封建地代《レント》が資本家の利潤を打ち負かした典型例だと言えるだろう。つまり、富を持てる者によるさらなる富の収奪が、起業家による新たな富の創造に勝ったのだ。そしてここで重要なのは、そのような手口が成功するかどうかは、略奪者が買収した会社を破壊したあとに、プロップコムのような子会社を高値で売れるかどうかにかかっているということだ。

二〇〇八年以前、資本主義がまだ資本を原動力にしていた時代には、そのような手口を広く使うことは不可能だった。もしプロップコムのような会社が数多く同時に売りに出されれば、その価格は下がったはずだ。アダム・スミスが資本主義に楽観的だったのは、これが理由だ。これからもずっと資本家の利潤が封建地代《レント》に勝利し続ける、という信念こそが土台にあった。現実には、スミスがあの有名な一節を書いた一七七〇年代以降もレントは生き延び、資本主義のもとでむしろ拡大した。カルテル、価格つり上げ、テクノストラクチャーが必要のないものへの欲望をつくり出したこと、金融化された資産の剝奪——こうした手口はいずれも資本主義の範囲内で、レントをつり上げるために使われてきた。それでもなお、スミスの前向きな信念はより大きな枠組みによって支えられていた。レントはこれまで、利潤の陰に隠れて、または利潤に寄生する形でしか生き延びてこられなかったからだ。しかしそれが二〇〇八年以降、変わってしまった。中央銀行の資金が経済の原動力として利潤に取って代わり、「エブリシング・ラリー」によってプロップコムのような子会社の株価が押し上げられる中で、プライベート・エクイティは多くの資本家企業を一気に乗っ取って、資産をうまく剝奪することができた。しかもそれだけではなかった。

金融屋のための社会主義は、クラウド領主と肩を並べる別の種類の金融界の超支配者の一群を生み出した。それは、プライベート・エクイティとすべての伝統的資本家を合わせた以上の力を持つアメリカ企業三社、ブラックロック、バンガード、ステート・ストリートだ。金融業界でビッグ・スリーとして知られるこの三社が、アメリカ資本主義の実質的な所有者だ。言い過ぎだと思うかもしれないが、これは誇張ではない。

ほとんどの人はこの三社の名前を聞いたことがないかもしれないが、ビッグ・スリーが所有する会社は知っているはずだ。たとえば、アメリカの主要航空会社（アメリカン航空、デルタ航空、ユナイテッド航空）、ウォール街のほとんど（JPモルガン・チェース、ウェルズ・ファーゴ、バンク・オブ・アメリカ、シティグループ）、そしてフォードやゼネラルモーターズなどの自動車メーカーもそうだ。さらにこの三社はアップル、マイクロソフト、エクソンモービル、GE、コカ・コーラなどニューヨーク証券取引所上場企業の約九割を保有する最大の株主なのだ。ビッグ・スリーが保有する株式価値は、ゼロの数が多すぎて数えきれないほどだ。この本の執筆時点で、ブラックロックは一〇兆ドル近くを運用し、バンガードは八兆ドル、ステート・ストリートは四兆ドルを運用している。この数字をわかりやすく解説すると、アメリカの国民総所得に相当する。または中国と日本の国民総所得を合わせた金額、またはユーロ圏とイギリス、オーストラリア、カナダ、スイスの国民総所得の合計に匹敵する。[*10]

どうしてそんなことになったのだろう？　ビッグ・スリーの創業者が金融市場の好機を発見したから、というのが表向きの説明だ。超富裕層と機関投資家は「パッシブ投資家」になりたがる。つまり、どの株を買うかを自分で選ばず、自分たちのために選んでくれるプロさえも選ばずに投資を行いたいのだ。そのような、安全でなにも考えなくていい株式投資のニーズを満たすため、ビッグ・スリーは超富裕層のカネを預かって文字通りすべてを買う。具体的には、ニューヨーク証券取引所に上場しているあらゆる企業の株式だ。ビッグ・スリーにカネを渡せば、個別の企業ではなくニューヨーク証券取引所のすべてを部分的に所有することができるのだ。

二〇〇八年以前には、こうしたことは起こり得なかった。ビッグ・スリーがニューヨーク証券取引所の大部分を買えるほどの現金は、超富裕層にもなかったからだ。だが、二〇〇八年以降、中央銀行が超富裕層のための社会主義を支えたことで、十分すぎる資金が創出された。[*11]これ以降、ビッグ・スリーが最強の金融力を持つに至ったのは当然といえば当然のことだ。今ではこの三社が、他社には決して持つことのできないふたつの優位性を享受することになった。ひとつはあらゆる分野での前例のない独占支配だ。その範囲は航空、金融からエネルギー、シリコンバレーにまで及んでいる。[*12]もうひとつは、超富裕層に非常に低い手数料で高いリターンを提供する能力だ。このふたつの優位性によって、ビッグ・スリーはアダム・スミスもびっくりの規模でレントを搾り取ることに成功している。

スミスがスコットランド訛《なま》りで嘆く声が聞こえてきそうな気がする。二〇〇八年以降、資本主義救済の名目で、中央銀行は資本主義のダイナミズムとその利点を抹殺した。有害な封建的地代《レント》まがいのものが蘇《よみがえ》って、実り豊かな資本主義的利潤に対する歴史的な復讐《ふくしゅう》を果たす機会を得たことに、スミスは落胆していることだろう。利潤の追求は哀れなプチ・ブルジョワに委ねられる一方で、本当の金持ちは「負け犬が利潤を追い求めているぞ」と嬉《うれ》しそうに囁《ささや》き合っている。アメリカの連邦準備制度やイングランド銀行といった資本主義の守り神が、新たな形のクラウド資本を供給し、クラウド資本が今では市場を破壊し、国家の主権者であるべき消費者をアルゴリズムのおもちゃに変えている。そのアルゴリズムは市場や政府や、おそらくその創造者たちですら制御できないところに存在している。アダム・スミスが頭から湯気を出す姿が目に浮かぶようだ。

▼父さんの質問に戻ると

ここで打ち明けておくことがある。一九九三年にはじまったばかりのインターネットを父さんのために接続してあげたあとで、父さんが例の核心をつく質問を投げかけてきたとき、僕はその難問に答えられなかった。あれは左派が最大の敗北を喫してから数年後のことだった。ソ連とその衛星国は終焉を迎え、中国は資本主義的労働市場を受け入れ、インドは新自由主義に迎合するなど、いわゆる「現実に存在する社会主義」が崩壊し、二〇億人を超える労働者が一年も経たないうちに資本主義システムに参入した。今振り返ると、僕は資本主義に代わる進歩的ななにかがこれから再び蘇る可能性に、一縷《いちる》の望みをかけていた。資本主義を覆すことなど不可能だとわかっていても、不可能な夢を見ることを自分に許したのだ。

僕は初期のインターネット・コモンズに感動し、MITの研究室でたまたま見せてもらったかなり初期の3Dプリンターに魅了され、工業用サイズの3Dプリンターを使って若いデザイナーたちの協同組合がさまざまなものづくりをする未来を夢想した。たとえばカスタマイズされた自動車や、注文生産の冷蔵庫などを、大量生産しなくても低コストで作る姿を思い浮かべた。そんな協同組合があれば、資本主義世界のゼネラルモーターズやGEに打ち勝つことができるかもしれないと期待したのだ。すなわち、経済学の言葉を使うなら、ゼネラルモーターズやGEの力を支える「規模の経済」［スケール・メリット］が消滅すれば、大企業の力が多少は弱まって、まともな非資本主義の未来への道が開かれるのではないかと夢を見たのだ。

そんな期待は夢どころではなかった。大間違いもいいところだった。非資本主義的な協同組合が生まれるどころか、インターネットから新しい形の資本が生み出され、ゼネラルモーターズやGEのような大企業を影のような存在に追いやるという未来を予見できなかった。初期のインターネットと、市場とは無縁の分散型というその性質に夢中になったあまり、拙速に大きな判断ミスをしてしまった。

僕は愚かにも、資本主義を脅かすのは組織化された労働運動だけだと思い込み、この時代の壮大な変容を完全に見落としていた。それは、二〇〇八年の金融危機によって中央銀行が国家資金の水門を開き、インターネット・コモンズが私有化されたことで、超強力な新しい種類の資本が生まれたという変化だ。そして、このクラウド資本が新しい支配階級を生み出すことも見逃した。この新たな支配階級がいかに革命的なのかにも気づかなかった。彼らは、クラウド資本を利用して、多くの資本家を含む人類ほぼ全員をクラウド領主のためにタダか雀《すずめ》の涙ほどの報酬で働かせる。さらに重要なのは、このすべてが、人類と地球を収奪から解放するという大きな目的に逆行するものだったことだ。

どんな歴史的転換でも同じだが、これはだれかが計画したものではなかった。資本家がクラウド領主になろうと願っていたわけではない。中央銀行もクラウド領主に資金を提供しようと狙っていたわけではない。政治家も、クラウド資本が民主政治を毀損するなどとは思ってもいなかった。かつて資本主義が、王や司祭や農民を含むすべての人の意思に背いて生まれたように、クラウド領主も昔ながらの権力者を含む大部分の人たちの目に触れないところで台頭した。

今わかっていることを踏まえると、ふたつの問いが頭に浮かぶ。ひとつめは、クラウド領主による支配が持続可能かどうか。コロナによって引き起こされた緩やかなインフレが、ウクライナ戦争によってひどくなり、中央銀行は貨幣供給を引き締めようとしている。クラウド領主を支えたのが中央銀行による貨幣供給だという僕の説が正しければ、中央銀行が蛇口を閉めればクラウド領主の力は弱まるのだろうか？　地上の物理的資本に頼った古きよき資本家が所有するコングロマリットは復活できるのか？

もうひとつの問いは、父さんが絶対に僕に突きつけるはずの、言葉の使い方についてだ。クラウド領主が支配する生活は、これまでの資本主義における生活と根本的に違うのだろうか？　今の体制を「テクノ封建制」などという新しい言葉で呼ばなければいけないほどに、資本家とクラウド領主は別の存在なのか？　ハイパー資本主義とか、プラットフォーム資本主義とかの呼び名ではダメなのか？

このふたつの問いには次章で答えていく。しかしその前に、父さんの大好きなヘシオドスに話を戻そう。ヘシオドスは、革命的なテクノロジーによってもたらされる新しい時代はいつも、「昼は労働と悲しみに明け暮れ、夜は死んだように眠る」世代を生み出すと警告したが、同時に大切な寓話も残していた。オリンポス山を取り囲む雲の上に住む神々は、私たち人間に対する途方もない支配力を独占しようとする階級だ。ヘシオドスはそのような世界を自然で永遠の秩序であるかのように描くことで、人類に難問を突きつけた。それは鉄器時代の人々にとっても、今の私たちにとっても核心を突く問いだ。雲《クラウド》の上に住む支配階級の力を、私たち人間がいつか手に入れることはできるのだろうか？　もし人間がその力を手に入れたとしても、うまく使いこなせるのだろうか？　言い換えると、神々から火というテクノロジーを奪ったプロメテウスは愚かだったのか？　もしそうでないとすれば、クラウド資本の時代に生きる現代のプロメテウスの任務とはなんなのか？　それが、この本の最終章で私が答えたい究極の問いだ。

第五章

ひとことで言い表すと？

レスボス島を舞台にした『ダフニスとクロエ』は現存する最古の恋愛小説だ。二世紀にロンゴスによって書かれたこの小説には、恋に落ちた純情すぎる少年と少女が、なにが起きているのか、どうしたらいいのかわからずにいる姿が描かれている。クロエはダフニスの美しさを言い表す言葉を探しはじめたときにやっと、自分が恋に落ちたことに気づく。

「言葉が適切に定義されると」、シモーヌ・ヴェイユは一九三七年にこう書いた。「具体的な現実、具体的な目的または活動の方法を理解する助けとなる。思考をはっきりさせること、そもそも意味のない言葉を信用しないこと、そして正確な分析によってほかの言葉の用法を定義すること。たとえ奇妙に見えても、こうしたことは人々の生活を救う方法になり得る」[*1]。

私たちが生きているこのシステムをなんと呼ぼうと、どうでもいいではないかと思われがちだ。テクノ封建制だろうが、ハイパー資本主義だろうが、どんな言葉で表そうが、そこにあるシステムは変わらないじゃないか、と。そう思いたいのはわかるが、それは違う。明らかなファシスト体制を「ファシスト」と呼ばないことと、いくらえげつなくともファシストではない体制をファシストと呼ばないことは、まったく違う。感染症の大流行をパンデミックと呼ぶことは、それに対抗する組織的な行動を喚起するためには欠かせない。私たちが今生きているグローバル・システムにも同じことが言える。それをどう言い表すかは、私たちがそれを持続させて再生産するか、あるいはそれと闘い、場合によっては覆す可能性が高まるのかを大きく左右する。

仮に私たちが一七七〇年代に生きていたとしよう。最初の蒸気機関によって排水装置が動くようになり、おかげで鉱山は浸水を免れ、ウィリアム・ブレイクが「闇の悪魔の工場」と呼んだ産業の歯車が回りはじめた。クライド川沿いやバーミンガムやマンチェスターの周辺で煙突からもくもくと黒煙が立ちのぼっていたとき、それを初期の「産業封建制」または「市場封建制」と呼ぶことは間違っていなかったはずだ。その言葉は現実に即していた。

一七七〇年代と少なくともその後の一世紀は、どこを見回しても封建制の世の中だった。封建領主が農村部を支配し、街区のほぼすべての不動産を所有し、陸海軍を司令し、議会の委員会と行政を取り仕切っていた。マルクスとエンゲルスが世界的な資本家支配に対抗するマニフェストを書いていた一八四〇年代でさえ、依然として土地を所有する昔ながらの封建支配階級のもとで、ほとんどのものが生産されていた。土地所有が政治的権威を支え、地代《レント》は利潤よりも強い力を持ち続けた。ナポレオン戦争後の穀物法によって穀物の輸入が禁止されてからは特に、地主が資本家を上回る力を再び手に入れた。[*2]

それでも、あの時代に言葉を編み出していた人たちが封建制という言葉を捨てることに消極的で、生まれたてのシステムを資本主義と呼ばず、産業封建制とか市場封建制などと呼ぶことを選んでいたとしたら、本当に大切ななにかが失われていたはずだ。資本主義が社会を完全に支配するより一世紀も前に、彼らがその新しいシステムを大胆に「資本主義」と呼んだことで、今まさに人々の周りで起きている大きな変革に目を向けさせたのだ。

今ではどこを見回しても、資本主義しか見えない。資本家は依然としてほとんどすべてを所有し、軍産複合体を運営し続ける。彼らは国会も政府機関も、メディアも中央銀行も、ＩＭＦ

［国際通貨基金］や世界銀行やパリクラブ［債権国による非公式会合］やWTO［世界貿易機関］といった強力な国際機関も支配している。市場はこれからも世界の数十億の人たちの生活を支配し、人々のマインドと想像力を形成し続ける。日々の生活に汲々《きゅうきゅう》とする大多数の市民にとっても、利潤追求を目的そのものと考える金持ちにとっても、利潤は最も重要なものであり続ける。そしてナポレオン戦争が封建領主の力を復活させたように、ウクライナ戦争とその影響によるインフレが、伝統的な地上の資本の富と低迷していた化石燃料産業さえ復活させている。それでも、今日の新興システムを一七七〇年代のような資本主義という過去の用語を使って――ハイパー資本主義、プラットフォーム資本主義、またはレント資本主義などと――表すとしたら、それは想像力の欠如であるばかりか、この社会で今起きている大きな変革を見逃すことになる。

インターネット・コモンズの「囲い込み」によってクラウド資本が生まれ、それがほかの種類の資本と違ってコストのかからない自己再生能力を持ち、人々みんなをクラウド農奴に変えてしまうことを、私たちは見てきた。オンラインへの転換によって、アマゾンはクラウド封土として運営され、従来の企業はジェフ・ベゾスの封臣として仕えるために彼にカネを払っていることも目の当たりにしてきた。そして、超巨大テック企業を所有するクラウド領主が中央銀行の資金の波に乗り、利潤を二の次にして、このすべてを成し遂げたことも知っている。前章の終わりに、これらが引き起こしたふたつの結末について話した。プロップコムのような会社の価値が上がり続けるおかげで、プライベート・エクイティはあらゆる資産を収奪できるようになり、その一方では、金融業界のビッグ・スリーが産業全体を独占する力を確立した。だとすると、本質的にはなにが変わったのか？　資本主義という言葉を捨てて「テクノ封建制」という言葉に置き換える必要があるのはなぜなのか？　以前の世界と今の世界の違いをひとことで言い表すと？　前章の終わりで触れたように、とても単純にこう説明できる。「レントが利潤を凌駕《りょうが》した」と。

▼レントの復讐──利潤はいかにしてクラウド・レントに屈したのか

資本主義が死滅するとしたら、なにによってだろう？　父さんは若い頃、はっきりとこう答えていたね。資本主義はフランケンシュタイン博士のように、間接的に自分の手で死ぬ。つまり、自分が生み出した最高の創造物の手にかけられて死を迎えるだろう、と。資本主義の最高の創造物はプロレタリアートだ。父さんは資本主義がふたつの勢力を生み出し、それらはいずれ衝突する運命にあると信じて疑わなかった。その片方は資本家で、彼らは革命的なテクノロジーを所有していて、自ら体を動かして働くことはない。もう一方はプロレタリアートで、彼らはこれらの奇跡のテクノロジー──貨物船や鉄道から、トラクターやベルトコンベア、工業ロボットに至るまで──を操り、あるいは操られて、日夜働いているのだ。革命的なテクノロジーは資本主義の脅威ではない。だが、こうした驚くべき機械の使い方を知っている革命的な労働者は資本主義の脅威になる。

資本がグローバル経済と政治の分野で支配力を強めれば強めるほど、ふたつの勢力が衝突する可能性が高まる。そして最後には史上はじめて地球規模で、善が悪を打ち負かすだろう。持てる者と持たざる者のあいだの苦い分断は癒やされるだろう。価格で表せない価値が認められるようになるだろう。そしてついに人類は自分自身と和解し、テクノロジーは人類の支配者からしもべに変わるだろう。父さんはそう信じていたよね。

父さんの語った未来像を現実的な用語で言い表すと、テクノロジーの発展した、正しい社会民主主義の誕生ということになる。資本と土地を共同で所有すれば、おのずと社会が必要とするものが生産される。経営者は、自分を選んだ従業員や顧客、社会全体に対して責任を負うようになる。利潤と賃金の区別に意味がなくなり、利潤は原動力としての力を失うだろう。すべての従業員が平等な株主となり、彼らの報酬は企業の純利益から支払われるようになる。株式市場と労働市場が同時に死滅し、金融業は公共事業のような堅実なセクターに変わる。市場と富の集中は、最終的にはコミュニティへの野蛮な支配力を失い、医療や教育や環境保護への支出を僕たちが集団で決めるようになる。それが父さんのビジョンだった。

けれども、実際に起きたことは、これ以上ないほど違っていた。ドイツや一時期のイギリスのような労働組合が発達した西側諸国でも、賃金労働者はうまく団結できず、結局は資本主義を「自然な」システムとして黙認した。北と南の労働者の団結は、果たせぬ夢に終わった。資本はますますその力を強めた。父さんが言っていたようなビジョンを追求する革命が成功した国では、ジョージ・オーウェルの『動物農場』と『一九八四年』を足し合わせたような状況に陥った。父さんは、ギリシャの左翼が入れられる収容所で過ごした年月の恐ろしい話を僕に聞かせてくれた。そして、もしこちら側が権力闘争に勝ったとしても、おそらく同じ収容所に入れられて、看守が左翼に変わるだけだろうと、そのときの絶望を告白してくれた。この父さんの告白を僕は絶対に忘れない。世界中の本物の左翼は父さんと同じように心を痛めた。父さんのようなビジョンを持つ善良な人たちが収容所に入れられて、かつての同志が看守を務め、さらに悪い場合には、自分たちのイデオロギーが忌み嫌っていた権力の側に立つことになったのだ。

父さんの予想はある意味でかなり正しかった。けれど、父さんが喜ぶような形では展開しなかった。資本主義は、間接的にではあるがみずからの手で、つまりみずから生み出した最高の創造物の犠牲となって、確かに死につつある。だが、その創造物とはプロレタリアートではなく、クラウド領主だ。そして少しずつ、資本主義のふたつの大きな柱——利潤と市場——は別のものに置き換わっている。ポスト資本主義のシステムが人間の分断を癒やし、人間や地球への搾取を終わらせるはずだったのに、残念なことに、今まさに形成されつつあるシステムはSF作家でもなければ想像すらできなかったような仕方で搾取を深め、拡大させている。父さん、思い返せば、悪いものの死によってよいものが現れるなんていう都合のいい妄想に、僕たちはどうして引き寄せられてしまったんだろう? ローザ・ルクセンブルクの「社会主義か、さもなくば野蛮か」[*3]という絶望的な問いは、決して比喩ではなかったね。野蛮が率直な答えだし、そうなれば絶滅が近い。

ここで必要なのは、起きてほしいことを語るのではなく、今、実際に起きていることを説明してくれる物語だ。それは、封建制の経済的特徴を定義するレントが驚くべき復活を遂げたという物語だ。

封建制のもとでの地代《レント》は、簡単に理解できた。出生時の幸運や王令によって土地の権利証を与えられた封建領主は、その土地で生まれ育った農民が耕作する収穫の一部を手に入れる権限を与えられた。資本主義のもとでは、レントの意味を理解して利潤と区別するのははるかに難しい。私は大学で教えているときに、学生たちにこのふたつの違いを理解させるのに苦労した。数学的にはなんの違いもない。レントも利潤も、かかった費用を支払ったあとに残るお金だ。このふたつの違いは微妙で、質的なものであり、抽象的だと言ってもいい。利潤は市場競争の影響を受けやすいが、レントはそうではない。その理由は、両者の起源が違うからだ。レントは、肥沃な土壌や化石燃料を埋蔵する土地など、供給量が固定しているものへの特権的なアクセスから生み出される。こうした資源にいくら投資しても、生み出される資源は増えない。一方、利潤はエジソンの電球やジョブズのｉＰｈｏｎｅのように、投資がなければ存在しなかったものに対して投資を行った起業家の懐へと流れ込むものだ。ただ、別のだれかがよりよいものを発明し創造する可能性があるため、利潤は競争の影響を受けやすく、減ってしまうこともある。

ソニーは世界初の携帯型音楽デバイスであるウォークマンを発明したとき、莫大《ばくだい》な利潤を得た。その後、模倣品による競争でソニーの利潤は減っていき、最後にアップルがｉＰｏｄを引っさげて参入し、市場を独占した。反対に、市場競争はレント階級［レントを生み出す資産の所有者］の味方になる。たとえば、ジャックの所有するビルのある地区でほかの人が貧しい人を追い出し、再開発を進めていたとする。ジャックはなにもしなくてもレント［家賃］の相場が上がっていく。文字通り、寝ているあいだにジャックは金持ちになっていく。近隣の再開発が進み、企業がその地域にますます投資するようになると、さらにジャックの得るレントは上がる。

資本主義が栄えるのは、利潤がレントを凌駕している場合だ。生産労働と所有権を、それぞれ労働市場と株式市場を通して販売される商品へと変えることで、利潤はレントに対して歴史的な勝利を収めた。それは単なる経済的な勝利ではない。レントは低俗な搾取の臭いを放っていたが、それに対して利潤は、勇敢な起業家が大きなリスクを取って市場の厳しい波風をくぐり抜けたことへの正統な報酬という道徳的な優位性を得た。だが、利潤が勝利してもなお、レントは資本主義の黄金時代を生き延びた。すでに絶滅したヘビや微生物を含む、私たちの古代の祖先のＤＮＡの名残が、人間のＤＮＡの中で生き延びているようなものだ。

あらゆる資本主義的大企業――フォード、エジソン、ＧＥ、ゼネラルモーターズ、ティッセンクルップ、フォルクスワーゲン、トヨタ、ソニーなど――はレントを上回る利潤を創出し、資本主義を支配的な地位に押し上げた。しかし、巨大ザメに寄生するコバンザメのように、ただ生き残っただけでなく利潤の残り物を食べて成長したレント階級もいた。たとえば、石油会社は特定の土地や海底の採掘権から莫大なレントをがっぽりと受け取ってきた。もちろん、自分たちは損をすることなく地球環境を破壊するというのも、それに付随する特権だ。

当然ながら、石油会社は自分たちの略奪を正当化するために、レントを資本主義的利益に見せかけている。彼らのリターンは賢い低コストの採掘技術に投資したことの見返りで、この技術がなければ、ここで採掘された原油はライバル会社の原油より安価にならなかったかもしれないと誇張する。不動産開発会社も同じで、斬新な建築からの利潤でレントを陰に隠そうとする。民営化された電力事業や水道事業もそうだ。その収益は政治家が民間事業会社に与えたレントから生み出される。こうした巨大レント企業に共通するのは、なにがなんでもレントを正当化したいがために、それを利潤と見せかけることだ。レント・ロンダリングと言ってもいい。

第二次世界大戦後、資本主義の中でレントは生き残ったばかりか、一段上の存在になった。レントはテクノストラクチャーが台頭したおかげで、つまり莫大なリソースと生産能力と市場でのシェアを持つコングロマリットの集合体が戦時経済から生まれたおかげで、復活を果たした。テクノストラクチャーに雇われた革新的なマーケターや想像力のある広告担当者が、天才的ななにかを創り出したことで、レントが復活したのだ。そのなにかとは「ブランド・ロイヤリティ［ブランドへの愛着心］」だ。

ブランド・ロイヤリティがあれば、ブランドの所有者は顧客を失うことなく価格を上げることができる。価格のプレミアム［上乗せ分］を支払うことで、たとえばメルセデス・ベンツやアップル製品を持つ人は、安いフォードやソニー製品を持つ人よりも高いステータスを誇示できる。この値段のプレミアムの蓄積が、ブランドのレントになる。一九八〇年代までに、ブランディングはレントを引き出す力をかなり持つようになったので、野心ある若い実業家は、だれがどこでどんなふうにモノを生産したかよりも、見栄えのいいブランドの企業を所有することを気にするようになったのだ。

一九五〇年代にレントに復活のチャンスを与えたのがブランディングだとすると、二〇〇〇年代に利潤に対する逆襲のチャンスを与えたのはクラウド資本の台頭だった。ここでレントが世紀の大復活を遂げる舞台が整った。アップルはその立役者になった。iPhone以前は、スティーブ・ジョブズのガジェットはロールスロイスやプラダの靴とそう変わらない、典型的なブランド・レントを反映したプレミアム価格の高級品だった。アップルは、美しいデザインと使いやすさに定評のあるインターフェイスを備えたラップトップ、デスクトップ、iPodを販売することで、マイクロソフトやIBMやソニーや、そのほか無数の中小競合他社との血みどろの戦いに生き残り、莫大なブランド・レントを徴収できるようになった。だが、アップルを一兆ドル企業へと成長させたブレイクスルーはiPhoneだ。それが単に優れた携帯電話だからではなく、iPhoneのおかげでアップルは秘められた宝箱を開ける鍵を手にしたのだ。その宝箱とはクラウド・レントだ。

スティーブ・ジョブズがクラウド・レントという宝箱を開けるきっかけとなった天才的なひらめきとは、社外の「サードパーティ開発者」にアップルのソフトウェアを無料で使わせ、開発したアプリケーションをアップルストアで販売するという斬新なアイデアだった。これによって、たちまちタダ働きの労働者と封臣資本家が生み出され、彼らの働きによって、アップルのエンジニアだけでは到底つくり出すことのできない多種多様なアプリが、iPhoneユーザーのためだけに提供されるようになった。

たちまち、iPhoneはただのかっこいい携帯電話以上の存在になった。ほかのスマートフォンにはない、iPhoneならではのさまざまな楽しさや機能がここでは手に入るからだ。たとえライバルのノキアやソニーやブラックベリーがより賢く、速く、安く、美しい携帯電話を急いで作ろうとしたところで、痛くも痒《かゆ》くもなかった。iPhoneだけがアップルストアをはじめた。ではなぜ、ノキアやソニーやブラックベリーは自社ストアを開発しなかったのか？　もう遅すぎたからだ。すでにあまりに多くの消費者がアップルと契約していたし、サードパーティ開発者は、ほかのプラットフォームのために時間と労力をかけてアプリを開発しようとは思わなかった。アップルのためにタダ働きをするサードパーティ開発者は、主に少人数のグループか中小企業であり、アップルストアを通して事業を運営するよりほかに生き残る道はなかった。その代償は？　総売上の三〇パーセントのレントをアップルに支払わなければならない。こうして、アップルストアという世界最初のクラウド封土の肥沃な土壌で封臣資本家階級が育っていった。

アップルのほかに唯一、多くの開発者に自社ストアのアプリを開発させることができたコングロマリットがあった。グーグルだ。iPhoneが発表されるはるか以前に、グーグルの検索エンジンはGメールやユーチューブを含むクラウド帝国の核になっていた。その後、ここにグーグルドライブ、グーグルマップ、そのほか一連のオンライン・サービスが搭載された。すでに支配的なクラウド資本だったグーグルは、その資本をさらに活用するため、アップルとは違う戦略を取った。携帯デバイスを製造してiPhoneに対抗するのではなく、オペレーティング・システムのアンドロイドを開発したのだ。アンドロイドはソニー、ブラックベリー、ノキアなど、どのメーカーのスマホも無料で搭載できる。多くのアップルのライバル・メーカーがアンドロイドを採用し、アンドロイドを搭載したスマホの台数が十分に多くなれば、サードパーティ開発者がアンドロイドのストア向けにアプリを開発してくれると考えたのだ。そのようないきさつで、アップルストアに対抗できる唯一のプラットフォームとなるグーグルプレイが生まれた。

アンドロイドはソニー、ブラックベリー、ノキアなどのメーカーが自社開発したOSや、自社開発できたはずのOSと比べて、優れていたわけでも劣っていたわけでもない。だがアンドロイドは超能力を備えて登場した。グーグルが有り余るほど持つクラウド資本だ。それが、ソニーやブラックベリーやノキアには決して引きつけられないサードパーティ開発者を磁石のように引きつけた。ソニーやブラックベリーやノキアは、たとえ嫌々ながらだったとしても、携帯電話メーカーとして封臣資本家の役目を引き受けざるを得ず、ハードウェアの販売によるわずかな利益で生き延びた。一方で、サードパーティ開発者が開発したアプリをグーグルプレイで販売することで、グーグルは大勢の封臣事業者や封臣資本家が生み出す莫大なクラウド・レントをがっぽりと懐に入れていた。

その結果、クラウド領主二社に支配されるグローバルなスマートフォン業界が誕生した。アップルとグーグルは、タダで働いてくれるサードパーティ開発者が生み出す売上から一定割合をピンハネすることで富を積み上げた。これは利潤ではない。クラウド・レントであり、デジタル版の地代なのだ。

その同じ一〇年のあいだに、アマゾンは独自のクラウド封土（アマゾン・ドットコム）を通じたグローバルなサプライチェーンを使って、物理的なモノを売るための方式を完成させた。その仕組みはすでに紹介した通りだ。アルゴリズムが導くアマゾンのEコマースのおかげで、クラウド・レントはもはやデジタルの世界だけのものにとどまらなくなった。

中央銀行の資金によって支えられ、プライベート・エクイティによってさらに強くなったクラウド領主は世界中にその封土を広げ、封臣資本家やクラウド農奴から莫大な金額のクラウド・レントをせしめるようになった。矛盾するようだが、古きよき利潤に頼る資本家の数は増えたものの、利潤率は下がり、力は弱まった。また、封臣資本家は賃金労働者への支配力を維持し、少なくともいくらかの生産手段は所有し続けた。たとえば、コンピュータや自動車やトラック、オフィスや倉庫や工場などだ。封臣資本家がみな小規模事業者だというわけではなく、中には大規模な製造企業もある。だが規模の大小や権力の強弱にかかわらず、封臣資本家は、アマゾンやイーベイやアリババなどのEコマースサイトで製品を販売しても、利潤のそれなりに大きな部分を自分が頼るクラウド領主にピンハネされる。

アマゾンがクラウド封土の中で物理的な製品メーカーの上前をはねているあいだに、一方で、ほかのクラウド領主たちはプレカリアート［非正規雇用者や零細自営業者］に注目していた。グローバル・ノースではウーバー、リフト、グラブハブ、ドアダッシュ、インスタカートといった企業が、そしてアジアやアフリカではそれらを真似《まね》た同様のサービスが、莫大な人数の運転手、配達員、清掃員、レストラン経営者や犬の散歩代行をする人までをクラウド領土に引き込んで、給与所得ではない、出来高払いの労働者の稼ぎから一定額をせしめていた。これもクラウド・レントだ。

父さん。最近、父さんがパレオ・ファリロの自宅に残していたスーパー8ミリのホームムービーを見たよ。その多くは、一九六〇年代に父さんが製鉄所の仕事で最先端の機械を購入するためにアメリカや日本やヨーロッパに出張したり、高品質の鉄鉱石や石炭を安定的に供給してもらうために、かつて西欧の植民地だった地域に出向いたりしたときに撮りためたものだ。僕が見つけたあるフィルムには「一九六四年──インドネシア」と書かれていて、そこにはジャカルタから郊外への旅の様子が記録されていた。混み合った道が延々と続く中で、沿道の「ワルン」の周りに地元の人がたくさん集まっているのに気づいた。ワルンとはギリシャのキオスクのようなもので、飲料、ペン、新聞、シャンプー、頭痛薬、電話サービスなど、なんでも安く売る店だと当時父さんは教えてくれたね。

ところが今、インドネシアのクラウド企業、ブカラパックが三五〇万軒ものワルンを買収し、サービスをデジタル化していると聞いたら父さんは驚くだろう。ブカラパックは多様なローカル商店をクラウドにアップロードするだけでなく、利子の高いマイクロクレジットや高額なデジタル送金、基本的な銀行サービスを通じて、ワルンに頼る地元のコミュニティを金融化しようとしている。めざといジェフ・ベゾスもインドネシアに調査団を派遣して、二〇二一年にブカラパックのライバル会社に投資しはじめた。[*4] ペイパルの共同創業者でフェイスブックの初期の投資家であり、パランティアの生みの親でもあるピーター・ティールも、自身が持つバラー・ベンチャーズを通して同じことを行っている。中国最大級のテック・コングロマリットであるテンセントも右にならった。

アメリカ中西部の工場主から最新の詩集を売ろうともがく詩人まで、ロンドンのウーバー・ドライバーからインドネシアの露天商まで、あらゆる人がクラウド封土に頼らなければ顧客とつながることができなくなった。それはある種の進歩とも言える。かつて封建領主が地代を徴収するために暴漢を雇って封臣の膝を折ったり、血を流させたりした時代は終わった。クラウド領主は地上げ屋を雇わなくても没収や立ち退きを強制できる。クラウド封臣のサイトへつながるリンクを外すだけで、顧客にアクセスできなくなるからだ。グーグルの検索エンジンやEコマースやソーシャルメディアのサイトからリンクのひとつやふたつを削除すれば、オンラインの世界からまとめて消滅させることもできる。洗練されたテクノロジーによる恐怖政治が、テクノ封建制の基盤にはある。

全体を俯瞰《ふかん》すれば、世界経済を回しているのが利潤ではなくクラウド・レントになりつつあるのは明らかだ。そこに私たちの時代の面白い矛盾が見えてくる。資本家の活動は積極的な資本蓄積のプロセスの中で広がっていく。だが、その同じプロセスが資本家の利潤を損ない、資本主義市場をクラウド封土に置き換えている。要するに、資本家の活発な活動が結果的に資本主義の衰退につながっているのだ。資本家の活動を通してテクノ封建制が生まれ、それが支配的な力になりつつある。むしろ、それが当然の帰結なのかもしれない。

▼筋肉増強剤を打った資本主義なのか？

「納得できないな」。父さんのそんな声が聞こえてきそうだ。「封建領主がやったこととといえば、陰謀と暴力だけで、投資はなにもしなかった。けれどクラウド領主は最先端のハイテク資本に莫大な投資をしているじゃないか。彼らはどこから見ても資本家で、研究開発に湯水のようにカネを使って、検索エンジンにしろパーソナル・アシスタントにしろリモート会議のアプリにしろ、人が欲しがる新しい商品を生み出している。たとえザッカーバーグがフェイスブックでやったように、封土らしきものをなんとか築いたとしても、すぐにライバルが現れてユーザーを大量にかっさらい、数十億ドル単位の事業にしてしまう。ＴｉｋＴｏｋの急拡大はいい例だ」。

「クラウド領主とやらは怠け者の貴族たちとは正反対で、封建領主というよりもトーマス・エジソンやヘンリー・フォードやジョージ・ウェスティングハウスによっぽど近い。ヤニス、いいか、言ってみれば彼らは筋肉増強剤を打った超人的な資本家だぞ。お前が言っているクラウド・レントから利益を大量にせしめていたとしても、彼らのやっていることが資本主義だってことに変わりはない。レント資本主義と呼べばいい。クラウド資本主義でも、ハイパー資本主義でもいい。だがテクノ封建制ってのはどうかな？　私は違うと思うが」。

父さん、クラウド領主が筋肉増強剤を打った資本家だっていうのは、本当だ。少なくともこれまではそうだった。それは否定しないよ。生まれながらに地代を収奪できる力を持った封建領主と違って、クラウド領主はゼロから事業を築き上げなければならなかった。そのために、莫大な金額をテクノロジーに投資したのは間違いない。でも、まだわからないことがある。彼らは具体的にはなにに投資したんだろう？　その投資からなにが生み出されたんだろう？

クラウド領主は新しい商品の創造に投資した、と父さんは言うよね。だけど、モノにしろサービスにしろ、それを販売し、利潤を手にするために作られるのが商品だ。検索結果は販売されるために作られるものではない。アレクサやＳｉｒｉは、僕たちの質問に答えても手数料はもらえない。フェイスブック、ツイッター、ＴｉｋＴｏｋ、インスタグラム、ユーチューブ、ワッツアップも同じで、その目的は利潤じゃない。僕たちの関心を引きつけ、それを変えることだ。巨大テック企業のクラウド領主が、たとえばＣｈａｔＧＰＴのようなＡＩボットの利用料を僕たちから徴収したり、アレクサのような物理的なデバイスを販売したりする場合だって、それを商品として売っているわけじゃない。こうしたガジェットは貸し出されるか、ほとんど利潤の出ない（損失になるほどの）安い値段で販売される。それはデバイスを通して僕たちの家庭に入り込み、僕たちの関心をさらに奪うためだ。彼らは僕たちの関心を支配することによって、昔ながらの商品販売を行っている封臣資本家からクラウド・レントを徴収できる。つまり、クラウド領主による投資の目的は、資本主義市場での競争で勝つことではなく、僕たちを資本主義市場から退場させることにある。

スティーブ・ジョブズ、ジェフ・ベゾス、マーク・ザッカーバーグ、セルゲイ・ブリンといったクラウド領主に、エジソンやフォードやウェスティングハウスと共通点があることは認めるよ。みな自意識過剰で、肥大化した企業を所有し、そして支配力を強化するために、既存の市場や国家機関を含むあらゆるものを破壊したがる。しかし、二〇世紀初頭の大企業の経営者たちは、市場を独占し、工場や生産ラインという資本を展開して利潤を上げることに真正面から取り組んでいた。もしそうした経営者がクラウド領主を見たら、真っ先に気づくはずだ。巨万の富を築きつつあるクラウド領主たちが、商品の生産を組織化する必要にまったく迫られていないことに。それればかりか、クラウド領主は市場からの圧力から解放されていて、より安くよりよい商品を生産する必要もないし、競合他社が市場シェアをごっそり奪い去るような製品を開発するのではないかという絶え間ない恐れとも無縁だ。

「でもクラウド領主だって戦々恐々としているはずだ」。父さんはそう反論するだろうね。「TikTokはフェイスブックのユーザーと売上をごっそり奪っただろう。ネットフリックスにとってディズニープラスは生死に関わる脅威だ。ウォルマートのEコマースサイトだってアマゾンから市場シェアを奪っている。フォードやエジソンやウェスティングハウスが市場競争に晒《さら》されていたのと、まったく同じじゃないか？」。

いや、父さん、似ているけど違うんだ。

封建制のもとでも、競争やライバルの出現によって封土が広がったり狭まったりすることは常だった。特に一三五〇年以降、ペストの流行で労働力が不足し、農奴が封土から封土へと移動できるようになってからは、封土が減ったり侵略されたりしないようにするのに、かなりの努力が必要だった。ただ、領土と領土のあいだの争いと市場競争は別物だと考えるべきだろう。

ユーザーの関心争奪競争でTikTokがほかのソーシャル・メディアを打ち負かすことに

成功したのは、価格が安いからでもなければ、提供する「友だち」や「つながり」の質が高いからでもない。TikTokはこれまでとは違うオンライン体験を探していたクラウド農奴に対して、移住したくなるような新しいクラウド封土を提供した。ディズニープラスは、ネットフリックスより低価格の映画や番組を提供したわけでも、高い画質を提供したわけでもない。ネットフリックスにない映画や番組を提供したまでだ。ウォルマートは、アマゾンと比べて価格が低いわけでも品質が高いわけでもない。自分たちの立ち上げた新しいクラウド封土に、自社のデータベースを使ってより多くのユーザーを呼び込んだだけだ。クラウド封土をつくり出した先駆者のアップルは「個人情報保護」を盾に、ほかのクラウド領主がユーザー行動を変えられないような仕組みをつくり出した（たとえば、フェイスブックやグーグルといったライバル会社がiPhoneオーナーのデータを収集することを禁じた）。マーク・ザッカーバーグはこの手口を、「独占的レント」を徴収するものであり、「イノベーションを妨げる」と批判した。

フォード、エジソン、ウェスティングハウスと同じように、アマゾン、テンセント、アリババ、フェイスブック、アップル、グーグルなどのクラウド領主は研究開発、政治、マーケティング、労働組合潰し、カルテル戦術などに投資する。だが、それは商品を売って利潤を最大化するためではなく、利潤を追求する資本家からできるだけ多くのレントを徴収するための投資だ。

封建制から資本主義へという「大転換」が起きたのは、レントに代わって利潤が社会経済システムの原動力になったからだ。だからこそ、それを資本主義と呼ぶことは、たとえば市場封建制と呼ぶよりもはるかに有用で意義があった。ゆえに今、社会経済システムが利潤ではなくレントで動かされる時代になったという基本的な事実に基づいて、新しい名前でそれを呼ぶことが求められている。これをハイパー資本主義とか、レント資本主義として考えるならば、本質的で定義的な原則を見逃すことになる。そして、レントが主役として戻ってきた現実を表すには、「テクノ封建制」という言葉以上にふさわしいものはない。

さらに重要なのは、この現実をしっかりと定義づけ、適切に名づけたことで、やっと今起きているシステム変革の意味と重要性を理解できるし、僕たち全員がなにを失う危機にあるのかもわかるようになるということだ。

▼イーロン・マスクがツイッターの買収にあれほどこだわった理由

テクノ封建制という言葉と概念が、私たち全員の苦境を理解するために必要であることを説明するのにふさわしい人間をひとり選ぶとしたら、イーロン・マスクだろう。

抜群に頭はいいが人間としては欠陥だらけで、優秀なエンジニアでありながら、とんでもなく見栄っ張りのイーロン・マスクは、この時代のトーマス・エジソンと言ってもいいだろう。覚えているかもしれないが、一説によると、トーマス・エジソンはライバルを貶《おとし》めるために象を感電死させたこともあるという。スタートアップの墓場と思われている自動車産業や宇宙旅行産業、さらにはブレイン・コンピュータ・インターフェイスにまで革命を起こしたマスクは、数百億ドルという大金を注《つ》ぎ込んでツイッターを買収した。しかもその過程で、彼がこれまで製造業者として、またエンジニアとして築いてきたすべてのものを失う危険まで冒して、ツイッターを手に入れたのだ。マスクは、今持っているものよりも見栄えのいいおもちゃを欲しがる金持ち坊やにすぎない、と評するコメンテーターも多かった。しかし、マスクのツイッター買収は理にかなっていた。テクノ封建制の論理にしたがえば、マスクの心のうちも、それ以上のことも解明できる。

マスクが満たされない思いを抱えていたとしても、不思議はない。自動車メーカーとして大成功し、世界一の富豪の座を手に入れたにもかかわらず、彼は新たな支配階級の仲間入りができていなかった。自動車メーカーのテスラはクラウドを賢く利用し、自動車をデジタル・ネットワークの接続点《ノード》に変え、運転者をマスクのシステムにつないでビッグデータを収集している。航空宇宙企業のスペースXと低軌道で地球の周囲を汚染する衛星群は、ほかの大手クラウド資本の発展に大きく貢献している。だが、マスク自身はどうだろう？　ビジネス界の「異端児《アンファン・テリブル》」であるマスクは、クラウド資本がもたらす莫大なレントへの入り口を持てていないことに苛立《いらだ》っていた。ツイッターは、その欠けていた入り口になるかもしれないのだ。

マスクはツイッターを買収するとすぐに、ツイッターをだれもがなんでも話し合える「公共の広場」として守ることを約束した。その約束はある種のプロパガンダであり、実際には、世界一短い形式の議論の場を、まさにその同じ場で真実を軽んじてきた過去を持つ、いいかげんな大富豪に任せていいのかという世間の論調から人々の気を逸らすことには成功した。リベラル派のコメンテーターはドナルド・トランプがツイッターに復活することを愚痴り、まともな人たちはツイッター社員へのひどい仕打ちを批判し、左派はマスクのことをテクノロジー強者版のルパート・マードックの登場だと言って頭を抱えた。その一方で、マスクは目標をしっかり見据えていた。心のうちがつい出てしまったのか、彼はツイッターを「なんでもアプリ」に変えたいと投稿したのだ。

マスクはどんな意味で「なんでもアプリ」と言ったのだろう？　それはテクノ封建制への入り口という意味にほかならなかった。それによってユーザーの関心を引きつけ、消費者の行動を操作し、クラウド農奴として人々から無償の労働力を引き出し、最後には商品を売る事業者からクラウド・レントを徴収することが可能になる。アマゾンやグーグルやアリババ、フェイスブックやＴｉｋＴｏｋやテンセントとは違い、マスクは「なんでもアプリ」に発展しそうなものはなにも持っておらず、ゼロからそれを作ることもできなかった。そして、ほかの金持ちや大企業の傘下になく、かつ売りに出されているプラットフォームはひとつしかなかった。それがツイッターだった。

ツイッターは私有の領地であり、世界の「公共の広場」となることは決してない。重要なのは、マスクがこれを使って有力なクラウド封土を築き、新たなテクノ封建支配階級の一員、つまりクラウド領主になれるかどうかだ。それは自動車や人工衛星によって日々蓄積される既存のビッグデータ網とツイッターをつなぐことで、クラウド資本をうまく強化できるかどうかにかかっている。マスクによるツイッターの買収で彼の事業が成功するにせよ失敗するにせよ、これをテクノ封建制という切り口で見ると、世界で起きていることがより鮮明に理解できるようになる。

これはひとつの特殊な例で、影響の範囲は比較的限られている。しかしテクノ封建制は私たち全員に関わる、より広範でさらに切実な問題をも引き起こす。

▼テクノ封建制が「大インフレ」を引き起こす

大変革には新たな危機がつきものだ。農業が発明されたとき、人々はコミュニティのなかにさまざまな植物と動物を集め、知らないうちに恐ろしい感染症を引き起こす有害なウイルスを増殖させてしまった。資本主義の到来は、世界恐慌のような経済危機を引き起こした。そして今、テクノ封建制は、すでにある社会の不安定要因をさらに深刻にし、生存に関わる新たな脅威へと変えようとしている。特に、最近のコロナ禍に続く大インフレと生活コストの急上昇については、テクノ封建制の文脈以外からは正しく理解することはできない。

前章では、二〇〇八年の金融危機後、一二年もの長きにわたって中央銀行が銀行屋の損失を肩代わりするために大量の貨幣を発行してきた経緯を書いた。銀行屋のための社会主義と、それ以外のすべての人が背負わされた緊縮財政によって、いかにして投資が縮小し、西側資本主義のダイナミズムが失われ、金ピカな不況に陥ってしまったかを解説した。このあいだに中央銀行の腐ったカネで行われた投資は、クラウド資本の蓄積に回った。二〇二〇年までにクラウド資本に蓄積されたクラウド・レントは、先進国の純所得の多くの部分を占めるまでになっていた。このことが、利潤が後退してクラウド・レントが優位に立ったことを端的に表している。

左派寄りの人でなくとも、レントの大復活によって不況がさらに深まり、より被害が広がっていくことはわかるはずだ。[*5] 賃金は、生活に苦しむ人たちによってすぐに使われる。利潤は、資本家が利潤を得る能力を維持するために、資本財に投資される。だが、レントは財産（マンションやヨットやアートや仮想通貨）の中にとどまり、流通せず、役立つものへの投資にも回らず、弱った資本主義社会の立て直しに使われることもない。すると悪循環が起きる。不況はますます深刻になり、中央銀行はさらに貨幣を発行し、収奪が増えて投資は減り、新たな悪循環を呼ぶ。

コロナ禍でその傾向が悪化した。パンデミック前との唯一の大きな違いは、今回、二〇〇八年以降ではじめて、中央銀行が発行した数兆ドルの一部を政府が人々のために使い、ロックダウンの中で市民を生かしたことだ。とはいえ、その新しいカネのほとんどは結局、巨大テック企業の株価を押し上げただけだった。二〇二〇年一〇月に発行されたスイスの投資銀行ＵＢＳの報告書によれば、同年の四月から七月までのあいだに超富裕層の資産が三割近く（二七・五パーセント）増えたとされるが、このこともそれで説明できる。[*6] そのあいだ、世界中の多くの人々が仕事を失い、日々の生活にも困窮して政府の補助を受けていた。

その一方で、ロックダウンにより港や道路や空港が閉鎖され、モノの供給は細っていった。特に、長年にわたる投資不足によって生産能力が縮小している経済圏での供給不足は深刻だった。供給が突然途絶えたらどうなる？　特にそれがロックダウンの最中で、多くの人たちが中央銀行の資金によるなんらかの収入支援に頼っているときだったら？　日用品や自転車やパン、天然ガスや石油や住宅やそのほかのたくさんのモノの値段が青天井で上がっていき、大インフレが訪れた。一〇年以上も価格が抑制されていたにもかかわらず。

サプライチェーンの分断による今回のインフレが緩やかなものにとどまると期待した人も多かった。このインフレが「一過性のもの」だとする期待には一理あった。一九七〇年代には強力な労働組合がインフレ率を上回る賃上げを勝ち取っていたが、二〇二〇年代の労働者の交渉力は、以前に比べると見る影もなくなっていた。政府のばらまき政策が終わり、一時帰休制度や所得補助制度もなくなれば、一般大衆の購買力は失われ、需要も減って物価も下落するだろうと思われた。だが、そうはならなかった。

インフレは決して単なる貨幣現象ではない。それはお金が交換価値を表す単なる記号でないのと同じことだ。どんな理由であれ、すべてのモノの値段が上がると、だれもがお互いの交渉力を見極めようとする社会のパワーゲームがはじまる。経営者はどれくらい価格を上げられるかを突き止めようとし、利潤が出ないなら少なくともコストの上昇分を取り戻そうと試みる。レント階級であれば、昔ながらの地主もクラウド領主もレントを上げてみようとする。労働者は少なくとも自分たちが支払う生活費の上昇分くらいは補える程度に、できる限りの賃上げを要求する。政府もまたそのゲームの参加者だ。収入増加と物価上昇によって増えた所得税や消費税を使って、インフレで生活に困窮する弱者を助けるか？　それともエネルギー価格の高騰に苦しむ大企業を補助するか？　あるいはなにもしないか？　これらの問いに答えが出るまで、ずっとインフレは続く。

こうしたパワーゲームの中で、なによりも重要なのが支配力だ。資本が労働を支配している場合には、総収入における賃金の割合の恒久的な削減を労働者が受け入れれば、インフレは収まる。政府が資本を支配している場合には、たとえば中国などがあてはまるが、資本家とレント階級が収奪したカネの一部を国家の債務や負債、支出の穴埋めに使うことに同意すれば、インフレは収まる。では、クラウド資本が地上の物理的資本を支配し、労働が序列の最下位にある社会ではなにが起きるだろうか？

ふたつのことが起きる。ひとつは明白で、もうひとつはそれほど明白ではないことだ。表面的には、スーパーマーケットやエネルギー会社やコングロマリットなどのうち、コストを上回る価格のつり上げに成功した企業は超過分の利益を得る。[*7] だが、テクノ封建制の初期段階における大インフレの目立たないが根本的な変化は、社会の生産構造に織り込まれている。伝統的な資本がますます新しいクラウド資本に取って代わられ、テクノ封建制の力がより早く強くなっていくのだ。それがどのように起きるのか、ふたつの例を挙げよう。

▼ドイツ車とグリーンエネルギーの事例

ドイツの自動車メーカーは大インフレによって二重の打撃を受けた。燃料価格の高騰で顧客が遠のいただけでなく、自動車製造にかかるエネルギー・コストも上がっていた。ドイツのメディアは、この国から工業が消えるのではないかとまで騒いでいた。その不安はもっともなものであったが、メディアの分析は的外れだった。

ドイツの自動車メーカーは、おそらくこれからも今までと同じだけの台数の自動車を製造し続けるだろう。その理由は単純で、投資先を従来のガソリン車から未来の電気自動車へと比較的迅速にシフトしたからだ。では、燃料価格の高騰によって電気自動車へのシフトを急ぐことが彼らの得になるのだろうか？　いや、あまり得にならない。

ドイツ資本が持つ力と成功の核には、高精度の機械工学と電子工学がある。とりわけドイツの自動車メーカーは、高品質の内燃機関とそのエンジンから車輪へ動きを伝えるのに必須の部品——たとえばギアボックス、車軸、差動装置など——を製造することで利潤を上げてきた。その一方で、エンジニアにとって電気自動車は、はるかにシンプルな機械だ。電気自動車の剰余価値と、それがもたらす利潤の源泉はソフトウェアにある。ソフトウェアが車を走らせ、車をクラウドにつなぎ、車からデータを引き出す。言い換えると、大インフレによってドイツ工業は従来の資本よりも、クラウド資本に大きく依存したモノを生み出さなければならなくなったのだ。

ここに問題がある。ドイツの資本家はアメリカや中国の資本家と比べると、クラウド資本に投資すること、つまりクラウド領主になることのメリットを早めに認識できず、この新たなゲームに出遅れた。つまり、ドイツはものづくりに寄りすぎたせいで、国際的な競争優位性を失いつつある。十分なクラウド・レントを徴収できず、経常収支は悪化し、ドイツの経常黒字に頼るEU経済も、その国民も弱体化するだろう。

同じことはエネルギー業界についても言える。パンデミックが収まり、エネルギー価格が急騰すると、大手石油・ガス企業は巨額の利益を上げた。化石燃料業界は息を吹き返した。ナポレオン戦争中にイギリスで穀物の輸入が止まり、地主が得をしたのと同じことだった。だが、地主への追い風は長続きしなかった。ナポレオン戦争の記憶が遠のくにつれて、資本家の利益が封建領主の一時的な復活を凌駕したのと同じように、大インフレによってクラウド資本は拡大し、すでにエネルギー業界にも入り込みつつある。

化石燃料産業は、封建制的な契約と伝統的な資本が合体した構造の上に成り立っている。この産業が特定区域の土地や海底で採掘をするにはライセンスが必要であり、その区域を所有する政府や民間の地主は昔ながらの地代を受け取る。またこの業界は掘削機、タンカー、パイプラインといった昔ながらの資本財に頼って、垂直統合された巨大な集中型の発電所に化石燃料を運んでいる。そうした発電所は外見も経済構造も、一九世紀の「闇の悪魔の工場」とそう違わない。

これとは対照的に、再生可能エネルギーは分散型で展開されるのが最適だ。太陽光パネル、風力タービン、ヒートポンプ、地熱発電装置、波力原動機などが水平統合され、それぞれがネットワークの一部になっている。レントが発生するような権利はあまり必要なく、ＡＩを使った先端のソフトウェアによってデジタルなインフラが機能し、その生産性が決まる。要するに、グリーンエネルギーは電気自動車産業に似て、クラウド資本集約型なのだ。

化石燃料からグリーンエネルギーへのシフトは待ったなしの目標だ。大インフレの主要な要因はエネルギー価格の上昇であり、価格の上昇が化石燃料産業にとっての追い風となり、グリーンエネルギーへの移行を妨げている。だが、この状態も長くは続かないだろう。グリーンエネルギーの技術進化によって再生可能エネルギーの発電コストは急速に下がっている。地球にとって有害な化石燃料の寿命が伸びても、クラウドベースのグリーンエネルギーは拡大し、それにともなってクラウド領主の相対的な力も強まっている。

テクノ封建制には、賃金や価格や利潤を圧縮する性質があるため、物価上昇を抑制する傾向がそもそも備わっている。だが、今回の大インフレが短期的にどう展開するかを正確に見通すことは不可能だ。というのも、すでに見てきた通り、インフレというものは常に、進行中の階級闘争が激化する兆候だからだ。それがどのように推移するかは政治と権力によって決まる。確かなのは、クラウド資本の範囲が拡大することによって、大インフレは労働者の政治力を弱め、より多くの人がクラウド・プロレタリアートとなってしまうということだ。

それでもテクノ封建制の未来には大きな疑問が残っている。大インフレによって中央銀行が貨幣供給量を増やすのをやめざるを得なくなったため、クラウド領主たちの株価は下がり、巨大テック企業では大勢の社員が職を失った。石油会社やスーパーマーケットは大きな利益を上げているが、このテクノ封建バブルは崩壊するのだろうか？　いや、すでにこのバブルは弾けているのではないか？

▼父さんの質問に戻ると――資本主義は復活したのでは？

インターネットは資本主義を無敵なものにするか、あるいは資本主義の終焉をもたらすのか。

それが父さんの質問だったね。もう僕の答えはわかっているはずだ。でも、パンデミック以降の経済の混乱によって、僕がここまで指摘してきたトレンドと原則が今もまだ有効なのかどうか、疑問に思うのは当然だ。大インフレは資本主義を復活させたのではないか?

主流の経済評論家によれば、大インフレはそれほど不思議な現象ではない。彼らの考えでは、テクノ封建制であれ、なんであれ、歴史的な変革の兆しなどではなく、インフレは中央銀行が貨幣を供給しすぎたことの当然の結果であり、コロナ禍で政府がそのカネを浪費したから起きた現象だ。二〇二二年になると、インフレにあせった中央銀行は需要を引き締め物価高騰を抑えるために、せっせと金利を上げ続けるしかなかった。普段は渋い顔の評論家たちは、中央銀行が間違いを認めたことに意地悪な喜びを隠せないようだった。[*8] 中央銀行にとっての二〇二二年の大インフレは、イギリス貴族にとっての一六六〇年のイングランド王政復古と同じものだった。お馴染《なじ》みの権威のパターンに戻ったということだ。

そのうえ、貸出金利も預金金利も上がり、ゼロ金利などという、とんでもない時代も終わりを迎えた。正気に戻ったのだ。もちろん、ツケは回ってきた。パーティのあとの二日酔いのようなものだ。金利が上がると、借入金に頼って株式市場で遊んでいた金融屋は退場しなければならなくなり、当然ながら株価は金利上昇を上回るスピードで急速に下がっていった。金利が上がれば上がるほど、株価は下がっていき、なかでもコロナ禍のあいだに急騰したクラウド領主のコングロマリットは、大インフレで最も株価を下げた。二〇二二年、アメリカの巨大テック企業の時価総額は合計で四兆ドルも下がった。だが特筆すべきは、その時価総額がおおむねコロナ禍以前の水準を上回っていたことだ。一方で、ペロトン、ズーム、カーバナといったコロナ特需の恩恵を受けた会社の株価はいずれも急落した。ビットコイン、ドージコイン、そのほかの仮想通貨は言うまでもなく、特別買収目的会社（SPAC）や非代替性トークン（NFT）、さらにAMCやゲームストップといったいわゆる「ミーム株」も同じだった。評論家は安心した。一時期は続いていたテクノ封建制もまた、これまでのバブルと同じように崩壊したと思われたからだ。

評論家の立場からすると、インフレを生き延びる上で私たちが気にかけるべきは、エネルギーと食料価格の関係、ウクライナ戦争、アメリカによるさまざまな国への経済制裁、米中間の冷戦の可能性を見据えた製造業の国内回帰、人口の高齢化、厳格化する移民政策といったあたりのことだ。言い換えると、いつも通りのことを考えようというわけだ。左翼の多くもまた大インフレに安堵《あんど》していた。インフレで貧しい人々が困窮するのは嫌だが、世の中が正常に戻ったという感覚は喜ばしいのだ。金利がゼロを超えて再び上昇すれば、メタやテスラやアマゾンの時価総額は減少し、昔ながらの敵役としてお馴染みの古き資本主義体制が復活する。父さんならそんなふうに思うんじゃないかと僕はうすうす感じてる。

でも残念ながら、古きよき悪役の時代には戻れない。

第一に、中央銀行がばらまいた大量の資金は、クラウド資本をすでに臨界点にまで押し上げている。クラウド資本は今後も残り、支配を続けるだろう。なぜなら、地球上のあらゆる社会から膨大なレントを収奪する、その巨大で構造的な力はまったく衰えていないからだ。バブルによって資本が築かれ、バブルが弾けたあともその資本が生き延びた例はこれまで何度もある。アメリカの鉄道がまさにそうだった。一九世紀に鉄道バブルは弾けたが、そのときに敷かれたボストンやニューヨークからロサンゼルスやサンディエゴへと至る線路は今も残っている。もっと最近では、時価総額があり得ないほど高くなっていた初期のインターネット関連企業はドットコム・バブルが二〇〇一年に弾けて破綻したが、光ファイバー網とサーバーは残り、インターネット・ツーと巨大テック企業を支えている。

第二に、中央銀行からの資金は実際には枯渇していない。ペースは落ちたが、今もまだテクノ封建制を支えるのに十分な金額が流れている。大インフレを打ち負かすには資金を止めるべきだとわかっていても、中央銀行には怖くてそれができない。近年、カリフォルニア州とスイスで金融機関が破綻したことで、アメリカとヨーロッパの中央銀行は、北大西洋経済に彼らが注入した莫大な資金を引き上げれば、国際金融の要である二四兆ドル規模のアメリカ国債市場を直撃するに違いないと気づいたのだ。[*9] 欧州中央銀行も、資金を止めればドイツのすべての銀行とイタリア国家を破綻に追いやり、そうなればユーロ全体が吹っ飛ぶことがわかっている。一九九〇年代に中央銀行としてはじめて積極的な貨幣供給に走った日本銀行に至っては、これを止めようなどとはつゆほども思っていない。イングランド銀行は貨幣の新規発行を終わらせると公式に発表したあとで、二〇二二年九月二八日には恥ずかしげもなく前言を翻し、六五〇億ポンドもの追加資金をイギリス国債市場に投入した。[*10] つまり、中央銀行の資金は健在で、資本家の利潤に代わってシステムを支える役割をこれからも果たし続けるということだ。

第三に、今やクラウド資本は確固たる足場を確立し、中央銀行の資金やクラウド・レントを蓄積する能力によってその足場は強化され、拡張されているばかりか、世の中のさまざまな進展にも後押しされてその力は強まっている。たとえば、再生可能エネルギーや自動運転車の必要性もそうだし、学生ローンをこれ以上負担できない若者のための安価なオンライン学位プログラムの需要もそうだが、クラウド資本の領域はものすごい速度で広がっているのだ。逆説的ではあるが、電気自動車やグリーンエネルギーの例でも見た通り、この領域に大インフレそのものも含まれる。大インフレは伝統的な地上の資本からクラウド資本への移行、つまり資本主義からテクノ封建制への移行において大きな役割を果たしている。

この章での僕の狙いは、シモーヌ・ヴェイユの言葉を借りると、テクノ封建制という用語が、資本主義のほかのどの派生形でも表せないほどに「具体的な現実、具体的な目的または活動の方法を理解する助けとなる」ことを父さんに納得してもらうことだった。テクノ封建制は資本主義とは質がまったく違うのだと僕は言いたい。だから、レント資本主義とかプラットフォーム資本主義とかハイパー資本主義などといった用語では言い表せない現実世界の重要な側面を描き出すのが、この「テクノ封建制」という言葉だと思っている。では、いよいよこの言葉が描き出す力をさらに駆使して、私たちの社会経済状況だけでなく、この世紀を特徴づける巨大な権力闘争を理解していくときだ。その権力闘争とは、アメリカと中国のあいだの新たな冷戦のことである。

第六章

新たな冷戦
——テクノ封建制のグローバルなインパクト

二〇一九年五月一五日、ドナルド・トランプ大統領は、中国の通信大手ファーウェイのスマートフォンにグーグルのアンドロイドOSを搭載することを事実上禁ずる大統領令に署名した。つまり、グーグルのグローバルなクラウド封土からファーウェイを追い出したのだ。また、アメリカ政府は欧州の各国政府に対して、ヨーロッパ大陸全土で新たに導入される5G通信網へのファーウェイの参画をいったん停止するように求めた。それは単なるトランプの愚かな思いつきではなかった。ジョー・バイデンが大統領になると、トランプがはじめた中国との新たな冷戦はさらに加速した。「ニューヨーク・タイムズ」によると、二〇二二年一〇月、「ホワイトハウスは中国への半導体および半導体製造装置の輸出を制限する命令を出した。アメリカの先端技術を中国が入手できないようにすることが狙いである」。つまりバイデンは中国政府に対して、技術先進国になるという中国の夢をアメリカは打ち砕くと告げたも同然だった。[*1]

それでなにが起きたのだろう? トランプもバイデンも、国家安全保障上の「懸念」に基づく決定だと説明し、中国・台湾の長年の緊張関係や南シナ海をめぐる問題を強調した。だが、中国の共産主義体制にしろ台湾への姿勢にしろ、今にはじまったことではなく、緊急でも予想外でもなかった。しかも、アップルなど数多くの米国コングロマリットは、二〇〇〇年代の半ばから共産主義国家である中国全土の湾岸に拠点をつくっていたというのに、この「懸念」はどこにあったのか? 一九九〇年代にはアメリカ政府は必死になって中国をWTOに加盟させようとしていたのに? 二〇〇八年以降、中国政府は国民総所得の約三割から五割を超えるまでに投資を増やし、欧米製品のグローバルな需要を生み出し、アメリカが支配する金融資本主義を救ってくれたのに？　まだウクライナ戦争の影も形もなかったあのときに、なぜ唐突にこうした「懸念」によって新冷戦がはじまったのか？

この謎を解くには、ミノタウロスの寓話に少し戻らなければならない。

思い出してほしい。一九七一年にニクソン・ショックが起きるまで、アメリカ人でなくてもだれでも、いつでも好きなだけ、保有するドルを一オンスあたり三五ドルの固定価格で金《きん》に換えることができた。アメリカがヨーロッパやアジアに対して貿易黒字を維持しているあいだ、つまり終戦から一九六五年までは、アメリカが航空機や冷蔵庫をフランスや日本に輸出するたびに、ドルはアメリカに舞い戻り、アメリカの金準備は手つかずのまま保持された。しかし一九六〇年代半ばになるとアメリカの輸入額が輸出額を上回り、経常赤字に陥った。そのためドルはヨーロッパやアジアへと大量に流出する一方となり、戻ってこなくなったのだ。貿易赤字が拡大すると、アメリカが持つ金への外国からの請求権の行使も増えた。そのうち、アメリカ政府の金準備高が不足するのではないかという懸念が広がり、取り付け騒ぎが起きた。ニクソンは金準備がすっからかんになることを防ごうと、一九七一年八月一五日、外国が保有するドルを固定価格で金と交換するのはやめると世界に向けて発表した。言い換えると、「うちの金庫からこれ以上金《きん》は出さない。我々のドルは今やあなたがたの問題だ」というわけだ。

突然、アメリカ以外の中央銀行は自国通貨の価値を支える準備として、金ではなくドルを使うしかなくなった。ドルはまるで借用書のようになっていった。あのニクソン・ショックのあと、世界の金融システムは事実上アメリカの借用書によって裏づけられるようになり、借用書を持つ外国人がその借用書によってなにができるのか、なにができないのかを決めるのは覇権国アメリカということになった。アメリカは赤字国でありながら、ほかの赤字国とはまったく違う立場となった。フランスやギリシャやインドのような「普通の」赤字国は、自国通貨を支えるためにドルを借り、金利を上げて通貨流出を防がなければならないが、アメリカにはその必要はない。どんな帝国でも夢に見る魔法の杖《つえ》を、アメリカは手に入れた。裕福な外国人と世界の中央銀行が自発的に、アメリカ政府とその輸入を資金的に支えてくれる仕組みをつくったのだ。

かくしてミノタウロスが目覚めた。アメリカはモノを売る代わりにドルの別の使い道を提供した。つまりウォール街への投資だ。アジアとヨーロッパ（主に中国とドイツ）の貿易黒字をアメリカへの生産的な投資として循環させる仕組みをつくり出したのだ。ミノタウロスのおかげで世界の平和と繁栄は続いた――かに見えたが、それは二〇〇八年の金融危機までだった。

では、これが米中間の新冷戦にどう関係するのだろう？　一九七一年以降、巨額のドル資産を持つアメリカ人以外の資本家たちは同じ問題を抱えていた。ドルを使えない自国で、ドルをどう利用するか？　アメリカに持ち帰ってそこで投資するしかない。だが、アメリカ政府はほかの政府と違うということに、外国人投資家は気づかされることになる。イギリスやギリシャやスペインでは、金持ちの外国人は買いたいものをなんでも買える。アメリカ政府はドイツ人や日本人や（のちに）中国人資本家にキッパリとこう伝えた。アメリカの不動産や国債は買っていい。取るに足らない中小企業や、ラスト・ベルト［中西部のさびれた工業地帯］の倒産した工場や、もちろんウォール街の迷宮のようなデリバティブも買っていい。だが、ボーイングや、

GEや、巨大テック企業や、大手製薬会社や、我が国の銀行には手を出すな、と。

ここで、トランプのファーウェイ排除とバイデンの中国テクノロジー企業に対する経済戦争宣言へと話は戻る。これらの禁止措置の根底にある論理は、二〇〇八年以降のテクノ封建制の世界へと適応するための考え方に通じる。クラウド資本が伝統的な資本を支配する中、アメリカの覇権を維持するには、外国資本によるボーイングやGEの買収を防ぐだけでは済まない。クラウド資本は国境を越えてグローバルに展開しており、どこからでもクラウド・レントを徴収することができる。そんな世界で自国の覇権を維持するには、それを脅かす存在として台頭してきた唯一のクラウド領主階級と直接対決するしかない。つまり敵は中国のクラウド領主だ。

▼中国版テクノ封建制

真の覇権は力によってではなく、ファウストが悪魔と交わしたような、断ろうとも断りきれない魅力的な取引を提案することでもたらされる。そんな提案のひとつが、いわゆる「ダーク・ディール［暗黒の取引］」だ。新冷戦以前の米中経済関係の背後にあったのがこのダーク・ディールだと、とある中国高官は言っていた。核にあったのは、アメリカの支配階級が中国の支配階級に差し出した暗黙の提案で、それはミノタウロスが差し出したものと同じだ。アメリカは貿易赤字を被っても中国製品への需要を旺盛に保ち続ける。工業生産拠点も中国に移す。その見返りとして、中国で上がる利潤をアメリカの金融、保険、不動産［Finance・Insurance・Real Estate］、いわゆるFIREに自発的に投資してくれ、というものだ。

それはお馴染《なじ》みの手口だ。ニクソン・ショックがドルをキラキラの借用書に変えて以来、アメリカは日本の工場が生み出すモノのほぼすべてを買い入れ、ドルで支払ったが、日本の資本家は受け取ったドルをアメリカのＦＩＲＥに投資するほかなかった。一九七二年にニクソンは鳴り物入りで中国を訪問し、数十年にわたる断絶と戦争のあとで国交を樹立し、中国とソ連の仲を裂こうとした。めざといアメリカの資本は、中国が日本を超える経済大国となる未来を予想していた。それはその後、鄧《とう》小平が中国を西側諸国に開放するにあたって描いた未来像でもある。

日本製の電子機器、中国製の衣料品、韓国製のテレビがウォルマートに大量に流れ込む一方で、日本と中国と韓国の資本家は、そこから得た利潤でアメリカの国債やゴルフ場や高層ビルやウォール街のデリバティブを買った。一九七〇年代以降、グローバル資本主義は主にアジアの製造業の利潤をアメリカのレントに還流させるという魅力的な循環の上に築かれ、その循環がアメリカの輸入を支え、アジアの工場に十分な需要をもたらした。

なぜそれを「ダーク・ディール」と呼ぶのか？　アメリカと東アジアの支配階級のあいだに結ばれたこの取り決めの裏には、双方の地域の労働者にとっても悲惨きわまりない条件が含まれていたからだ。アメリカでは、投資不足とアジアおよびグローバル・サウスへの生産拠点の移転による国内産業の空洞化によって、労働者は搾取され困窮することになった。一方、中国では沿岸地域の工業化が急速に進み、労働者は過剰投資にともなう搾取に苦しめられた。それはまるで、過剰投資で贅肉《ぜいにく》のついたグローバル・ノースの一部が、グローバル・サウスの賃金と社会保障でなんとか生き延びている労働者のいる中国都市部へと移転したかのようだった。

苦しみは違っても、グローバルな循環のプロセスは同じだった。[*2]

それが東洋が西洋に出合ったグローバル化の様相だ。もちろんグローバル・サウスと呼ばれる途上国群、つまりアジア、アフリカ、ラテンアメリカの経済の弱い貿易赤字国は恒常的なドル不足に悩まされ、医薬品やエネルギーや原材料を輸入するためにウォール街からドルを借り入れ、借りたドルは輸出によって返済しなければならなかった。当然、たまにドルが底をつくこともある。すると西側は管財人を送り込む。それがIMFで、IMFは債務国の政府に足りないドルを貸し出す代わりに、水、土地、港、空港、電力網、通信網、さらには学校や病院さえも国際機関の支配下に置き、そこから上がる利潤はウォール街に還流させた。このようにしてアメリカの覇権――私の好きなたとえで言えば、ミノタウロスによる統治――はグローバルな資金の循環によって支えられた。それはつまり、新植民地主義的な側面を持っていた。

そこに二〇〇八年の金融危機が起きた。金融危機はふたつの大きな影響をもたらし、それらが合わさって今日の新冷戦の土台となった。まず金融危機はグローバルな黒字の循環における中国の立場を強化し、アメリカと中国の両方でクラウド資本の蓄積の勢いを加速させた。その結果、世界がどのように新たなふたつのブロックに、もっと正確にはふたつの巨大クラウド封土に分かれたかを理解するために、金融危機後に中国がこれまでにない進化を遂げた様子を少し詳しく見ていきたい。

本章の冒頭で述べたように、ウォール街の底が抜けたとき、中国が国内投資を総所得の半分を超えるほどまで増やしたおかげでグローバル資本主義は安定を取り戻した。西側諸国の緊縮財政によって引き起こされたグローバルな景気後退の溝の多くを、中国の投資が埋めてくれたのだ。[*3] 中国の国際的な存在感は高まり、中国のドル黒字は蓄積し、ウォール街に資金を還流させ、アフリカやアジアにも多額の投資を行ったばかりか、かの有名な「一帯一路」構想を通してヨーロッパにも投資した（この輝かしい新たな役割はもちろん代償をともなった。中国の労働者の取り分を減らさなければ投資額をこれほどまでに上げることはできず、一方で中国のＦＩＲＥ業界を支配するレント階級はとんでもない大金持ちになった。具体的には、投資の増加は中国の地方政府が不動産開発業者に提供した土地を担保にした融資によって支えられていた。だから二〇〇八年以降に投資が増加すると、中国じゅうの住宅価格と地価のインフレが進行した）。

　アメリカで連邦準備制度からの資金を背景にクラウド資本が台頭したのと同じように、中国でも政府による投資促進策を背景にクラウド資本が力をつけた。まもなく、シリコンバレーの巨大テック企業は強力なライバルの存在に気づいた。中国の巨大テック企業だ。西側は彼らの力を見誤っていた。百度《バイドウ》は中国の廉価版グーグルで、アリババはアマゾンのまがいものだと思っていた。だが、彼らははるかに上を行っていた。中国の五大クラウド総合企業——アリババ、テンセント、百度、平安《ピンアン》、京東商城《ジンドン》——の巨大さと本質を理解するには、次のような思考実験をしてみるといい。

　もし西側でグーグル、フェイスブック、ツイッター、インスタグラム、ＴｉｋＴｏｋが一体化したようなものをユーザーが使えたらと想像してみよう。それにスカイプ、ワッツアップ、バイバー、スナップチャットといった、かつての電話のような機能が搭載されていると考えてほしい。さらにアマゾン、スポティファイ、ネットフリックス、ディズニープラス、エアビーアンドビー、ウーバー、オービッツなどのEコマースのクラウド資本を交ぜてみよう。はたまたその上にペイパルとチャールズ・シュワブと、そのほかすべてのウォール街の金融機関の自社アプリが含まれているとしよう。だんだん近づいてきた。でも、もっとほかにもある……。

シリコンバレーの企業と違って、中国の巨大テック企業は政府機関と直接結びつき、クラウド資本の集積を政府機関が社会のあらゆるところで利用している。都市生活を規制し、銀行口座を持たない市民に金融サービスをすすめ、人々を国立の医療機関につなげ、顔認証を使って国民を監視し、自動運転車を走らせ、国外でも「一帯一路」構想に参加するアフリカ人やアジア人を中国の巨大クラウド封土に接続する。

ここで鍵になるのは、通信、エンタメ、Eコマース、海外投資、そのほか多くのサービスが、オンラインの金融サービスとシームレスに統合されていること、つまりそれらがクラウド・レントのポータルになっていることだ。この本を執筆中の現在[*4]、テンセント傘下のモバイルメッセージングアプリWeChat上では、一日三八〇億通のメッセージがやり取りされている。ユーザーはWeChatアプリ内で支払いもできる。WeChatなら音楽を聴きながら、ソーシャルメディアを見ながら、家族にメッセージを送りながら、国内のだれにでも送金ができ、国外でもアプリをダウンロードして中国の銀行に人民元口座を開いている人にならだれにでも送金できる。

中国のクラウド領主は、この金融サービスへの飛躍によって、ユーザーの社会生活と金融生活を全方位から把握できるようになった。クラウド資本が人工的な行動誘導のツールだとすれば、中国のクラウド領主はシリコンバレーのライバルが夢にも思わないほど大きなクラウド資本を積み上げていると言える。シリコンバレーの企業がクラウド・レントを蓄積するひとり当たりの力は、中国企業にはるかに及ばない。アメリカの巨大テック企業は中国に追いつくのに必死だ。[*5] それでも、アメリカのクラウド領主には真似《まね》できない力を中国のクラウド領主がすでに手に入れていることは明らかになりつつあり、アメリカの支配階級はその力について心配している。その力の源泉とはクラウド資本と金融との融合、つまりクラウド金融だ。

これが中国版テクノ封建制だ。その出現以来、米中の地政学的な覇権争いが、ふたつの対立する巨大クラウド封土に世界を分断するのは時間の問題にすぎなかったのだ。

▼テクノ封建制の地政学――中国クラウド金融の脅威

ドルの支配はいつ終わるのかと聞かれることは多い――ドルに代わって人民元が世界の基軸通貨となるようなことがあり得るのか、と。だが、この問いは重要な事実を見落としている。中国も含むほとんどの国はドルによる支配を歓迎してきたということだ。

中国やドイツのような大幅な貿易黒字国は、余剰生産物、つまり純輸出をアメリカの資産とレントに転換することができた。具体的には不動産、米国債、政府が所有を許したアメリカ企業などだ。ドルのグローバルな役割なしには、中国、日本、韓国、ドイツの資本家はあれほど莫大《ばくだい》な剰余価値を労働者から引き出して、安全な場所に積み上げることはできなかった。長年、北京で働き教鞭《きょうべん》を執ってきた経済学者のマイケル・ペティスは、こうした状況をズバリと言い当てている。

米ドルはアメリカの特定の層に法外な権益を生み出す可能性がある一方で、その権益はアメリカ経済全体にとって法外な負担となる。とりわけ貿易赤字のツケを失業率の悪化、家計債務の増加、財政赤字の拡大のいずれかの形で大多数のアメリカ国民は支払わなければならない。[*6]

したがって、ドルを守りたいのがアメリカだけだと考えるのは大間違いだ。ドル覇権を終わらせようとすれば、ドイツの実業家やサウジアラビアの首長やヨーロッパの銀行家からの抵抗に遭うことは間違いない。フランスやオランダの輸出業者にとっても、ユーロがドルの座を奪うなど、悪夢でしかない。ドルの終焉《しゅうえん》を心から願った国家があるとすれば、それはアメリカに政権交代を迫られた政府だけだろう。[*7] 一般の人々に関して言うと、ドルのグローバルな役割が終わって一番恩恵を受けるのは、アメリカの労働者階級と中産階級だ。

米中間のダーク・ディールがドル支配頼みだという事実はすなわち、アメリカ政府は中国の台頭に脅かされる理由がないということを意味していた。むしろ、アメリカの高官はそのことがアメリカの覇権にとって都合がいいとすら考えていたのである。中国の資本家が労働者から剰余価値を収奪するためにドルを必要とする限り、相手が中国共産党であろうと、油断はできないにしても、同盟国と見なしていたのだ。だがここで、クラウド資本の登場によってすべてが変わったのだ。

上海からロサンゼルスへ大量のアルミニウムが出荷されることと、中国企業が所有するソーシャルメディアのＴｉｋＴｏｋ上でアメリカ人がターゲット広告を見せられることを比べてみよう。前者の場合、中国で生産された金属の塊が物理的にアメリカに運ばれることで、中国はドルを手に入れる。一方で後者の場合は、物理的な移動の必要なくして、ＴｉｋＴｏｋはアメリカでドルを稼ぐことができる。なぜこの違いが生まれるのか、そしてこの違いがどのようにクラウド資本の地理的戦略の重要性の核心となっているのかを見てみよう。

中国の資本家が一トンのアルミニウムを追加で製造してアメリカに輸出するためには、製造と輸出に必要なエネルギーとボーキサイトのコストに利潤を上乗せした価格をドルで支払ってくれるアメリカの顧客が必要だ。だが、アメリカ製品の中国への輸出は少ないので、アメリカ人の顧客が買ってくれるということは対中国の貿易赤字が生まれるということだ。しかも、ドルの支配がなければアメリカはこの貿易赤字を維持できない。要するに、その一トンのアルミニウムを中国からアメリカ西海岸の港に運ぶにはふたつの条件が必要になる。ドルのとんでもない特権と対中貿易収支の赤字だ。

一方、ＴｉｋＴｏｋはアメリカ市場向けのプロダクトを新たに製造するためにアメリカの顧客からドルを支払ってもらう必要はない。サーバー、アルゴリズム、光ファイバーはすでにそこにあり、中国国内の資金によって維持管理され、アメリカの顧客に向けて人気動画を投稿しても追加コスト（限界費用）は一切発生しない。これが決定的な違いだ。だからＴｉｋＴｏｋはアメリカの貿易赤字にもドルの覇権にも頼らずに、アメリカ市場から中国へとクラウド・レントを吸い上げることができる。クラウド資本を創出するのにドルを必要としないＴｉｋＴｏｋは、ドル建てのクラウド・レントを光速で直接かつシームレスに徴収できる。このようにアメリカの支配階級と国家にとってはダーク・ディールの価値を低下させる方向へと権力がシフトしているのだ。

中国のクラウド資本の成長が地上の物理的資本と比べて拡大していくにつれ、富と権力を持つ中国人は、中国製品の輸入を規制するアメリカの支配力をものともしなくなっている。つまり、アメリカ企業と政府にとってダーク・ディールの恩恵が薄れていく中、アメリカがその恩恵を復活させようと試みるのは時間の問題だった。そしてトランプ政権はファーウェイやＺＴＥといったテクノロジー企業をほぼ完全に排除し、アメリカでＴｉｋＴｏｋの新規ダウンロードを禁止し、あと戻りできない道を進みはじめた。[*8] 禁止の名目は「国家安全保障」上の懸念とされたが、これは偽装にすぎない。ひと皮むけば、本当の動機が浮かび上がる。それは、中国のクラウド金融の台頭がウォール街とシリコンバレーの脅威になっていることであり、それによってダーク・ディールの相対的な優位性がアメリカから中国の支配階級に移ることへの深刻かつ合理的な懸念だった。米ソ時代の元祖冷戦に比べて、新冷戦はその背景に政治がほとんど存在しない。そこにあるのはテクノ封建階級のあからさまな利害関係だけだ。

それでも、ドルが世界にとって不可欠な借用書であり、そのおかげで裕福な非アメリカ人がアメリカの資産とレントを手に入れられている限り、ダーク・ディールは喫緊の脅威には直面しなかった。結局、中国のクラウド領主とて、アメリカ、ヨーロッパ、そして世界中からクラウド・レントとして徴収したドルの使い道が必要だからだ。彼らがアメリカ市場を必要としていることから、トランプ政権はクラウド資本の力とシェアを制限することについて、中国はそれほど抵抗なく受け入れるだろうと確信していた。

トランプが中国にしようとしていることは、レーガンが一九八五年に日本にしたことと、ある意味で同じだ。いわゆるプラザ合意のもとで日本は円の大幅な切り上げを強いられ、日本の輸出企業はアメリカ向けの販売による利益を制限され、より広義には対米貿易黒字を減らすことになった。日本政府はそれに黙っておとなしくしたがい、それから日本の資本主義は永遠に後退して、本当の意味で二度と回復できなかった。[*9] 中国は日本とは違う反応を示すのだろうか?

▼テクノ封建制の地政学――ウクライナ問題とふたつの巨大クラウド封土

その後トランプも気づいたように、中国は日本とまったく違っていた。沖縄のような巨大な米軍基地のある日本と違って、中国はアメリカ軍の防衛の傘の外にあり、中国政府は一九八五年の日本のようにアメリカ政府にお伺いを立てる必要をまったく感じていなかった。重要なのは、中国は自国の巨大テック企業によって、特にその大きなクラウド金融の力で存在感を高めることができているということだ。トランプの攻撃的な動きに対しても、中国はダーク・ディールの中で自国の立場を貫き、自分たちの利潤をアメリカの資産に転換し続けた。北京政府は人民元の切り上げ圧力に屈することなく（日本は円の切り上げに応じて滅びたが）、ファーウェイやZTEといった巨大テックは大きな痛手から立ち直り、独自のオペレーティングシステムとプラットフォーム・ソフトウェアの開発に乗り出した。費用が莫大であっても、クラウド資本と、そしてもちろんクラウド金融をアメリカに渡さないことに自国の未来がかかっていると中国の支配者は理解していた。そんなわけで、バイデンがホワイトハウス入りした年には、中国の資本家とアメリカのレント階級のダーク・ディールはうまくいかなくなっていた。

そうした中でウラジーミル・プーチンがウクライナに侵攻し、アメリカはそれに対抗して、すべての均衡をひっくり返す策に出た。プーチンによる攻撃への報復として、連邦準備制度はロシアの中央銀行名義の莫大なドル資産を凍結し、アメリカの完全管理下に置いたのだ。大国の中央銀行の資金が他国の中央銀行によって事実上没収されたのは、歴史上はじめてのことだった。[*10] ロシアとイギリスの兵士が殺し合いをしていた一八五〇年代のクリミア戦争中でさえ、イングランド銀行はロシア帝国の中央銀行への仁義を守り続け、一方、ロシアの債務者はイギリスの銀行家に借入金を返済し続けていた。

中国の資本家や財政部長［日本の財務大臣に相当］の身にもなってみてほしい。彼らは数兆ドルという資産を、米国債（アメリカ政府への貸付）、カリフォルニアの不動産、ニューヨークの資本主義市場での株式やデリバティブの形で保有している。アメリカ政府がそうした資産をいつでも没収できるとわかってはいても、政府があえてそこまでするとはだれも思っていなかった。そんな行動に出れば、アメリカが支配するドル決済システムの中で資産を蓄積しようと思う人はいなくなってしまうからだ。だが、そんな考えられないことが起きた。プーチンの軍がウクライナに侵攻した四日後、アメリカ政府はロシアの中央銀行が持っていた三〇〇〇億ドル強を没収し、ロシア中央銀行経由のすべての取引を国際決済システムから排除した。[*11] 数兆ドルもの自分の資産がアメリカの手に渡って、平気でいられるだろうか？　もちろん平気ではないが、だからといって当事者になにができるだろう？

　ロシアやドイツの立場から見ると、アメリカ政府に資産を没収され、国際決済システムから排除されたら、自分たちにできることはほとんどない。輸出品を自国通貨で売ったらいいのでは？　ロシアの石油やガスに対してルーブルでの支払いを求めたプーチンを真似てみたら？　いい思いつきのようだが、解決策にはならない。自分たちのコンピュータや自動車をロシアに輸出して、ルーブルを稼ぎたい物好きがいるだろうか？　なんらかのロシアの資産（たとえば、別荘《ダーチャ》、工場、地元の銀行など）に目をつけている奇特な外国人資本家以外は皆無だろう。スペインやフランスやイタリアに製品を輸出して莫大なユーロを稼いでいるドイツの輸出企業でさえ、所有したいユーロ建ての資産を見つけるのに苦労しているのが現状だ。

　あなたが中国ならどうする？　多くの外国人資本家が人民元で資産を欲しがるほど中国の経済規模が大きかったとしても、問題は残る。ドルから切り離されると、中国の資本家はアメリカの貿易赤字の恩恵を得られず、中国のアルミニウム、セメント、電気自動車、オシャレな衣服をアメリカ市場に掃除機よろしく吸い込ませることができなくなる。だが、前述の通り、これは中国の伝統的な資本家にとっては問題でも、（ＴｉｋＴｏｋのような）中国のクラウド領主は痛くも痒《かゆ》くもない。彼らはすでにクラウド金融システムを構築しており、旧来のものに代わるグローバルな決済システムを手にしているからだ。中国の資本家にとっての深刻な問題——ドル支配の終焉の可能性——は、クラウド領主にとってはなんら脅威にならない。

中国においてダーク・ディールを蝕《むしば》んでいるのはクラウド領主だけではない。二〇二〇年八月一四日、中国人民銀行の内部で革命が起きた。六年にもわたる詳細な調査を経て、中国人民銀行はデジタル人民元の発行に着手した。それは実験的な形ではあれど、真剣な意図を持った試みだった。世界ではじめて、国家が完全なデジタル・マネーを発行したのだ。「それがどうした？」と父さんは言うだろうね。「デジタル・マネーなんて、だれだっていつも使ってるじゃないか」って。もちろんそうだけれど、これは今までとはまったく違うなにかだった。

スマホのアプリやマイクロチップ内蔵のデビットカードを使ってコーヒー代や電車の切符代を支払う場合、従来のデジタル決済は民間銀行のインフラを経由する。中国が生み出したのは、民間銀行という仲介者を排除して中央銀行が直接発行するデジタル・マネーだ。このことのグローバルな重要性を理解するために、こんな例を考えてみよう。ハンブルクの工場経営者ユルゲンさんは船のスクリューを製造しているが、その原材料を広州の秀《シウ》さんの工場から調達し、できた製品を上海の艾《アイ》さんの造船所に売っている。

原材料の代金を秀さんに支払うため、ユルゲンさんはドイツの銀行のウェブサイトを訪れ、必要事項を入力する。指定された額のユーロがユルゲンさんの口座から中央銀行であるドイツ連邦銀行に送金され、その後フランクフルトの欧州中央銀行を経由する。欧州中央銀行はユルゲンさんのユーロをドルに換え、その後アメリカが支配する決済システムを経由して中国人民銀行に送る。お金が中国人民銀行に届くと担当者がドルを人民元に換え、秀さんの銀行に送る。そしてやっと秀さんの口座に入金される。

艾さんがユルゲンさんにスクリューの代金を払うときには、これと逆方向の長々しいプロセスが実行される。デジタル時代にこんな面倒なプロセスがいまだに生き延びている理由はあるのだろうか？　もちろん、ある。この長々しく面倒な送金プロセスこそ、民間銀行や仲介業者が手数料を得る源泉となるからだ。少額の手数料でも積もり積もれば莫大な額になる。

では従来のシステムと、中国人民銀行の提供する新しいデジタル・ウォレットをこの三人が手に入れた場合を比較してみよう。ユルゲンさんがスマホでアプリを開き、デジタル人民元を秀さんに送ると、秀さんは即座にそれを受け取ることができ、手数料もかからない。それで完結！　デジタル人民元はすべての仲介者を排除できる。ユルゲンさんの口座があるドイツの銀行、ドイツ連邦銀行、欧州中央銀行、そしてアメリカの完全な支配下にある国際決済システムも抜きにできる。アメリカ政府と民間銀行にとってこれほどの悪夢はない。[*12]

二〇二二年以前の中国のクラウド金融とデジタル人民元は、交通量の少ない真新しい道路のようなものだった。多少のでこぼこはあってもドル建ての高速道路が使えるならば、中国人民銀行の監視のもとで舗装された道路に世界中の超富裕層が資金を流す理由はなかった。だが、キーウとハルキウとマリウポリの上空で最初の爆発が起きた直後に、その理由が生まれてしまった。アメリカがロシアの中央銀行の莫大なドル資産を没収したからだ。

ドルの高速道路から排除されたロシアは、まだあまり使われていなかったピカピカの中国の代替ルートを使いはじめた。この新しいルートを選んだのは、ロシアの資金だけではなかった。非ロシア人の金持ちの多くもまた、ドルの高速道路に資金を流し込み続けることを嫌がったのだ。いつ自分たちの資金を没収してくるかわからないアメリカ政府のドル交通パトロール部隊の善意に頼りきることが果たしていいのか、彼らは疑問を持ちはじめた。運送会社が一部のトラックを古い高速道路から新しい高速道路へと振り替えていくように、彼らも資金を少しずつ移行させていった。そうやって中国のクラウド金融はドル建ての国際決済システムに代わる有効なシステムとして、少しずつ確立されはじめた。

バイデン政権とその周辺の賢明な人たちは、嫌な予兆を感じていた。一九七一年以来はじめて、ダーク・ディールが揺らいでいるように見えたのだ。世界の富裕層も、アメリカの政策立案者も、ドルの優位性を当然視することができなくなった。アメリカ政府は、中国のクラウド金融とデジタル国家通貨が臨界点に達する前に、中国の巨大テック企業の翼を素早くへし折らねば、アメリカのレント資本家の大きな力が危機に陥ると心配した。

そんな中、二〇二二年一〇月七日、中国の先端兵器開発への懸念という国家安全保障上の言い訳を盾に、バイデン大統領は先端マイクロチップ製造に資するすべての関連品目の中国への輸出を禁止すると宣言した。マイクロチップは先進国の経済の土台のひとつだ。中国へのマイクロチップ販売禁止の対象を、アメリカ企業との取引を望む外国企業にまでバイデンが広げたということは、中国との全面的な経済戦争を意味していた。

アメリカの意図は、これ以上ないほど明白だった。アメリカは中国のクラウド金融を狙い撃ちし、彼らがシリコンバレーとウォール街を合わせた勢力に耐え得るほどの、いや、むしろ打ち負かすほどの強力な猛獣になる前に徹底的に叩《たた》いておこうとしたのだ。これはうまくいくのだろうか？　バイデンによるマイクロチップ輸出禁止令は短期的には中国の技術進化を遅らせ、中国のクラウド資本の蓄積を遅らせることにはなるだろう。だが、これにはふたつの予期せぬ結果がともない、いずれも長期的には中国のクラウド資本を強化する方向につながるはずだ。

輸出禁止令による第一の予期せぬ結果とは、中国のクラウド金融を全力で守る方向へと中国高官を向かわせるということだ。以前は中国首脳部はあまり乗り気でなかった。なぜ乗り気でなかったのかというと、中国政府は輸出主導の経済成長に投資しており、ダーク・ディールの一部として、アメリカの貿易赤字から得られる中国人資本家の利益に依存していたからだ。その利益を脅かすものはなんでも、たとえそれが中国国内のクラウド・レントであっても非難の目を向けていた。だが、それもバイデンが中国政府に対して、ダーク・ディールを反故《ほご》にするのか、技術後進国にとどまるのか、という二者択一をズバリと迫るまでのことだった。中国政府にとっては言うまでもないことだった。必要とあらばダーク・ディールを反故にして、ダーク・ディールに頼る中国の資本家との縁を切り、アメリカの助けなしでもクラウド・レントを稼いでくれるクラウド領主に鞍替《くら》えするつもりだ。

輸出禁止令のもうひとつの予期せぬ結果とは、西欧を含む世界中の資本家とレント階級が中国のクラウド金融に群がるようになったことだ。ユルゲンさんの例に戻ると、ハンブルクにある彼の事業は、中国市場と深く結びついている。ユルゲンさん本人はドイツ連邦共和国の忠実な市民で、アメリカとの同盟に誇りを持ち、自由市場を心から信じ、中国共産党や中国人民銀行になんら共感していないかもしれない。それでも、アメリカ政府の対中制裁措置と全体的な強硬姿勢を新聞で読むたびに、今後の自分のスクリュー輸出事業に欠かせない送入金プロセスへの将来的な障害を回避するため、デジタル人民元の口座を開設したくなるだろう。

戦争が歴史的変革を加速させるばかりか捻《ね》じ曲げてしまったのは、今回がはじめてではない。第二次世界大戦は、英ポンドに代わって米ドルが国際決済における支配的役割を果たすきっかけになった（たとえばアラブの原油は真っ先にポンド建てからドル建てに代わった）。ウクライナでの戦争がアメリカの行動を促し、それによって大量の資金がドル建ての決済システムから、中国のクラウド資本が運営する人民元ベースのシステムに移行した。こうしているあいだにも中国のクラウド・レントは蓄積され、中国の資本主義の利潤をさらに圧迫し、中国のテクノ封建制への移行を加速させ、世界のふたつの超大国間でのダーク・ディールを弱体化させている。

こうしたことが戦争と平和、国家間の緊張と協力に与える影響は計り知れない。全体像をつかむために、私たちが置かれている現況から目を外に移して俯瞰《ふかん》してみよう。資本主義が誕生してしばらくは、その若さと活気にもかかわらず、自国の工業が生産するすべての商品を消費できるほどの大きな市場を国内につくり出すことが、資本主義には不可能であったことを思い出してほしい。[*13] その結果が海外への積極的な進出だ。これは遠く離れた土地を略奪したいという衝動よりも、国内で生産される商品のために遠く離れた市場を開拓し、確保したいという衝動に突き動かされた、新しいタイプの帝国主義であった。アフリカ、アジア、アメリカの各大陸でも、複数の資本主義国家が競い合い、こうした新植民地主義的な対立が一九世紀後半のヨーロッパにおける凄惨な殺戮《さつりく》を引き起こし、最終的には二〇世紀前半のふたつの世界大戦につながった。要するに資本主義の台頭が、工業的につくられた兵器を使った地球規模での殺し合いを引き起こすきっかけになったのだ。

では、テクノ封建制の初期段階である現在、私たちはなにを予期すべきなのだろう？　ヒントはすでにある。ウクライナ戦争と大インフレが貧困や気候変動を加速させ、恐怖をまき散らす中で、世界は敵対する二大クラウド封土に分断されている。片方はアメリカ、もう片方は中国だ。この二極化からよいことや価値のあることは、ほとんど生まれないだろう。

▼ヨーロッパ、グローバル・サウス、そして地球を覆うテクノ封建制の亡霊

一九七一年にニクソン大統領がヨーロッパ諸国にこう告げたのを覚えているだろうか。「我々のドルは今やあなたがたの問題だ」と。ニクソンが正しかったことは歴史を見れば明らかだ。一九七一年以降、アメリカの資本主義は次々と危機を引き起こしてきた。

一九七三年と一九七九年の石油危機、一九八一年に連邦準備制度理事会議長のポール・ボルカーがアメリカの金利を二〇パーセント超に引き上げたあとに起きた世界債務危機、アメリカの金融バブル崩壊後に起きた一九九一年の危機、二〇〇一年のドットコム・バブル崩壊、そしてなにより二〇〇八年の金融危機。[*14] ヨーロッパとアジアの資本家の利益の七割以上をアメリカ

に還流させていたミノタウロスという野獣の本質が、ここに見て取れる。こうした危機が起きるたびにヨーロッパは弱くなり、分断は深まり、すべては後手に回っていった。

努力が足りなかったわけではない。大西洋の向こうから衝撃波が及ぶたびに、ヨーロッパのリーダーは次の衝撃からヨーロッパを守ろうと、できる限りの手を打った。ヨーロッパの制度とリソースを拡張し統合して、最終的には共通の単一通貨を確立した。[*15] こうしたさまざまなプロジェクトは、アメリカのレント経済に対して脆弱《ぜいじゃく》なヨーロッパを守るための試みだったが、結局失敗してしまったのはなぜだろう？　答えは特に複雑ではない。ＥＵがアメリカとのダーク・ディールに頼りすぎていたからだ。ヨーロッパで最も賢く強いドイツ、オランダ、フランスの輸出企業が、準備通貨の座をドルからユーロに明け渡させることにまったく興味を示さなかったのも、同じ理由だ。だから、欧州の通貨同盟が設立当初から不完全なまま残されているのもそのためだ。[*16] ヨーロッパは衝撃波から自分たちを守りたいと願っていても、アメリカとの取り決めを破棄するつもりはさらさらない。アメリカとの取り決めがあるおかげで、ヨーロッパの資本家はアメリカの貿易赤字によって創出されている需要から利潤を得て、その利潤をアメリカの資産に変えることができているからだ。

ダーク・ディールに依存しているヨーロッパにとって、ダーク・ディールの終焉よりも悪いことはあるだろうか？　そう、もっと悪いことがある。それは世界中の資金と力が資本主義圏からクラウド領主の領土に少しずつシフトしていくことだ。もし私の仮説が正しければ、クラウド資本は地上の物理的資本を凌駕《りょうが》し、グローバルな価値連鎖《バリュー・チェーン》からクラウド・レントをますます吸い上げ、ヨーロッパを苦しめることになる。なぜなら、ヨーロッパは中国ではないからだ。シリコンバレーと肩を並べられるような超巨大テック企業はヨーロッパには一社もなく、金融システムはウォール街に依存している。ヨーロッパにクラウド資本がないということは、すなわち、新冷戦とウクライナ戦争がもたらしたエネルギー価格の高騰[*17]によって、ヨーロッパは地政学的にすでに重要な存在ではなくなったということだ[*18]。

少なくともヨーロッパはまだ裕福で、理論上は弱い市民の面倒を見ることができる。だが、スリランカやレバノンやパキスタンやインドやアジアの大半も、アフリカやラテンアメリカも、そうではない。大インフレで食料と燃料の価格が上がり、グローバル・サウスは一九七〇年代と八〇年代の債務危機のときのような悲惨な状況に陥っている。グローバル・サウスの国々は何十年にもわたって、輸出用製品を製造するためにドルを借り入れて原材料を購入するよう促されてきた（そのうえ、寡占企業の国内利益を円滑にアメリカの資産に換えることまでも）。それが今やドル建て債務の金利負担が大幅に増加したため、政府は財政破綻しつつある[*19]。

グローバル・サウスは過酷な選択を迫られている。ドル建て債務の不履行を選択すれば、今後は燃料や食料や原材料を購入できず、国民を食べさせることも、工場を運営することも、畑を耕すこともできなくなる。一方で、たとえばＩＭＦからドルを借り入れて既存のドル建ての債務を返済するふりをすれば、ふたつの地獄のような条件が課せられる。まず、生活に欠かせない水や電力といったエッセンシャルな事業の権利を、「投資家」の皮をかぶった寡占企業に渡さなければならなくなる。次に、国内の燃料と食料の価格をつり上げることを迫られる。そして人々は飢えに苦しみ、生きていけなくなる。いずれにせよ、いわゆる発展途上国は過小発展の力学に屈服することを強いられるのだ。

グローバル・サウスの諸国が決断を迫られている過酷な選択は、これだけではない。世界がドルベースと人民元ベースのふたつの巨大クラウド封土に分断されると、どちらの封建領主にしたがうかを選ばなくてはならなくなる。寡占企業が中国から借入を行ったり、上海で穀物を売った利益を集めたりしたそのカネで、カリフォルニアの不動産やウォール街のデリバティブを買っていた日々はもう終わった。彼らの新たな債務危機によって、グローバル・サウスの支配階級は米中のどちらの側につくかを決めなくてはならなくなった。レアアースやほかの原材料を売って得られる将来の利益をどちらのクラウド封土に流すのか？　これからもウォール街に頼るのか？　それとも、中国のクラウド金融に自分たちの利潤とレントを流すのか？　どちらにしてもグローバル・サウスの国々は分断され、新冷戦はさらに深刻化することになる。

これは、今までの新植民地的な状況とはまったく違う。確かに中国とアメリカの資本は長年にわたり角突き合わせてきた。だが、今はもはや商品価格やベンダー・ファイナンスの条件の競争ではなくなっている。[*20] 手つかずのテクノ封建領域でクラウド・レントを収奪する二大体制のどちらが覇権を握るのかという、壮大な戦いなのだ。奇跡でも起きなければ、この新種の帝国主義がさらなる戦争とさらなる国家破綻を招かないはずがない。

奇跡といえば、資本主義にはそもそも共有資源《コモンズ》を枯渇させる傾向があるため、私たち人類が気候変動による破滅を免れるには壮大な奇跡が必要になる。テクノ封建制が進めば、そんな奇跡もさらに起こりにくくなる。クラウド資本の時代には、気候変動対策を進めるうえでふたつの障害が生まれる。ひとつは政治レベルの問題で、こちらは明らかだ。アメリカ、EU、中国（もちろんブラジル、ロシア、インド、南アフリカ）のあいだで大きな取り決めが結ばれることが、人類が生き残れる水準に温暖化を抑えるための前提条件になる。新冷戦の陰で私たちが望める最善のことといえば、それはふたつの巨大クラウド封土がそれぞれで進めるグリーン・トランジションだ。しかし、グローバルな環境対策がふたつの勢力に分かれることで、化石燃料コングロマリットがふたつの封土を互いに競い合わせ、これからも掘削を続けられるようにするのではないかと私は危惧している。

テクノ封建制が環境対策にもたらす障害の中でもそれほど目立たないものが、いわゆる電力「市場」だ。「いわゆる」と前置きしたのは、それが市場ではなく、これからも市場にはなり得ないからだ。考えてみてほしい。あなたの自宅や会社にはたった一社の送電線が通じているだけだ。これが「自然独占」の典型だ。もし政府がそのような独占権を私企業に売り渡そうとすれば、その一社が地域すべての電力供給を独占することになり、人々は怒るはずだ。マーガレット・サッチャーのあとに続いて、民営化に熱心な政府は単一の送電網と各家庭の壁に通じる一本の電線のまわりに電力市場を魔法のようにつくると約束した。その約束とは、少数のエネルギー事業者が日々、入札で競い合い、できるだけ安価に電力を供給するというものだった。少数の会社が共謀して消費者や力の弱い資本家を欺けるこうした偽の入札市場は、レント階級にとって理想の環境だ（彼らがコロナ禍とロシアのウクライナ侵攻後のエネルギー危機で莫大な利益を手に入れたことがいい例だ）。それだけではない。レント階級は今や民営化された発電所を所有し、未来の損失をヘッジするために未来の収入を担保にカネを借り入れ、グローバルなカジノで賭けをしている。[*21] 簡単に言うと、私たちのエネルギー体制は寡占企業に乗っ取られ、その寡占企業はエネルギーを金融化の網に絡ませて利潤を生み出している。そしてこの金融網がクラウド金融に融合していくにつれ、気候災害を回避するためのエネルギー政策を選択する民衆《デモス》（コミュニティ、社会、人類という種）に残された力まで奪われていく。

だからこそ、特に若い人たちに私はこの懸念を伝えたい。クラウド領主階級の力が強まれば強まるほど、テクノ封建制がますます進み、私たち民衆は気候災害に対して手を打てなくなる。「未来のためのストライキ」の前線にいる若者たちには、地球温暖化を食い止めるためには、同時にテクノ封建制に抵抗しなければならないことをわかってほしい。

▼父さんの質問に戻ると——勝者と敗者はだれだろう？

父さんは若い頃、労働組合が地球規模で資本主義を倒すと期待していたよね。そして年齢を重ねて、まったく反対のことが起こったのを見た。資本主義の野放図なグローバル化だ。

一九九一年以降、ふたつのものがグローバル化された。ひとつはボタンひと押しで大陸を飛び越える金融資本だ。もうひとつは生産ラインで、これによりiPhoneをサンフランシスコでインド人エンジニアが開発し、中国の鄭州《ていしゅう》で台湾企業が製造し、フィラデルフィアで販売することが可能になった。中国、インド、旧共産主義国出身の約二五億人の労働者がこの国際的な価値連鎖に加わり、その多くが貧困から抜け出した。だが、新聞の見出しになるような所得の増加には悲惨な代償もともなった。[22]中国からの移民労働者は劣悪な環境で一六時間労働のシフトをこなしてiPhoneを製造し、年収を四倍に上げた。だが、バイエル－モンサントの遺伝子組み換え種子に頼った穀物生産によって暮らしの基盤が破壊された[23]インドの農民と同じく、自殺願望を持つ人が増えた。グローバル化の恩恵を最も受けたアメリカでさえ、数えきれないほど多くの人が絶望の死を遂げた。[24]こうした矛盾はダーク・ディールがもたらした帰結だ。ダーク・ディールによってアメリカの貿易赤字が中国を資本主義大国に変貌させ、世界中の資本家とレント階級をさらに富ませ、過小投資による惨状はグローバル・ノースに移動する一方で、過剰投資による富はグローバル・サウスに移動した。

ソ連崩壊から二年後、資本主義は永遠には続かないという父さんの頑なな希望を裏切ってグローバル化が加速していた頃に父さんが発した問いが、のちにこの本を書くきっかけになった。あれからおよそ三〇年が経《た》って、父さんの願いは叶《かな》えられたと僕は思っている。インターネットによって資本主義の終焉がはっきりした。でもそれは父さんが期待した形ではなかった。もし僕が正しいとしたら、今、問わなければならないのは次のことだ。グローバル資本主義が世界的なテクノ封建制に移り変わったことで、だれが勝ち、だれが負けたのか？

資本主義の時代を通じてレント階級は資本家の利潤の増加分から上前をはねてきたが、ろくなことにならなかった。利潤からレントへの転換は、資本主義の力を削《そ》ぎ、バブルをつくっては弾けさせ、弱者と国家に借金を背負わせた。テクノ封建制の台頭で、この危機を生み出すプロセスが新しい次元に入った。経済史学者のアダム・トゥーズが提唱した、ギリシャ語のふたつの単語からつくられた新しい用語を借りると、「ポリクライシス〔複合危機〕」の状態だ。

数十億人ものクラウド農奴たちが今この瞬間にも多くの時間と労力を注ぎ込み、だれかのクラウド資本を積み上げていることを考えてみてほしい。彼らの無報酬の労働が、非常に少数のクラウド領主の収奪する力とクラウド・レントを生み出すが、そのレントは幅広い層の収入に還流されることはなく、クラウド農奴自身の稼ぎにもならない。つまりグローバルな価値基盤は縮小していっていることになる。そのうえ、クラウド資本は賃労働者の賃金を減少させ、彼らをクラウド・プロレタリアートに変えてしまう。結果として収入は激減し、大衆がモノを買えなくなる。こうして有効需要、総需要が下がれば、経済危機はより大規模で深刻なものとなる。これを生態系にたとえるなら、資本家も労働者も棲息域が狭くなり、絶滅危惧種はさらに深刻な危機に晒《さら》され、同時に異常気象に襲われる頻度も増えていくという状況だ。

それがまさにウクライナ戦争前の状態だった。アメリカ政府が中国の巨大テック企業とクラウド金融に戦争を仕掛けることを決めた。ダーク・ディールを反故にして、世界をドルベースのクラウド領土と人民元ベースのクラウド封土に分断するようなやり方で。それによって、アメリカと中国の労働者が苦しむばかりか、アメリカのレント階級と中国の資本家も多くを失うことになる。中国の貿易黒字分がアメリカに戻らないのであれば、アメリカのレント階級は大変なことになる。アメリカが大変なことになれば、その反動でアメリカの純輸入に頼っている中国の資本家は打撃を受ける。アメリカの純輸入はドル建てのレントによって支えられているからだ。アメリカのクラウド領主にとっては、なにがどうなるのかわからない。伝統的な資本家や自分たち以外のアメリカ社会に対しての相対的な力は強まるが、ダーク・ディールの終焉でクラウド領主の収益にどんな影響が出るのかはまったくの未知数だ。

アップルやテスラといった、地上の物理的資本とクラウド資本の両方にまたがる企業が打撃を受けるのは間違いない。グーグルと違って、アップルはこれまで中国の物理的資本に莫大な投資を行い、iPhoneやiPadを製造してきた。その投資を簡単にアメリカに引き上げることはできない。アップルが中国で生産を行っているのは安価な熟練労働者がいるからではなく、二〇〇七年以降、人的資本、物理的資本、クラウド資本を融合させた生産過程の生態系を中国で築いてきたからだ。それはアメリカ国内ではできない。アマゾンやグーグルのようなクラウド資本集約型の企業にとっては、グローバルな価値基盤が縮小し、中国の利潤とレントからドルベースのクラウド封土への流れが遮断されるので、売上に影響が出るだろう。

確かなことはひとつある。テクノロジーの進歩でクラウド資本はさらに強くなる。大規模で多目的型の最先端3Dプリンター、AI主導の工業ロボット、そしてクラウド資本が一体になれば、従来の資本主義的コングロマリットの強みである「規模の経済」を凌駕できるようになるだろう。一方でアメリカ政府が中国に経済戦争を仕掛けたことで、物理的資本の脱グローバル化が加速するはずだ。さらにレアアース、リチウム、そしてもちろん私たちの個人データといった世界中の原材料の取り合いによって、ふたつの巨大クラウド封土の対立も激化する。

二〇〇五年から二〇二〇年までのグローバル化の絶頂期には、世界の主要な貿易ブロック内でも断層線が生じるようになった。そのひとつが、EU南部の貿易赤字国と北部の黒字国を分ける断層線だ。アメリカの沿岸経済と中部のラスト・ベルトを分断する断層線もある。中国でも、好景気に沸く沿岸部は経済的なベルリンの壁のようなもので内陸部と隔絶されている。グローバル化の勢いが弱まった今、こうした断層線もまた薄れていくのだろうか？　いや、むしろ正反対のことが起きている。以前の断層線はそのままに、新たな断層線がヨーロッパの東と西のあいだや、クラウド領主の力とつながったアメリカ人とそれ以外のすべての人々のあいだを隔てるようになった。そしてテクノ封建制が広い範囲を二分した結果、世界はふたつの超大国の大陸に分断されつつある。それはジョージ・オーウェルの『一九八四年』で描かれた、超大国が永久に衝突を続ける世界とそう違わない[*25]。

このプロセスで平和が犠牲になるのは明らかだが、それだけにとどまらない。太平洋の両岸のひと握りのクラウド領主たちが持つ権力の規模と性質を考えたとき、この世の民主主義といえるようなものはすべて夢のまた夢になっているように思える。実際、西側諸国から見ると、皮肉な状況になっている。クラウド資本を監視し、民主主義を生かし続ける希望になり得る政治体制は中国共産党なのだ。ジャック・マーなどの中国のクラウド領主を厳しく制限し、共産党が受け入れられる範囲内にクラウド金融をとどめておく方針を明らかに打ち出したのは習近平だった[*26]。

だが、習近平にとっての頭痛のタネは、党の権威は経済成長に依存しているが、その経済成長は、ダーク・ディールを通じて資本家を潤すことで長年維持されてきたということだ。習近平はまわりくどい方法ではあるが、中国の労働者の名のもとに、クラウド領主に対してだけでなく資本家に対してでも階級闘争を仕掛けたとも言える。二〇二一年八月、習近平は「過剰な所得」を抑制し、国民所得の五割にのぼっていた投資額を三割に抑えるという新政策を発表した。だが、対米純輸出から中国の資本家が得る利益が激減するときに、国内で賃金が上がらなければ、そんな政策は不可能だ。これは本気の政策なのか、あるいは単なるプロパガンダで、よくある人気取りのひとつなのだろうか？　中国の政治支配層にはクラウド領主と伝統的な資本家に対抗し続ける能力と意思があるのだろうか？　答えはまだわからない。たとえ習近平が本気でこの政策を唱え、労働者階級の収入を上げることに成功したとしても、民衆の収入増が中国の民衆《デモス》の力を再び活性化させることになるかどうかはわからない。いずれにしろ、世界中の民衆にとってのかすかな希望の光が全体主義の社会の中にしかないというのは、限りなく興味深い現象だ。

かつて自由主義者《リベラル》は、父さんや僕のような人間、つまり社会主義への転換を心から欲していた左翼を恐れていた。左翼が敗北すると自由主義者は安心したが、国家の権力に対しては非難し続けた。彼らの目には、たとえブルジョア自由主義の国であっても、強力な国家というものが隷属への道に見えたのだ。だがその後、隷属への高速道路が世界的に敷かれたのは西側の国家が強すぎたからではなく、むしろ弱すぎたからだったというのは衝撃的なことだ。国家が弱すぎたために、自分たちの生み出したクラウド資本に乗っ取られ、資本主義を崩壊させ、テクノ封建制を招くことになったのだから。

第七章

テクノ封建制からの脱却

そのアーティストが登場するまでに、もう何時間も待たされている気分だった。舞台上ではギラギラと光る、大型のロボットのような金属製の外骨格が高い天井からつり下げられていた。シドニーからほんの少し外れたその場所は、かつて発電所だった建物を改装したアートスペースだ。その薄暗いタービン室の聴衆に交じって、漂うサウンド・トラックに身を任せながら、私は華麗に光るそのマシーンに見入っていた。その日は二〇〇〇年八月一九日。マーク・ザッカーバーグがフェイスブックを立ち上げる四年前、ツイッターで最初のつぶやきが流れる六年前、そしてグーグルで最初の検索が行われてからまだ一年しか経《た》っていなかった。インターネットはまだ「汚れなき時代」にあり、主権者である参加者のための、参加者によるオープンなデジタルフォーラムという夢が生きていた。

やっとアーティストのステラークが登場した。*1 金属製の骨格の中に入ったステラークは、脚は自分で自由に動かすことができたが、その腕を遠隔操作するのはインターネット経由で参加して視聴している名もなき群衆だ。ステラークは「モバター」と名づけたこのマシーンの中に乗り込むと、システムを起動した。するとモバターは会場の外の群衆が待つインターネットにつながった。人々を優雅な動きで魅了するダンサーとは違って、モバターはぎこちない動きで人々の目を惹《ひ》きつけた。上半身は、脚の動きに反するようにギクシャクと動く。そのあまりに無器用な動きが奇妙すぎて目が離せない。でも、なぜ目を離せないのか？　人間とテクノロジーの関係性を垣間《かいま》見たように感じた。それは、あのヘシオドスが感じていた矛盾と同じものだ。父さん。あのパフォーマンスのあと、なぜか父さんの問いについて考えていたよ。インターネットは資本主義の味方か、それとも敵なのか？　モバターはそれに答えるヒントになるのか？　人間の条件とはなにか？　あの頃の自分はまったく見当もついていなかった。でも今なら、はっきりとわかる。ステラークが作ったモバターは、伝統的な資本がクラウド資本へと進化して、「生産のために生産された手段」が、「行動誘導のために生産された手段」に変わったときに、僕たちになにが起きるのかを予言していたんだ。ステラークはポストヒューマンという概念を実験していただけだったが、彼のモバターは未来の人類のあり方の本質を捉えていた。今振り返ると、モバターは、あらゆるものにつながった、アルゴリズム主導のクラウドベースの資本に翻弄される生き物だったとわかる。別の呼び名を与えるなら、「テクノ封建人《ホモ・テクノフユーダリス》」だ。

▼自由な個人の死

父さん、今でも僕はあなたの生き方が羨ましいよ。あなたは自由な個人《リベラル》として生きる典型だった。もちろん、生計を立てるためにエレウシスの製鉄所で、上司にみずからを貸し出さなくちゃならなかった。でも昼休みには考古学博物館の裏庭をのんびりと散歩し、古代の石碑を読んでは、大昔の技術が今思われているよりはるかに進んでいたことを発見して喜んでいた。毎日午後五時には退勤して、帰宅すると遅めの昼寝をして、そのあと家族との時間を過ごし、暖炉の前でいろんな金属で遊び、そうでないときには本や論文を書いていた。工場での父さんの人生は私生活とは綺麗《きれい》に線引きされていた。

それは、一定の限られた範囲内だとはいえ、資本主義が少なくとも人生の主権を自分に授けてくれていると私たちが考えていた時代が過去にはあったということだ。どんなに一生懸命に働かなくてはならなかったとしても、私たちが人生の一部を垣根で守り、その垣根の中がどれだけ狭かろうが、その中では自律し、自己決定し、自由でいることは可能だった。私たちのような左派は、選択の自由を本当に持っているのは金持ちだけであり、貧乏人には失う自由しかなく、最悪の奴隷とはみずからを縛る鎖を愛するようになった人々のことだとわかっていた。[*2]それでもなお、資本主義をだれより厳しく批判する私たちでさえ、資本主義が私たちに与えてくれる限定的な自己所有権を評価していた。

今の世界を生きる若者たちからは、このささやかな権利さえも奪われている。オンラインで自分のアイデンティティのキュレーションをすることは必須となり、個人としての生活がなによりも重要な仕事になっている。オンラインに最初の一歩を踏み出した瞬間から、若者たちはあのモバターのように相反するふたつの要求の板挟みになる。すなわち、自分自身をブランドとして見るようにそれとなく教え込まれる一方で、そのブランドは本物らしさを基準に他者から判断されるのだ（将来の雇用主に対してもそうだ。ある新卒の若者はこう言っていた。「本当の自分を見つけないと、誰も私を雇ってくれない」)。だから、画像や動画をアップしたり、映画の感想を書いたり、写真や文章を公開したりする前に必ず、それがだれを喜ばせ、だれを遠ざけるかを考えなければならない。オンライン上のオピニオン・リーダーたちの意見の平均値と自分の意見を常に比べながら、どの「本当の自分」が最も魅力的に見えるかを計算している。[*3]あらゆる経験を記録・共有することが可能なので、どれを記録・共有すべきかについて常に悩み続けている。たとえ経験を共有する機会がない場合でも、その機会がすぐ頭に浮かぶし、実際に想像している。目の前にある選択肢も、そうでない選択肢もまた、アイデンティティのキュレーション行為になる。

日々少しでも自分が売り物になっていない時間を確保する権利が、今やほとんど失われているということが、社会の急進的な批判者でなくともわかるだろう。皮肉なことに、自由な個人を抹殺したのはファシストの突撃隊でもなければ、スターリンの秘密警察でもなかった。新しい形の資本が若者に最もリベラルなことをしろ、つまり自分自身であれ（そして成功しろ！）と指図するようになって、自由な個人は抹殺された。クラウド資本がつくり出して金儲《もう》けの種にした行動誘導のうち、この点こそが最も多くの人に影響した最大の成果だろう。

所有欲に駆られた個人主義は、人の精神衛生に常に害をもたらしてきた。テクノ封建制は、自由な個人に市場からの逃げ場を提供してきた垣根を取り壊し、事態を限りなく悪化させた。クラウド資本は個人をデータのかけらへと砕き、個人のアイデンティティをクリックで選択したものの集積へと変え、そのクリックもクラウド資本のアルゴリズムで誘導できるようにした。そしてその結果、所有欲に駆られた個人というよりも、所有欲に取りつかれた個人、つまり自己を保つことのできない人間を生み出した。さらに、クラウド資本は私たちの注意力を奪うことで集中力を低下させた。私たちは意志の弱い人間になったのではない。集中力が奪われたのだ。[*4]テクノ封建制のアルゴリズムは、家父長制や固定観念や既存の抑圧を強化する傾向があるため、最も弱い立場の人たち――少女や心の病を抱えた人や社会から疎外された人々、そしてもちろん、貧しい人々——を一番苦しめることになる。

もしファシズムが私たちに教えたことがあるとすれば、偏見によるレッテルを特定の人々に貼って悪魔のように扱う弱さが人間にはあること、そして自分たちの中に湧き上がる正義、恐怖、嫉妬、憎悪といった醜い感情に人間は引き寄せられやすいということだ。このテクノ封建制の世界では、怖かったり、嫌悪したくなったりする「他者」をインターネットが自分の目の前に引き寄せる。そしてオンラインでの暴力は流血も痛みも生まないように見えるため、オンライン上ではそんな「他者」に対して、私たちは残酷で人間性のかけらもない言葉や憎悪を返してしまう。こうした偏見や不寛容は、テクノ封建制のもとで私たちが感じているアイデンティティや集中力の問題についての不満や不安のはけ口になっている。コメントの管理やヘイトスピーチの規制では、これを止めることはできない。なぜなら、憎悪や不満を増大させる性質は、もともとクラウド資本に備わっている本質的なものだからだ。クラウド資本のアルゴリズムは、憎悪や不満から大量に流れ込むクラウド・レントを最も得られるように作られているのだ。

父さんは、いつまでも見つめていたくなるような、時代を超越した美しいものを見つけなさいと僕に言ったよね。父さんも古代ギリシャの遺物に没頭していた。魂の周りをうろつく悪魔から身を守るには、そうするのが一番だと教えてくれたんだ。僕も自分なりにずっとそうしようと努めてきた。でも、テクノ封建制を前にして、自由な個人として孤軍奮闘しても歯が立ちそうにない。インターネットから離れ、スマートフォンの電源を切り、クレジットカードではなく現金を使えば、しばらくはなんとかなるかもしれないが、根本的な解決にはならない。みんなで束になってかからなければ、クラウド資本を市民と社会のものにすることはできないし、クラウド資本の支配から僕たちの魂を取り戻すこともできないだろう。

そして、ここに最大の矛盾がある。自由《リベラル》の基本的理念である「自己所有としての自由」を救い出すためには、生産、流通、協働、コミュニケーションの手段がどんどんクラウド化していく中で、そうした手段の所有権を包括的に根本から構成し直す必要がある。自由な個人を蘇《よみがえ》らせるには、自由な個人が忌み嫌うなにかをしなければならない。それはつまり、新たな革命の計画だ。

▼社会民主主義の限界

かつて資本主義が社会民主主義的な政治によって、少なくとも一時的には制御されていたように、テクノ封建制も政治によって手懐けることはできないだろうか？

昔ながらの工業資本に力があった時代には、社会民主主義は世の中の役に立つことができた。審判員として労働組合と製造業のリーダーたちのあいだに立ち、（比喩的にも、そして時には文字通りの意味でも）両者をテーブルにつかせて、双方に妥協を迫った。その結果、労働者の賃金と労働条件は改善され、企業が手にする利益のかなりの部分が年金や医療や教育、雇用保険や芸術に振り分けられるようになった。しかし、一九七一年のブレトンウッズ体制の終焉《しゅうえん》以降、支配力が産業から金融に移るにつれて、ヨーロッパの社会民主主義者もアメリカの民主党支持者も、ウォール街やロンドンのシティやフランクフルトやパリの銀行家たちとのファウスト的な取引に引き寄せられていった。その取引は粗野で単純なものだった。政権を取った社会民主主義者は銀行を規制の足枷《あしかせ》から解放すると、「好きにしろ！ 自主規制でかまわない」と告げたのだ。その見返りとして、野放図な金融化がもたらす莫大《ばくだい》な利益のほんの一部のおこぼれを、福祉国家の足しにすることで手を打ったのである。[*5]

社会民主主義者は忘却と現実逃避に陥り、ホメロスのたとえを使えば、現代版の蓮喰い人《ロトパゴス》『オデュッセイア』に登場する平和ボケした伝説上の民族」になり下がった。金融化のおこぼれで懐を肥やしているあいだに、彼らは知的にも倫理的にも日和《ひよ》っていった。その甘い汁によって彼らは信念を変えて、こう思い込むようになった。かつては危険だったものがリスク不要となり、この魔法のガチョウはいつでも金の卵を産んでくれ、その卵が福祉国家を支える資金として使われるのなら、ガチョウがなにをしても正当化できる、と。そんなわけで、二〇〇八年に金融危機が起きたとき、彼らは銀行家に向かって「もうたくさんだ、銀行は救ってもお前らを救う筋合いはない！」と言い切る頭脳も倫理観も持ち合わせていなかった。そして、銀行家には社会主義を、ほかのすべての人たちには緊縮財政を、という第四章で説明した最低最悪の組み合わせが経済を停滞させ、クラウド領主の台頭の資金源になった。

その昔、社会民主主義者は労働組合の後ろ盾があったので、痛みをともなう規制をちらつかせることによって、産業界にある程度の力を及ぼすことができた。今では、クラウド領主たちが強力な労働組合を恐れることはない。なぜならクラウド・プロレタリアートは組合を組織するには弱すぎ、クラウド農奴は自分が生産に関わっているとさえ考えていないからだ。規制に関してはこれまで、価格の上限を設けるか、カルテルを解体することで機能した。だが、クラウド資本の時代にはどちらも意味がないため、クラウド領主は安心していられる。消費者の保護は必要だが、そのサービスがタダであるか、あるいはすでに市場最安値であれば、価格の統制には意味がない。[*6] セオドア・ルーズベルトがスタンダート・オイルやそのほかのカルテルの解体の際にロックフェラーに対して行ったような、独占禁止のための会社の分割については、古い時代の物理的資本に対してしかできない。スタンダード・オイルはガソリンスタンドと製油所と燃料輸送システム網を北米中に持っていたが、それを解体して地域の石油会社に分割し、お互いに競争させることは、政治的には難しいが物理的には簡単だった。一方で、アマゾンやフェイスブック、ペイパルや今日のテスラを分割するには、どうすればよいというのか？

クラウド領主は、クラウド封土で生計を立てているサードパーティ開発者（封臣資本家）を簡単に破壊できることを知っている。サードパーティがクラウド・レントを払わずにユーザー（クラウド農奴）に接触しようものなら、排除すればいいだけだ。[*7] クラウド領主は、ユーザーを好きなように扱えることも知っている。ソフトウェア・アップデートの際に利用規約を拒否できる人がいるだろうか？　拒否できないのは、クラウド領主が人質を取っているからだ。連絡先、友達、チャット履歴、写真、音楽、動画など、ユーザーは別のクラウド封土に移ろうものならそのすべてを失ってしまう。クラウド領主を止めるために政府にできることがほとんどないというのも、彼らは知っている。競合他社のユーザーに電話をかける際にも同じ料金になるように国が決めた通信業界と違って、国はツイッターに対してユーザーのツイートや写真や動画を、たとえばライバルのマストドンに渡すよう強制することはできない。[*8]

さらに悪いことに、クラウド領主は今のイデオロギー的潮流が自分たちに有利に働いていることも知っている。父さんが若かった頃、政治的左派は客観的な真実の重要性を信じ、人々の生活を向上させるために、富と権力を再分配できるような新たな制度の構築に努力しようという信条を持っていた。父さんのようなマルクス主義者であれば、さらに先を行き、革命を求めていた。みずからの倫理観が正しいと自信を持ち、社会理論の科学的根拠を信じ、言うまでもなく望ましい「歴史の終わり」――すべての構造的搾取と紛争がなくなる、輝かしい自由な共産主義の世界――をつくるために努力していると信じていたからだ。たとえ社会民主主義者がマルクスの考え方から距離を置き、マルクス批判を行うようになってもなお、彼らが成し遂げたことの多くはマルクスの信条から引き出されたものだった。社会民主主義の目標は、国民皆保険制度や教育の無償化など、マルクスが提唱したことと同じだった。だが違ったのは、その目標の達成において市場や資本主義は捨てないという点だ。もちろん、ソビエト共産主義の陰鬱さや秘密警察や強制収容所は持ち込むことがなかった。

今、その時代を振り返ると、当時は政治的右派のほうがある種の相対主義を受け入れて左派の信条に対抗していたというのは興味深い。右派は社会民主主義者、ベトナム反戦デモの参加者、公民権運動家、フェミニストの道徳的確信などに警鐘を鳴らし、世間離れしたヒッピーや年配の共産主義かぶれの移動生活者が思っているよりも物事は複雑で、簡単に白黒つけられるものではないと説いていたのだ。だが、クレムリンに掲げられた赤旗が一九九一年に降ろされ、世界中の左派に敗北が告げられると、完全に立場が逆転した。突如として、純粋な真実と絶対的な倫理観を持つのは右派だということになった。すべての人に国民としての権利と民主主義の権利が普遍的に与えられることを疑問視していた保守派が、やむにやまれず（とはいえ都合のいい信条だけを選んで）宗旨替えしたのだ。[*9] 右派は自分たちに都合のいい「歴史の終わり」の新しい解釈を提示した。それは財産の共有や劇的な平等につながる社会主義ではなく、自由民主主義であり、自由市場であり、所有欲に駆られた個人主義だという解釈だ。一方で、左派は右派に迎合し、あらゆる確信を放棄し、右派が捨てた相対主義を受け入れた。つまり、他者による収奪から自由になる権利をだれもが有するという原則が、特定の思想がほかの思想よりも価値があるわけでないという原則へと変わってしまったのだ。

この左派の変質の根底にあったのはもちろん、西側諸国の産業空洞化だった。空洞化によって労働者階級はばらばらになり、その流れはテクノ封建制によって今日も続いている。まだ労働者階級が同質的だった頃には、それなりにしっかりした階級意識によって、社会民主主義政府にある程度の圧力をかけることができていた。今では階級闘争は、いわゆる「アイデンティティ政治」に取って代わられてしまった。人種的、性的、民族的、宗教的マイノリティを守り、正義の回復を求める動きは、社会的にリベラルであることを示したい権力者にぴったりだ。権力者はこうした大義を熱心に掲げるが、それはリップサービスでしかなく、マイノリティを抑圧の構造的原因から守るための行動はほとんど取らない。しかも、アイデンティティ政治を口先だけで支持する議論は、クラウド資本とますます強く結びついた政治経済的に収奪する力に対して、権力者たちがなにもしないことを許してしまっている。オルタナ右翼にとって、これほどありがたいことはない。オルタナ右翼はアイデンティティ政治をまたとないチャンスだと認識し、これに乗じて、白人有権者の中に湧き上がる自己防衛意識や仲間意識や人種差別的感情につけ込んで、金儲《もう》けに利用しようとしている。

この新たな政治の舞台では、社会民主主義は存在し得ない。資本と労働のあいだに社会民主主義政府がレフェリーとして入り、どちらにも妥協を強いるような世の中ではなくなった。その代わり、新しい支配階級であるクラウド領主に服従する中道派とオルタナ右翼が舞台に残った。左派は「女性」の定義や抑圧の階層構造、その他諸々をめぐって内輪もめしているだけだ。クラウド・プロレタリアート、クラウド農奴、封臣資本家、伝統的なプロレタリアートやプレカリアート、気候変動の被害者を代弁する政治家は存在せず、大衆はテクノ封建制によってクラウド封土に閉じ込められ、息ができなくなっている。

社会民主主義の本来の理念と自由な個人というそもそもの考え方を復活させるには、ふたつのことが必要だ。第一に、右派と左派の従来の区別は時代遅れだという神話を捨てなければならない。地球と人間を支配し、容赦なく搾取する資本主義の帝国で生きる限り、その帝国を打倒するという左派の課題に根ざさない民主主義政治はあり得ない。第二に、民主主義政治がなにを意味するのか、どのようにすればそれを達成できるのかを、クラウド資本の上に築かれた帝国であるテクノ封建制の世界でも通用するように考え直すことが求められている。そこでは、新たに生み出された極めて複雑な階級構造と対立が存在するのだ。

これが難しく複雑に聞こえるならば、もう少し単純に言い直そう。戦後、マルクス主義は自信を持って「真実」を提示し、それを脅威に感じて不安になった右派は相対主義に走り、社会民主主義が台頭した。一九九一年にマルクス主義が大々的に敗北すると、マルクス的な「真実」も消え去り、自由主義の「真実」が復活し、社会民主主義は死んだ。そして資本主義の正念場ともいえた二〇〇八年の金融危機後、テクノ封建制が台頭し、そこで自由主義者と社会民主主義者とオルタナ右翼が、クラウド領主が与えてくれるおこぼれに与《あずか》ろうと争っている。今、テクノ封建世界における「真実」を暴く自信を回復できるかどうかに、私たちの未来はかかっている。もちろんそれだけでは十分ではない。だが、まずはそれが必要だ。

▼期待を裏切った仮想通貨

一六世紀にトマス・モアは、封建制の悪（モア自身、封建制支配階級として要職についていた）を正すにはどうしたらいいかという思考実験として、自分で作った造語を題名にした『ユートピア』を著した。それから半世紀あまりを経て、トマソ・カンパネッラが自身の考えるユートピアを描いた『太陽の都』を出版した。これは当時主流だった、肉体労働者には完全な市民権を与えるべきではないというアリストテレス主義の有力な考え方に対する反論の書だった。カンパネッラは、政治的権力を持つべきは職人や労働者であって、それに寄生する封建階級であってはならないと説いた。現代の暗号技術の熱心な擁護者たち――つまりウォール街、クラウド領主、政府、ディープ・ステート、そしてテクノ封建制の仕組み全体を、優れたコンピュータ・コードとハッキング不可能なブロックチェーンのアルゴリズムによって打倒することができると信じる人たち――は、今日の経済的ユートピア主義者であり、暗号技術はテクノ封建制に対する反発だ。かつてのユートピア文学が封建制に対する反発であったのと同じように。

実を言うと、はじめて仮想通貨《クリプト》の到来を予告した論文に私は心を奪われた。それは、今では悪名高き謎の人物であるサトシ・ナカモトが書いたとされる二〇〇八年のブログ記事だ。[*10] その冒頭は、次のような文章ではじまる。「電子決済を行う信頼できる第三者として、インターネット上の商取引はほぼすべて、金融機関に頼るようになった」。それに続いて、人々がこの地上にあるあらゆる金融機関を迂回《うかい》して、オンラインでお互いに取引できるようなアルゴリズムをナカモトは提示したのだ。その主張は壮大であり、公的であれ民間のものであれ、人々に寄生する金融セクターからの解放という理想もまた大きなものだった。

仮想通貨の魅力を理解するために、比較の例としてロンドン発ブライトン行きの電車の切符をデビットカードで買う場合を考えてみよう。トレインライン・ドットコムのようなオンラインのサービスを使うと、ちょっとしたクラウド・レントを支払わなければならない。おそらく七五ペンスくらいのその手数料[*11]はどこに行くか？　トレインラインのアプリを通して、あなたの七五ペンスはトレインライン・ドットコムを所有する別の会社、トレインライン・ホールディングスに渡る。だがこの会社は別の会社が所有していて、その会社もそのまた別の会社が、それもまた別の会社が所有している。あなたの七五ペンスがペーパー・カンパニーからペーパー・カンパニーへと渡るにつれ、その場所もロンドンからニュージャージーへ、そこからルクセンブルクへと移動し、いくつもの中央銀行のお墨つきを得て、どこかの芳《かぐわ》しい租税回避地《タックス・ヘイヴン》に届く。結局、どんな政府も議会も国民も、人間の力では追跡できず規制などかけようもない、ドルベースの金融資本のグローバルな流れにそのカネも吸い込まれることになる。

では、ここで今書いたことと、ナカモトの論文が予言した仮想通貨の取引とを比べてみよう。あなたはコンピュータの前に座っている。あなたの身分を証明するのに、銀行口座もクレジットカードも社会保障番号も、メールアドレスさえもいらない。前もって自動暗号化の手順によって生成した、ランダムな文字や数字や記号が並ぶ、あなただけのキーがあればそれでいい。この個人キーさえあれば、支払いも、社会のためになることへの送金も、オンラインのアンケートに答えることも、国民投票もできる。[*12] 要するに、あなたの個人キーは住所と銀行口座と社会保障番号が一体化したもので、それはひと続きの記号としてあなたのコンピュータの中にだけ存在し、その記号はあなただけが知っている。それを使って取引を行った瞬間に、世界中のあなたのような人たちが所有するコンピュータのネットワークに、その取引が伝えられる。取引が成立するには、銀行の承認プロセスと同じで、あなたがその金額を所有していて、一度使うと再び同じカネは使えないことが承認され、記録されなければならない。銀行との違いは、銀行やそのほかのコバンザメのような金融機関ではなく、共通のネットワークを構成するあなたのような市井の人々のコンピュータによって、自動的に承認が行われることだ。

これらのコンピュータが連携して、あなたの取引を承認する。最速のコンピュータにインセンティブを与え、任意の数学パズルを解くためにお互いが競い合うことで、取引が承認される。この競争に勝ったコンピュータには、あなたの取引を「ブロック」としてつけ加え、記録する権利が与えられる。そのネットワークの中にあるすべての取引の記録の鎖が「ブロックチェーン」と呼ばれるものだ。競争に勝ったコンピュータとその所有者は、ご褒美として証明書をもらえる。それが、このネットワーク上での将来の取引に使えるちょっとしたお小遣いだ。[*13]

仮想通貨の魅力がこれでわかるだろう。銀行が発行するカードをいろいろなものの支払いに使うバカバカしさに比べて、ブロックチェーンを使った取引は民主主義の実践のように思える。だれも中抜きをしない。銀行も企業もあいだに入らない。国家が取引を監視することもない。あなたがいつなにをだれから買ったかの記録が、クラウド領主の手に渡ることもない。数多くの仲介者が入るバカげた経路もなく、各段階で金融業者が資本を蓄積することもない。そのうえ、取引の完了を助けるネットワークを所有する人は存在しないため、市場が拡大して自分たちの取るクラウド・レントが増えているかどうかを監視し、企業への信頼が薄れたからといって支援をやめるような投資家もいない。なにより、クラウドベースのネットワークがクラウド・レントを一切生み出さないのだ。

二〇〇八年の仮想通貨の誕生は、これ以上ないほど絶妙なタイミングだった。資本主義金融がその傲慢さから滅びそうになった年に、代わりになるシステムを探していた幅広い層の人々の心を摑《つか》んだのがビットコインだった。熱烈なリバタリアン、「ウォール街を占拠せよ」の抗議運動に関わった無政府主義者と社会主義者、いわゆるサイファーパンクと呼ばれる、一九八〇年代からずっとプライバシーの侵害を心配してきたプログラマーのグループなどの人々である。だが、すぐに仲間割れがはじまった。優位に立ったのはリバタリアン派閥だ。彼らにとって一番の敵は昔から中央銀行で、彼らは中央銀行のことをカトリック教会になぞらえていた。それは人間と神聖なる利潤とのあいだに割って入ってくるからで、彼らはみずからのことは宗教改革のプロテスタント運動を推進したマルティン・ルターのような存在だと主張していた。そんなわけで、はじめは無政府主義者や社会主義者を惹きつけた仮想通貨は、極めて変動の大きな通貨市場になった。ブロックチェーン技術にそれなりに詳しい人たちは、独自の「コイン」を発行し、そのドル価値をつり上げて儲けようとした。国家が発行する法定通貨を軽蔑していたはずなのに、自分が発行する独自通貨でひと儲けを企むようになったのだ。二〇一七年には一ビットコインは二万ドルを超え、仮想通貨が人々を解放するという夢も消え去った。

同じようなブロックチェーン技術によって、モデルのケイト・モスはビットコインに似た一連の記号の形で、自身のデジタル写真を一万七〇〇〇ドル以上の値段で売っていた。当時ツイッターの最高経営責任者だったジャック・ドーシーは掛け金をつり上げ、歴史上最初のツイートの画像に紐《ひも》づいたコードを二九〇万ドルで落札させた。熱狂のピークでは、ビープルというアーティスト名で知られるマイク・ウィンケルマンが、初期の作品のデジタル写真のコラージュにリンクされた文字列をクリスティーズのオークションで、なんと約六九三〇万ドルという高値で売却した。あるブルックリンの映画監督はそんな熱狂をバカにして、自分のおならの音声ファイルを暗号化して八五ドルで販売した。仮想通貨に群がる人たちの顔に皮肉を込めて屁を一発お見舞いしたかったのだろう。

それは仕方のないことだった。仮想通貨の性質上、初期の解放をめざす志への裏切りは避けられないことだった。ビットコインが並行通貨として広く使われるようになることがナカモトの夢だった。そうなるには、人々がビットコインを使って電車の切符や飲み物や、家までも買うようになることが必要だ。だが、ビットコインに価値を持たせるのに必要な希少性を作り出すために、ナカモトはビットコインの発行枚数に上限を設けた。その数は二一〇〇万枚だ。供給に限りがあるため、需要が増えればドルへの交換レートは上がる。ビットコインのドル価値が一定の水準を超え、さらに上がると期待できれば、ビットコインは使わずに保有しておいて、ドルで電車のチケットや飲み物や家を買うほうが理にかなう。仮想通貨が通貨として成功しはじめると、通貨としての機能が停止して、ネズミ講のようになり、参加者が増えれば増えるほど初期の参加者はますます金持ちになっていった。

そんな仮想通貨貴族を除くと、暗号技術の真の恩恵を唯一受けたのは、仮想通貨信奉者が倒したかったはずの組織だった。つまりウォール街と巨大テック企業だ。たとえば、ＪＰモルガンとマイクロソフトは手を組んで、マイクロソフトのデータセンターをもとにした「コンソーシアム型ブロックチェーン」を運営し、金融サービスへの支配力を強めようとしている。ゴールドマン・サックスと香港の中央銀行も同じようなブロックチェーンのプロジェクトを発表し、世界銀行も、そしてマスターカードやビザでさえも似たような取り組みを発表した。[*14] 仮想通貨はユートピアに近づくどころか、クラウド金融のもうひとつの手段と化しており、クラウド資本を蓄積する原動力になっている。

ブロックチェーンが魅力ある技術であることは間違いない。私もはじめて知ったときには、いまだ答えの見つかっていない課題に対する見事な解決策だと書いたりもした。だが、資本主義を修復することやテクノ封建制を打倒することが課題だとすれば、ブロックチェーンは答えにならない。資本主義もテクノ封建制も広範かつ搾取的なシステムであり、みずからの目的のために技術革新を取り込んでいく力を持っている。資本主義のもとでは、仮想通貨は金融資本に奉仕する。テクノ封建制のもとでは、仮想通貨がクラウド資本の蓄積を助長する。とはいえ、暗号技術が革新派の役に立つ日が来ないというわけではない。もしいつの日かクラウド資本を社会化し、経済を民主化することができたら、そのときブロックチェーン技術はきっと役に立つだろう。[*15] だが、そんなことが少しでも可能になる前に、答えるべき喫緊の問いがある。テクノ封建制に代わるものはなんなのか？　社会民主主義は不可能で、仮想通貨が期待外れだとすれば、私たちは代替システムをどう構築したらいいのか？

▼「もうひとつの今」を想像する

私たち左派がいつまでたっても敗北を感じる理由のひとつは、ある重要な問いに答えられていないことにある。ある日、パブで、自称「筋金入りの保守派」のイギリス人が私に投げた問いが、まさにそれだった。店に社会主義者がいると聞いて、彼はこう言った。「もし現状が気に入らないなら、なにと取り替えるんだ？　それはどう機能する？　さあ、いくらでも聞いてやる。俺を納得させろ」。私は言葉もなかった。混み合ったパブの騒々しさのせいで自分の頭の中の答えが聞こえなかったからではなく、相手を説得できるような答えを持ち合わせていなかったからだ。

慰めといえるのは、その問いに答えられないのは私だけではないということだ。自信満々で想像力にも長《た》けたカール・マルクスでさえ、彼自身が資本主義帝国に取って代わると予言して待ち望んだ社会主義または共産主義について、ぼんやりと描く以上のことはできなかった。それはなぜだろう？　社会主義の青写真を描けていないことに対するマルクスの弁明は、なかなか賢いものだ。大英図書館の読書室で仕事をしたり、小綺麗《こぎれい》な居間でおしゃべりに興じたりしているような中流階級には、青写真を描くことはできない。むしろ集団の利益を求めるプロレタリアートこそ、社会主義を築きながらそのあり方を決めることができるし、そうすべきである。マルクスはこのように言った。今、ソ連の崩壊と社会民主主義について西欧が経験したことを知る私たちには、これが希望的観測にすぎなかったことだとわかる。世界のどこにも、ボトムアップで描かれた社会主義の青写真の例はない。では私の弁明はなんだろう？　現実的なユートピアの青写真をなんとか作り出そうとしても、それは難しくリスクも高い。しかしながら、先ほどの決定的な問いに対して説得力のある答えがなければ、私たちの心と体と環境をみずからの手に取り戻すという大義に人々を引き込み、参加してもらうことはできない。

あのパブでの一件から数週間後、たまたま私の著作への書評を目にした。それは資本主義の仕組みについて、私が娘に向けて書いた例の本に対するものだ。*16 書評の主は当時のアイルランドの財務大臣で、私の政敵だった。私の本に優しい言葉をかけてもらったのは意外だったが、システムの変革を求める私の呼びかけに対しては案の定、批判的だった。曰《いわ》く、「『本物の民主主義』を創造し、テクノロジーと生産手段を集団で所有しようという呼びかけは、彼自身が求める起業家精神や個人の自主性とは両立しがたいものだ」。おっと、その批判は正しいと私は思ってしまった。もうこのあたりで曖昧な立場から抜け出して、説得力のある代替システムの青写真を描き出さなければならない時が来ていた。生産手段の集団所有、個人の自由、イノベーティブな思考と技術革新の余地、そしてもちろん、本物の民主主義を組み合わせた代替システムの青写真だ。

課題は明確だが、気後れするほどのものだった。生産、流通、イノベーション、土地利用、住居、貨幣、物価とその他もろもろが、共有地と共有資本に支えられた社会の中でどううまく成り立つかを説明しなければならないのだから。しかもその社会の共有資本の中には、アルゴリズムによってAIが動かすクラウドベースのさまざまなものがある。そのうえ、国際貿易や資金の流れがどうなるかも描かなければならない。民主主義がなにを意味し、それがどう機能するのかも。ここだけの話だが、椅子に座って本を書こうとしても、煉獄《れんごく》の入り口に立たされたような気がして、パニックになった。

一日か二日するとすぐに行き詰まった。企業がどう運営されるか、通貨をどう発行するかといったことについて私が考えていたアイデアは、ことごとく私自身の反論に遭って潰された。書き進めるなんて無理だと思った。ひらめいたのはそのあとだ。自分が書くことにみずからがことごとく反対するような場合、書き手ならどうする？　小説を書けばいい。私の頭の中でせめぎ合っているさまざまな視点を登場人物それぞれの立場で述べてもらえばいい。

結局、登場人物を三人に絞った。元ウォール街の銀行家であるイヴァには、リベラルでテクノクラート的な立場から、私の青写真を検証してもらう（先ほどのアイルランドの財務大臣が喜びそうな立場である）。引退した人類学者のアイリスには、父さんが好きそうなマルクス主義者のフェミニストの役どころを務めてもらう。そして、コスタは頭脳明晰《めいせき》なエンジニアで、かつて巨大テック企業に勤めていたがそれに幻滅した人物で、クラウド資本の役割に光を当ててくれる。だが、解決すべき問題がもうひとつあった。

例のパブにいた男性は、私の考えるシステムのもとで、今ここでの彼の生活がどう変わるのか、現在手に入るテクノロジーや、今ある人材、世の中の欠点を前提とした答えを知りたがっていた。ということは、まだ見ぬ未来の進んだテクノロジーを想定に入れることはできない。今パブで出会う人や洗面所の鏡に映る自分以上に賢くて優しく、よりよい人たちを新たなシステムに取り入れることもできない。要するに、私の青写真はすでに実施されているものであるかのように描く必要があった。だが歴史は大切だし、私たちがやることはすべて過去に依存していると考えると、二〇二〇年――その本が出版される年――において、私の考えるシステムがあたかも実在するかのように書く必要があった。それがどのように実現されたかを説明しなくてもいい。言い換えると、過去のある時点ですでに起きたはずの政治的および社会的革命のもうひとつの歴史を、信憑《しんぴょう》性をもって描く必要があるということだ。その目的のため、現実とは違う歴史の分岐点として、私は二〇〇八年を選んだ。金融危機で目覚めた抗議活動や反対運動――たとえば、ウォール街占拠運動やスペインの「怒れる者」運動［M15運動のこと］、アテネのシンタグマ広場での抗議活動――がもし実際に成功していたら、世の中がどうなっていたかを物語の中で想像した。

それでも、先ほどの三人の登場人物が読者側の歴史――テクノ封建制という残念な現実――に片足を踏み入れている設定にしておくことが、私にとっては重要に思えた。その現実を知る彼らに、私の描き出す代替システムを評価、そして批判してもらおうと考えた。そんなやり方がうまくいくだろうか？　ＳＦを読まない人たちは、こんな話をバカバカしいと思うに違いない。でも、父さんも知っての通り、若い頃ＳＦに没頭していた自分にとって、並行世界や時空トンネルはお手のものだった。そんなわけで、私はふたつの並行世界を描くことに決めた。ひとつは今、私や読者やイヴァやアイリスやコスタが生きる世界。もうひとつは、今とは違ってテクノロジーを基盤にした社会主義がテクノ封建制に取って代わった世界だ（本の中では「アナルコ・サンディカリズム」と呼んでいるが、テクノ民主主義とシンプルに呼んだほうがいいだろう）。コスタの発明品が、ふたつの世界のあいだに文書による交流の扉を開き、ふたつの世界の登場人物が互いに自分の世界について説明しあうことで、ドラマは進んでいく。

そうして出来上がった『もうひとつの今《アナザー・ナウ》――変わっていたかもしれない今からのメッセージ』［邦訳『クソったれ資本主義が倒れたあとの、もう一つの世界』］という本の中に、あのパブの男性への、アイルランドの財務大臣への、そして私が提示するようなテクノ封建制に代わるシステムについて知りたい人への、私の答えがある。[*17] ここからは、さまざまな見方や反対意見や三人の登場人物による議論は割愛し、テクノ封建制に代わるシステムを覗《のぞ》き見する形で、核心部分をシンプルにまとめていく。「もうひとつの今」を想像する準備はできただろうか？

▼民主化された企業

大学の入学時に図書館カードをもらうように、入社時にすべての従業員が一株を所有できるようになる企業を思い浮かべてみよう。この株は売却も貸し出しもできないが、各従業員に一票の議決権を与える。すべての意思決定——採用、昇進、研究、製品開発、価格設定、戦略——は、各従業員のイントラネットを通した議決権の行使によって、集団で行われる。つまり、社内のイントラネットは恒久的な株主総会の機能を果たすことになる。ただし、所有権は全員平等でも、報酬はみな同じとは限らない。

給与は会社の売上から税金分を除いた収益を四つのカテゴリーに切り分けたうえで、民主的なプロセスによって決まる。ひとつは会社の固定費（設備費、ライセンス料、公共料金、家賃、利払いなど）の支払いに充てる分。次のひとつは研究開発費に充てる分。もうひとつは社員やスタッフの基本給に充てる分。そして最後はボーナスに充てる分。その四つのカテゴリーにどう配分するかも、ひとり一票の投票によって全員で決める。

あるカテゴリーへの配分を増やしたいと提案する場合には、ほかへの配分を減らす案を同時に出さなければならない。競合する案も投票にかけられ、社員株主は電子投票を通して、それぞれの提案を好ましい順にランクづけする。最初の投票で過半数に達する案がない場合、廃案にするプロセスが発動する。最初の投票で最下位の案は除外され、その案を最上位に挙げた人の投票数はその人の第二位の案に再割り当てされる。ひとつの案が過半数を獲得するまで、このシンプルなアルゴリズムにしたがったプロセスが繰り返される。

会社が使う金額をどう四つのカテゴリーに配分するかを決めたら、基本給の部分を従業員全員で平等に分ける。新入社員も秘書も清掃スタッフも花形デザイナーもエンジニアもみな平等だ。すると重要な疑問が残る。ボーナスをどう分けるのか？　そこは『ユーロビジョン・ソング・コンテスト』を少し変形させた投票方式を使う。『ユーロビジョン』では各参加者が一定のポイントを持ち、それを自分以外の国の参加者に分配できる。これと似たようなやり方で、従業員それぞれに毎年一〇〇トークンが与えられ、同僚にそれを分配できる。考え方はシンプルだ。前の年に最も貢献したと思う社員に自分のトークンを与えるだけだ。トークンが配分されたら、それぞれの社員が受け取ったトークンの割合にしたがってボーナスを分配する。

このような企業統治のシステムを法制化すると、テクノ封建制の基盤に巨大な彗星が衝突したようなインパクトが生まれる。表面だけを見ても、社員は身勝手な経営者の圧政から解放される。構造的なインパクトはさらに大きい。まず、賃金と利潤の区別がなくなる。企業は集団によって所有され、利潤やレントを徴収して所有する階級と、時間を貸して賃金を稼ぐ階級との構造的分断がなくなる。また株式市場も廃止される。株主は社員だけになり、全員が一株だけを所有していて売買や貸し借りもできないため、金融と株式投機の固い結びつきも消える。

つまり、金融化が終わり、プライベート・エクイティは破壊されることになる。独占禁止を盾に大企業を分割することが職務の規制当局もおそらく不要になる。一定以上の規模（たとえば五〇〇人）を超える企業では、集団による意思決定がややこしくなるため、社員株主は企業規模を拡大しないか、すでにコングロマリットとなっている場合には、それを小さな企業に分割するよう、投票で決定するだろう。

私が教えてきた数世代にわたる学生たちも含めてほとんどの人は、資本主義イコール市場であると思い込んでいる。そして社会主義とは、生産者と消費者の意思を表す価格を破壊するものだと考えている。しかし、これほど真実からかけ離れている思い込みはない。資本主義下の企業は市場ではない空間だ。企業は非市場的なプロセスで従業員から剰余価値を収奪し、その剰余価値がレント、利潤、利子という形を取る。企業が大きくなり、企業がクラウド資本を多く展開すると、それにともなって企業が社会から収奪するレントは増え、結果としてそんな社会の市場は機能不全に陥っていく。

それとは対照的に、私がここで提案し、『もうひとつの今』で描いた民主化された企業は、レントや市場独占の弊害から解放されて価格が形成される機能的な競争市場とうまく一致できる。言い換えると、労働市場と株式市場を廃止して資本主義企業をなくせば、真に競争的な製品市場と価格形成のプロセスが整い、それによってこれまで誤って資本主義と結びつけて考えられてきた起業家精神とイノベーションの原動力が強化されるということだ。*18

クラウド領主にとって、これはなにを意味するのだろうか？　世界中のベゾスやザッカーバーグやマスクたちはある日突然、「自分の」会社の一株だけのオーナーになり、議決権も一株分だけになる。アマゾンでもフェイスブックでもツイッターでもテスラでも、意思決定のプロセスに上がってくる課題すべてにおいて、同等の力を持つ社員株主の過半数を説得しなければならなくなる。企業の中心にある万能なアルゴリズムを含め、クラウド資本に対する支配は、少なくともその企業の中では民主化されることになる。といっても、クラウド資本の潜在的な力が弱まるわけではない。人々の行動を誘導する人工的な手段というクラウド資本の本質は変わらない。よき社会をクラウド資本から守るための、さらなる保護が必要だ。

そうした保護策のひとつが「社会的説明責任法」である。これにより陪審員制度と同じように、企業の顧客や、その企業に関係するコミュニティの人たちなど、多様なステークホルダーの集団から無作為に選出された市民によるパネルがつくられ、すべての企業を社会価値の指標に沿って格付けするようになる。そして格付けが継続的に一定水準を下回る場合は、公的な調査を経たのちに、その企業の登記が抹消されることもあり得る。

ユーザーの関心を第三者に売り渡すことでサービス事業が稼いでいる場合になにが起きるかを、私たちは苦い経験を通して学んできた。ユーザーはクラウド農奴となり、その労働によってクラウド資本が強化されて再生産され、私たちの心と行動をクラウド資本はさらに強く支配することになる。無料のサービスという幻想に代わるものとして、私たちの新たな現実にはマイクロ決済というプラットフォームが必要である。その決済方法を、「思考への支払い（Penny For Your Thoughts）」と呼ぶことにしよう。それはネットフリックスのサブスクリプション

［定額制］モデルに似ているが、そこにイギリスの国民保健サービスのだれもが受益できるという原則を加えたようなものだ。アプリの開発者が私たちのデータを欲しいときには、提供に合意したユーザーに料金を支払ってデータを取得する。ユーザーは「デジタル権利章典」によって保護され、自身のどのデータをだれに販売するのか選択する権利が保障されている。マイクロ決済のプラットフォームとデジタル権利章典の組み合わせによって、現在の関心争奪戦モデルは消滅する。同時に、アプリのユーザーもまた、開発者に利用料金を支払うことになる。個々人の支払う金額は少ないが、多数のユーザーが利用するアプリの総額は塵《ちり》も積もれば山となる。それでは、お金がなくて必要なデジタルサービスを利用できない人が出てくるのでは？　そんなことはない。なぜならこの新しいシステムでは貨幣の機能が違うからだ。

▼民主化された貨幣

中央銀行が全員に無料でデジタル・ウォレットを配ったら、つまりだれにでも無料で銀行口座を提供したらどうなるかを想像してみよう。利用者を集めるため、給付金（ベーシック配当金のようなもの）がすべての口座に配られる。ということは社会全体でベーシック・インカムが実現する。もう一歩進んで、商業銀行の口座から預金を新しいデジタル・ウォレットに移した人には中央銀行が利息を支払うことにする。そのうちに、全員でなくても大半の人が、民間銀行から新しい公共のデジタル決済・預金システムに預金を移す。だが、このやり方だと中央銀行が大量の貨幣を発行しなければならなくなるのでは？

確かに、給付金を配るには新たな貨幣の発行が必要になる。だが、その量は二〇〇八年以来、中央銀行が不安定な民間銀行を支えるために発行してきた額を超えることはないだろう。[*19] そのほかには、すでに発行された民間銀行のカネがある。つまりここで起きるのは、民間銀行の危険な帳簿から中央銀行の安全な帳簿へのカネの移動だ。このシステムを使って人と企業がお互いに決済をはじめたら、すべてのカネが中央銀行の帳簿にとどまり、取引のたびに一方から他方へ移動するだけで、銀行や株主がそのカネを投機に使えなくなる。

そうすると、中央銀行は民間銀行の言いなりになるしもべではなく、金融の共有地《コモンズ》のような存在になる。システム内の通貨量や各個人の取引のプライバシーを含む運用については、中央銀行は無作為に選ばれた市民と幅広い職業の専門家からなる貨幣陪審員に対する説明責任を負い、かつ監督される。

投資はどうなるか？　このシステムの中で、個人は自分の貯蓄から資金をスタートアップや成熟企業に貸し出すことはできるが、株式を所有することはできない。株式は「ひとりの従業員につき一株」の原則で分配されているからだ。だが、中央銀行のデジタル・ウォレットを使うか、仲介業者を通して貯蓄を直接貸し出すことはできる。ただし、それには重要な条件がともなう。仲介業者は今の銀行が貸し出しを行うときのように、無からお金を創造することはできない。実際に存在する貯蓄から、その資金の範囲内で取引を行わなければならない。

税金はどうなる？　（新たなシステムでは）収入に三種類あることを思い出してほしい。まず、中央銀行から市民のデジタル・ウォレットに配られるベーシック配当金。次に民主化された企業での仕事から受け取る、基本給にボーナスが加算された収入。最後に中央銀行または民間の仲介業者によって支払われる貯蓄に対する利息。いずれの収入も課税されない。消費税も付加価値税も、そのたぐいの税もない。では、国家の財源をどう支える？　すべての企業はすべての売上に対して一定の税率、たとえば五パーセントを国に収める。これは売上に対する固定税率であって、利潤に対する税率ではない。そうすれば企業は課税所得を減らすために経費の水増しをすることもできず、会計の抜け穴をめぐって延々とモグラ叩《たた》きをする必要もない。ほかに唯一、課税の対象になるのが商業用地と建物で、これについてはのちほど検討する。

国際貿易と決済に関しては、新たな国際金融システムによってグローバル・サウスへの富の移転が継続的に担保される一方で、バブルを膨張させて金融崩壊の原因になるような貿易と金融の不均衡を抑制する。イギリス、ドイツ、中国、アメリカなどの異なる通貨管轄区をまたいだすべての貿易と資金移動は、新たなデジタル国際会計単位建てになる。その会計単位の名は「コスモス［ギリシャ語で「秩序」の意］」だ。ある国の輸入量のコスモス建ての価値が輸出額を上回れば、貿易赤字額に応じて「不均衡税」が課せられる。逆に、輸出額が輸入額を上回れば、貿易黒字に応じて同額の不均衡税が課せられる。こうすることで、ある国の輸出品よりも価値の高い商品をその国に販売することで、恒常的に他国から収奪しようとする重商主義的な動機を止めることができる。弱小国に対して輸入品の購入資金を貸与してずっと債務奴隷状態に置く、ある種のベンダー・ファイナンスもなくなる。

一方で、あまりに大量の資金が急激に国境を越えて流入したり流出した場合には、その国のコスモス口座に「過大資金流入税」が課される。発展途上国ではもう何十年も、将来の経済発展に賭けて、土地や企業の価格が上がる前に買い占めようとする「賢い」資金が急激に流入し、それが国家を蝕《むしば》んできた（たとえば韓国、タイ、アフリカの一部など）。急激に資金が流入すると土地や企業の価格が高騰し、間違った成長期待が生まれ、バブルが膨張する。そしてバブルが崩壊したとたんに、当然ながら「賢い」資金は入ってきたときよりも速いペースで流出し、破壊された人々の生活と経済だけがあとに残る。だから、過大資金流入税の目的は投機的な資金の動きを制限し、貧しい国に余計な損害を与えないことにある。[*20] これら二種類の負荷税による歳入はグローバル・サウスでの環境投資に直接使われる。

従業員ひとり一株一票制には革命的な効果がある。これによって株式市場と労働市場は終わり、資本主義帝国は消え、職場は民主化され、コングロマリットの規模は自然に縮小する。中央銀行の帳簿が公共の決済・預金システムとして再構築されると、これもまた同じように革命的な効果がある。民間銀行を禁止しなくとも、おのずと人々は民間金融から離れていき、民間の決済・預金システムに依存せずに済むようになる。そのうえ、ベーシック配当金の分配によって、仕事と時間と価値に対する考え方がガラリと変わり、賃金労働を美徳とする抑圧的な道徳観からも人々は解放される。最後に、コスモス・システムは国際的なモノとカネの流れを均衡させ、経済大国が弱小国から搾取できないようにすると同時に、世界の中で最も環境投資が必要とされる地域の資金面を支えることになる。

これらが資本の専制から解き放たれた経済の土台になる構成要素であり、私たちを支配するテクノ封建制の足場を崩すものだ。ここで次の疑問が生まれる。実際にどうしたら、この世の中はレントの専制から解放されるのか？　いにしえの昔から存在する地代《レント》は、資本主義が封建制を打ち負かしたあともさまざまな形で生き延び、テクノ封建制はクラウド・レントに依存している。その現実をどうしたら変えられるだろう？

▼共有財としてのクラウドと土地

コーヒーが出来上がる。父さんのラップトップが起動した。父さんは隣の書斎でコーヒーカップを片手に、近所の図書館が運営するメディアサイトで朝のニュースを閲覧している。最初に目に入ったのは、もうすぐ行われる地元の住民投票のニュース。次に流れてきたのは、ブラジルでの違法な森林伐採について先住民が補償を求めて闘っているというニュース。三番目は貨幣陪審員のあいだで議論されている、中央銀行が預金金利を引き下げるか、それとも全国民へのベーシック配当金を引き上げるかというトピック。父さんにとっては少々物足りないニュースばかりだ。それから父さんはスポーツ面を飛ばしてお気に入りの考古学の紙面をクリックする。このページは世界中の研究者が絶えず更新してくれている。そうそう、父さんはこういうのにときめくんだよね！

　父さんのニュース・フィードとその関連セクションは、地元の公共メディア・センターが運営維持するアルゴリズムによって編集されている。地元の公共メディア・センターは地方自治体が所有し、くじ引きと選挙の組み合わせによって選ばれた地元の人々が運営している。父さんはたまにニュース・フィードに飽きて、点で埋まったデジタルな世界地図のほうに目を向ける。点はそれぞれの地元の公共メディア・センターの場所を表していて、クリックすると、その土地のニュース・フィードにアクセスできる。

自分の居住地域以外のメディア・センターにアクセスすると、中央銀行の父さんの口座からわずかな金額がそのメディア・センターに振り込まれ、世界の窓になってくれる善良な人々を助ける資金になる。そこには広告も、行動を誘導するアルゴリズムも介在しない。メディア・センターへの少額の支払いは、中央銀行から毎月支払われるベーシック配当金に比べるとまったく気にならない程度の金額だ。それに彼らに支払うと気分もいい。彼らは父さんに、そして世界中の人たちに文明を提供してくれるからだ。彼らは世界を見るための出窓になってくれる。地球上のあらゆる場所に点在する各メディア・センターと協力し、「良質で多様でワクワクする情報と知識とちょっとした知恵」を授けてくれる。父さんの地元のメディア・センターも、それを売り物にしているよね。

コーヒーを飲み干したら、父さんは仕事に行く時間だ。スマホで、これまた地方自治体が提供するトラベルアプリを開いて「職場」をタップする。すると運転手組合が提供する料金リストが現れ、どこで何時に最寄りのバスまたは電車に乗れるかがわかる。ウーバーやリフトが存在した時代を思い出して、一瞬だけ身震いする。かつてのクラウド領土では、ドライバーは労働を搾取されてクラウド・プロレタリアートとなり、乗客はデータを吸い取られることでクラウド農奴になっていた。でも、今では株主ドライバーと公共交通のスタッフがアルゴリズムを管理していることを思い出し、悪い記憶は消え去っていく。そして、今はもうだれのものだかわからないペーパー・カンパニーが所有する資本主義企業に雇われているわけではなく、ロボットと使い捨ての人間のあいだの存在であるかのように扱われることもないのを思い起こして、気分よく新しい一日をはじめることができる。もちろんそれでも人生に心配は尽きないし、特に人類が気候に取り返しのつかないダメージを与えてしまったかもしれないことは気がかりだが、少なくとも仕事では組織がシステマティックに魂を破壊するようなことはない。

職場ではスマホのアプリを通して、ありとあらゆる課題についての社員株主の投票に参加できる。投票する場合もあれば、あえて見送る場合もある。仕事の新しいやり方や新商品について考えがあれば、会社のアイデア掲示板に投稿し、一緒にそれを開発したい同僚がいるかどうかを知ることができる。もしだれも手を挙げなくても、自分で開発をはじめてみて、ある程度進んでからもう一度投稿してみてもいい。最高のシステムであっても、人間が運用する限りはしくじることもある。たとえば、同僚が社員の過半数を集めれば投票で父さんを解雇することもできる。だが、今では職場で責任を共有している雰囲気があり、ストレスは減って、お互いへの敬意がより育まれる環境が生まれている。

タクシーでの帰宅途中に商業地区を離れるあたりで、昔の悲しい時代を思い起こす。あの頃は住居を持つにも、住宅ローンに縛られるか賃貸を選ぶかしかなかった。当時は銀行か地主に人生の手綱を握られていた。住宅ローンの金利でぼったくられるか、とんでもない家賃を払わされるかを選ばなければならなかった。今ではすべての地域が郡協会によって管理され、商業地区と非商業的な社会地区に分けられ、商業地区で集められたレントから社会地区のレントが賄われる仕組みになっている。ほかのことと同じように、郡協会の管理者は、郡内のさまざまな集団とコミュニティを必ず公平に代表できるよう、アルゴリズムの助けを借りて無作為に選ばれる。住居が常に人々の悩みの種であることはなくなり、長期にわたって根を張れる安住の地だと思えるようになる。

「もうひとつの今」におけるそのほかの生活ぶりについては、父さんの想像に任せるとして、僕は一番重要な側面についてもう少し説明してみる。つまり、封建制と資本主義制度の最も古い土台であり、権力の分配の基礎になってきた、土地と財産の所有権についてだ。

商業地区での賃料徴収制度の鍵になるのが、恒久入札転貸制度（ＰＡＳＳ）という仕組みだ。これは、コミュニティが自分たちの商業地区から得られる賃料を最大化し、それを社会地区に投資することを目的としている。ＰＡＳＳは、ケーキをふたりに平等に分ける例の有名なやり方に少し似ている。ひとりがケーキを切り、もうひとりが自分が取りたいほうを選ぶというやり方だ。ＰＡＳＳも精神は同じで、ある商業スペースの現在の借り手と、そこをこれから借りたい人を競わせるための恒久入札の仕組みになる。

商業地区では年に一度、現在の借り手はふたつのルールに基づいて不動産の評価額をＰＡＳＳに提出しなければならない。ひとつめのルールとしては、自己申告された市場評価額の固定部分としてＰＡＳＳが月額賃料を計算する。監査も役所も、値切り交渉も不動産業者も入らない。すごいでしょ？　だがそこにふたつめのルールが重なる。将来のいつでも、だれでも、Ｐ

ASSを通じてもっと高い評価額を提示することができ、そうなれば既存の借り手は半年以内に出ていくことになり、新しい借り手が入居する。このふたつめのルールによって、借り手はできる限り真っ当で正確な評価をしなければならなくなる。真の評価額を水増しすると、価値以上の賃料を支払うことになる。過小評価した場合には、それを上回る、真実に近い評価額を出した人に追い出されることになる。

PASSのよい点は、郡協会が商業地区の賃料を決めなくていいことにある。郡協会の仕事は、単にどの土地や建物を商業地区に組み入れ、どれを社会地区に組み入れるかを決めることだ。社会地区の土地が多すぎると、そこに投資できる金額が少なくなる。逆に商業地区を広げすぎると、公共住宅と社会的企業のための場所が狭くなる。郡協会がそのトレードオフをどう線引きするかを決めたら、さらに難しい仕事が待っている。どの公共住宅を――特にみんなが欲しがる家を――どのように配分するかについての基準を決めることだ。ここが最も悩ましいところになる。だからだれが郡協会のメンバーになるかが重要なのだ。

もし郡協会が地域住民の中から選挙で選ばれているならば、専制的な土地所有を選挙制度に置き換えただけになる。そもそも選挙は強固なヒエラルキーを生み出す傾向があるのだ。このことがわかっていた古代アテネの民主主義者は選挙に反対し、代わりにくじ引きに替えた。この考え方が西洋の陪審員制度のルーツになっている。技術の進んだ社会において土地の共有化を復活させるものがあるとしたら、無作為に選ばれた地域住民からなる郡協会がまさにそれである。

この同じ原則は地域や郡を越えて、全国的な「市民議会」の助けを借りて実践される。国全体から無作為に選ばれた市民からなる会議が、アイデアや政策や法律を検証する。陪審員による審議を通して法案が形になり、のちにそれが国会で議論され可決される。[*21] ついに、民衆《デモス》が民主主義《デモクラシー》に戻ってきたのだ。

▼テクノ封建制を打倒するためのクラウドの反乱

この本を通して、資本主義に取って代わりつつある、そして多くの場面ですでに取って代わっているシステムについて大枠を描いてきた。そしてそのシステムをテクノ封建制と名づけた。これまで私がこの話を持ち出すと、いつも決まって左派はうろたえ、中には怒り出す人さえいた。もちろん、気持ちはわかる。父さんもそうだったけれど、マルクスの予言通りに資本主義はいつか社会主義に代わられると信じて自分をなぐさめていた人たちが、ポスト資本主義の時代はすでに訪れているのに、社会主義は到来せず、もっと悪いシステムに入れ替わったのだと聞けば、心を痛め、困惑するのは当たり前だ。だが、彼らがそんな反応を示すのには、もうひとつ別の困った理由がある。

とあるマルクス主義者が私に言ったことはまさに的確だった。「ヤニス、資本主義企業の枠を超えて搾取が起きているという君の主張が正しいとしたら、プロレタリアートを組織化したところで、ぜんぜん足りないってことになっちまうぞ」。それがあけすけな彼の本音だった。そしてまさにその点こそが、私の言いたいことだった。工場労働者や電車の運転士や教師や看護師を組織化しなくていいと言いたかったのではない。それだけではぜんぜん足りないと言っているのだ。クラウド農奴の無償労働によって大半が生み出されるクラウド資本に支配されていく世界で、プロレタリアート（実際にはプレカリアート）を組織化するだけでは、解決にはならない。テクノ封建制を倒し、人々の手に民主主義を取り戻す可能性を少しでも追求するには、伝統的なプロレタリアートとクラウド・プロレタリアートだけでなく、さらにクラウド農奴と、たとえ一部であっても封臣資本家が力を合わせる必要がある。彼らすべてが手を結んだ壮大な連合でなければ、テクノ封建制を倒すに足るものにはならない。

無理な注文に聞こえるかもしれないし、実際にそうだ。だが、とんでもなく大きな資本の力に抗《あらが》うことが無理な注文であるのは当たり前だ。一九世紀に労働組合を組織するのがどれほど不可能に近いことだったかを考えると、身震いする。労働者、鉱山労働者、港湾労働者、羊毛の刈り取り職人、縫製職人たちは騎馬警官に袋叩きにされ、資本家に雇われた悪党から暴行を受けた。しかも日払い賃金の仕事をクビになれば、家族が飢える。たとえストライキがうまくいって賃金が上がったとしても、それをストライキに参加しなかった者たちと分け合わなければならず、ストライキを組織するのはよりいっそう困難になった。それでも人々は力を合わせて闘った。勝ち目がほとんどない中で、ほんの少しの不確実な共通の利益を求めて、多大な自己犠牲を払ったのだ。

テクノ封建制は、それを倒すために力を合わせようとする人々の前に、新たな大きな壁を築き上げた。しかし、打倒のための共闘を夢見る人たちには、新たな大きな力を与えることにもなった。新たな大きな障害とは、クラウド農奴とクラウド・プロレタリアートが物理的に孤立していることだ。私たちは個々のスクリーン、個々のスマートフォン、アマゾンの倉庫作業員を監視し管理するデジタルデバイスなどを通して、クラウド資本とつながり、クラウド資本の言いなりになっている。人々が集まる機会が少ないほど、みんなで力を合わせて行動するのが難しくなる。しかしここにこそ、クラウド資本が潜在的な反乱者に与え得る大きな力がある。クラウドを通して連合を築き、組織化し、行動する能力だ。

ツイッターの初期にはもちろん、その役目がツイッターに期待されたことのひとつだった。ツイッターは大勢の人々を動かすことができると思われた。アラブの春からブラック・ライヴズ・マターまで、その期待がどこまで実現されたか、どこまで実現されなかったのかを私たちは見てきた。だが、私がここで話しているのはクラウドを通した動員だけでなく、クラウドのシステムと技術を使って実際に起こすことのできる行動についてだ。『もうひとつの今』では、クラウド領主の企業を一社ずつターゲットにしてグローバルな行動を起こすことを想像してみた。最初のターゲットはアマゾンだ。国際的な労働組合連合がアマゾンの倉庫で働く世界中の労働者に、一日だけ仕事を休むように呼びかけたとしよう。[*22] もちろん、それだけでは大したことではない。だが、世界規模の呼びかけによって世界中のアマゾン・ユーザーや顧客が一日だけアマゾンのウェブサイトを訪れないよう説得され、ほんの短いあいだでも農奴や封臣としての務めを拒否したら、大ごとになる。ひとりひとりは少し不便になるくらいだとしても、積み重なれば効果は絶大だ。まあまあうまくいったくらいでも、たとえばアマゾンの売上がいつもより一割減り、アマゾンの倉庫ストライキによって配達が二四時間止まれば、これまでの伝統的な労働争議ではあり得ないほどにアマゾンの株価を押し下げることになるだろう。こんなやり方で、クラウド・プロレタリアートとクラウド農奴はうまく力を合わせることができる。これを私は「クラウド動員」と呼んでいる。

クラウド動員のいいところは、集団行動の従来の計算式をひっくり返している点だ。集団のわずかな利益のために個人が大きな犠牲を払う代わりに、今は逆のことができる。個人の犠牲を最小限にとどめて、集団と個人の利益を最大化できるのだ。[23] この逆転は、クラウド農奴とクラウド・プロレタリアートの連合を可能にし、クラウド領主が数十億の人々を支配している現状を打ち破る道を開くのだ。

もちろん、クラウド領主の大手一社や数社に対してこのような行動を起こすだけでは十分ではないだろう。私が思い浮かべるクラウド反乱には、大勢の多様な人々を引き入れる必要がある。たとえば、公共料金の請求書が届くと眠れなくなる人たちも、この運動に引き入れなければならない。賢く計算され、的を絞った支払い拒否という手段を使えば、公共サービスの民営化で経営権を手に入れた企業の株価やデリバティブは同じように下がるだろう。うまくタイミングを計れば、こうした平和的なゲリラ・ストライキによって、クラウド金融とますます命運を共にするようになったコングロマリットの政治的、経済的影響力をかなり削《そ》ぐことができる。たとえば、ナイジェリアの労働者を搾取したり、コンゴの自然保護区を破壊したりしているような企業に対してアメリカの消費者が不買運動を行えば、この反乱は国際的な支持が得られるだろう。

別の運動としては、ゼロ時間契約や低賃金、大量の炭素排出量、劣悪な労働環境、株価を上げるための継続的「人員削減」といった観点で世界中からワースト企業を選出してもらい、こうした企業の株式を保有する年金基金への年金の積立を保留する集団行動を組織してもいい。年金基金を狙い撃ちすると宣言するだけでも、その企業株価は下落し、心配した投資家が関連の株式ファンドから大量流出するだろう。

ウィキリークスに着想を得た私は、『もうひとつの今』の中でデジタル・ウイルスをプログラムしてアップロードする反乱分子の集団を描いた。彼らの目的は透明性の確保だけだ。つまり、クラウド領主と政府機関と悪徳企業とのあいだに隠されたデジタル上のつながりを追跡し、明るみに出そうということだ。そんなことが可能かどうか、どうしたら可能になるのかはわからないが、もし数十億もの目がこうした機関の行動を逐一監視していることをわかっていたら、彼らは手足を縛られる。秘密が暴かれるにつれて、市民の監視の連携はさらに味方と支持を集めるはずだ。

こうしたことはいずれも簡単ではなく、自然に起きることでもない。だが、一九世紀に鉱山労働者や縫製職人や港湾労働者が思い描き、自分たちの生活を犠牲にしてまで達成したことと比べて難しく、可能性の低いことだろうか？　クラウドは奪う。だがクラウドはまた、自由と民主主義を取り戻したい人たちに与えもする。どちらのほうがより優勢になるかを決め、そしてそれを証明していくのは私たち次第だ。

▼最後にもう一度、父さんの質問に戻ろう

若い頃の父さんは、なんとなく未来が見えていたような気がする。一九四〇年代に父さんは、民間資本は非常に少数の人によって所有されると予測を立てていた。民間所有である限り、資本は集中する傾向にある。そして資本が集中するということは、権力が集中するということだ。つまり、社会が資本を握らない限り、あらゆる対策は絵に描いた餅でしかない。自由、自治、社会民主主義、自由民主主義など、どれもこれもいずれやってくる「資本の専制」をオブラートに包んで美しく飾り立てる空疎な言葉でしかない、と。

一九八一年にギリシャの国政選挙で社会主義勢力が圧勝したとき、これからはもう秘密警察を恐れなくていいことに父さんは喜んでいた。でも、周りのみんながその瞬間の興奮に酔いしれていたとき、父さんは不機嫌で悲観的なままだった。どんなに志が高くて賢い社会民主主義者が政権を握っても、職場が民主化されなければ社会民主主義は実現できないと父さんは言い張っていた。歴史は父さんに味方をし、予言は当たったけれど、それは父さんにとって喜べることじゃない。

もちろん、僕たちの最大の敗北は、ギリシャやどこかほかの地域での社会民主主義の失敗ではない。それはソ連の実験、つまり大規模に社会が資本を支配するという唯一の試みが失敗したことだ。この試みは科学とテクノロジーにおいては壮大なイノベーションを生み出した。だが、ソ連の中央計画経済はこうしたイノベーションを社会のために利用することはできなかっ

た。ソ連の科学者はグーグルやアマゾンより数十年も前に、人々の嗜好《しこう》や努力を自動的に調整するサイバネティクス〔制御と通信を統一的に研究する学問〕を発明していた。ただし、ソ連のトップダウン式システムは、そのイノベーションを人々や社会の利益のために活用することができなかった。むしろ、あからさまな権威主義と日々の単調な重労働が一九九一年の完全な敗北につながった。

その後、民間資本が羽目を外して世界規模で暴れまくり、その頂点で二〇〇八年の金融危機を招き、最強の突然変異が生まれた——それが、人の心と市場を奪い取る怪物的な力を持ったクラウドベースの資本だ。中央銀行からの無尽蔵の資金によってクラウド領主が帝国を築いた今、僕たちはみんなステラークの作ったモバターのように、テクノ封建制の回路につながれている。

というわけで、父さん。父さんの質問に答えよう。いい知らせと悪い知らせがある。悪い知らせのほうは、インターネットが資本主義を殺す資本を生み出し、資本主義を、はるかに悪いなにかに置き換えたということ。いい知らせは、今の僕たちの手の中には、ソ連も改革派社会民主主義者たちも持つことができなかった武器があり、それを使えば新しいコモンズを再構築できるかもしれないということだ。要するに、今の僕たちは新しい形の農奴制のもとで生きているけれど、父さんが理想とした、人生を謳歌《おうか》し自由を最大化できるようなボトムアップ型のコミュニズムを実現できる、これまでにない黄金のチャンスを手にしているということだ。

このチャンスを無駄にせず、活かせる可能性はあるのだろうか？　それは神のみぞ知る、だ。

でも、たとえば一七七六年の普通の人たちは国民参政権や奴隷制の廃止を想像できただろうか？　僕にわかるのは、父さんとヘシオドスが教えてくれたことだ。それは、人間には技術革新の才覚があり、それゆえに立ち止まることができないということだ。その才覚が僕たちを矛盾へと突き動かし、矛盾にともなう選択を迫る。僕たちは今、分かれ道に立っている。僕たちが選ぶ道は、機械が人間を向上させてくれる『スター・トレック』のような世界か、それとも人間が機械の帝国を動かす単なる燃料にすぎない『マトリックス』のようなディストピアか、どちらかにつながっている。

ほとんどの人はよい結末よりも、野蛮状態、気候ハルマゲドン、『マトリックス』の世界が訪れる確率のほうが、はるかに高いと思っているに違いない。だが、よい結末が訪れるとみんなが思ったときには必ず、新たな種類の圧政や敗北がやってきた。たとえば、強制収容所時代、父さんの仲間たちは共産主義がすぐそこまできていて、苦労が報われるはずだと信じた。父さんは反対に、仲間たちの確信に対して深い疑いを抱きながら、強制収容所での苦難に耐え抜いた。今の僕たちも、同じように疑うことをしなければならない。クラウドの反乱が成功する可能性がほんの少しでもあるのなら、僕たちがよき人生を送るための唯一の道——アリストテレスが究極の目標とした「エウダイモニア［幸福］」、つまり人間の繁栄への道——は、たとえなんの保証がないとしてもそれを望み、行動することだ。少なくとも、地獄のような強制収容所で父さんが耐え抜いたことに比べれば、僕たちのほうがまだマシだ。

よく知られているように、マルクスは資本主義下の人間の状況を「疎外」のひとつだと表現した。自己の労働による成果の所有権を持たず、物事を成す方法について口を挟む権利も持たない状況を、そう言い表したのだ。テクノ封建制のもとでは、人間はもはや自己の心身さえ所有していない。資本を持たない労働者は就業時間中はクラウド・プロレタリアートになり、それ以外の時間にはクラウド農奴になっている。成功した自営業者はクラウド封臣へと姿を変え、困窮した自営業者はクラウド農奴になる。民営化とプライベート・エクイティは僕たちからすべての物理的資産を剝奪し、クラウド資本は僕たちの脳内資産を奪い取る。人間が自己の頭と心を所有するためには、私たちはクラウド資本を集合的に所有しなければならない。クラウドから生み出されるものを、行動誘導の手段として生産するのではなく、協働と解放の手段として生産するためには、それしか道はない。

万国のクラウド農奴よ、クラウド・プロレタリアートよ、クラウド封臣よ、団結せよ！　心の鎖以外に失うものはなにもない！

附記① テクノ封建制の政治経済学

かつての封建制のもとでは、支配階級の力の源泉は土地の所有にあり、民衆の大多数は土地を所有できず、しかも土地に縛られていた。資本主義のもとでは、資本の所有が力の源泉であり、民衆のほとんどは資本を所有できないにもかかわらず、その資本を使って生活のために働かなければならなかった。そしてテクノ封建制のもとでは、新しい支配階級の力は、あらゆる人々に触手を伸ばして絡め取るクラウド資本の所有から生じている。この附記では、資本主義がどのように価値と剰余と権力を生み出してきたかを要約したあと、テクノ封建制のもとで剰余と権力がどう生み出され、配分されていくかの概略を述べる。

免責事項：以下で述べる私の理論的見解は、客観的な科学ではない。経済学者が客観的であるとか科学的であるとか、主張できるはずがないからだ（自分が客観的で科学的だと称する輩《やから》たちは特にそうだ）。常にお互いを（たとえ仲が悪くても）尊重し合うノーベル物理学賞受賞者たちと違って、同等の経済学賞（正式にはアルフレッド・ノーベル記念経済学スウェーデン国立銀行賞）の受賞者たちは、お互いを詐欺師だと考えている。それは経済学が哲学（または宗教）のようなものだからだ。複雑な数式や膨大な統計はお飾りで、経済用語を操る人がそうでない人たちに力を振るっているにすぎない。経済学は闘争の場として見るのが最も適切だ。政治的な動機による思想（支配階級の味方の場合も、搾取される階級の味方の場合もある）が容赦なく衝突し、人々の頭と心を支配しようと競争する場である。なお、以下の分析は古典派経済学の伝統に則《のっと》っていることをつけ加えておく。具体的にはアダム・スミス、デヴィッド・リカード、カール・マルクス。そしてジョン・メイナード・ケインズ、ジョン・ケネス・ガルブレイス、そしてハイマン・ミンスキーの風味も。*1

資本主義

資本主義がどのように富を創出し、配分するかを理解する鍵は、価値、労働、資本がそれぞれに持つ二面性にある。この二面的な性質から大きな剰余が生まれ、そこから資本家の利潤は創出される。こうした利潤が負債とともに資本の形成に資金を与え、その資本の蓄積が近代世界を形づくった。

1 商品の生産

商品とは、生産者が自身で使用したり、贈与したりするためではなく、もっぱら販売を目的として生産されるモノやサービスを指す。資本主義のもとでは（資本主義以前のシステムにおいても）、売買は市場の中に限定されていた。

1・0 市場——市場とは、売り手と買い手が自由にかつ自発的に出会う、分散型の取引の場である。

注：市場は、競争の度合いが高い場合も低い場合もあり、売り手市場（売り手が少なく、買い手が多い）のときも、買い手市場（買い手が少なく、売り手が多い）のときもあるが、売り手独占《モノポリー》（単一の売り手と多数の買い手）や買い手独占《モノプソニー》という極端な状況に傾きがちだ。買い手と売り手の数がともに減少すると、それぞれが一者ずつになりやすく、市場は衰退する（その場合には一対一の交渉となるか、売り手独占と買い手独占が同時に生じる）。

注：テクノ封建制のもとでは、売買の取引は中央集権化され、市場ではなくクラウド封土（たとえば巨大テック企業のプラットフォーム）で行われる。クラウド封土をつくって動かすのはクラウド資本のアルゴリズムであり、このアルゴリズムによって売り手と買い手がマッチングされる——9・2・1を参照。

1・1 価値のふたつの性質

1・1・1 経験価値

経験価値は、人間が価値を感じるあらゆる経験から生み出される。たとえば、喉が渇いたときに一杯の冷たい水を飲むこと、美しい夕焼けに浸ること、方程式を解くこと、鼻歌を歌ったり、買い物をしたり、だれかから感謝されていると感じたりすること。つまり、経験価値は目に見えず、数量化できず、主観的で、うつろいやすい。[*2] 生産をどのように組織するかにかかわらず、経験価値はこれまで常に存在してきたし、人間が感覚を持つ限り、これからも存在し続ける。

1・1・2 交換（または商品）価値

交換価値は、資本主義における、商品の数量で測れる価値である。もっと正確に言うと、ある商品の一単位あたりの交換価値は、ほかの商品の何単位と交換可能なのかによって測られる。それは、生産者自身の経験や贈与のためではなく、販売用に生産されたモノやサービス（つまり、モノやサービスから得られる経験価値に代金を支払う意思のある最終顧客をターゲットにして作られる商品）の価格のうちに反映される（だが、その価格に還元されることはない――次の注を参照）。

注：複数の売り手のあいだでの競争が激しければ激しいほど、商品の価格はその交換価値をより正確に反映するようになっていく。交換価値は、商品の生産に直接的、または間接的に関わるす

べての人間の経験労働（1・2・1参照）の総量によって決まる（あるいは、経験労働の総量を反映する）。

1・2 労働のふたつの性質

1・2・1 経験労働

1・2・2 商品労働

経験労働は、人間の労働の捉えどころがなく、数量化できない、流動的で、時に魔法のような側面であり、最終的な製品やサービスを消費したり経験したりする人々に経験価値（1・1・1参照）を与える能力を、モノやサービスに吹き込む。[*3]（販売用に生産された）商品に焦点を当てると、経験労働とは、生産過程において商品に交換価値（1・1・2参照）をもたらす人的投入である。

商品労働とは、労働者が雇用主に貸し出す労働時間と技能の総和のことだ。商品労働の交換価値は、賃金労働者の賃金で買うことができる商品に、ほかの労働者たちが投入した経験労働の総量に等しい。価格が商品の交換価値を（完璧にではないが）反映するのと同じように、賃金は商品労働の交換価値を（完璧にではないが）反映している。

1・3 資本のふたつの性質

1・3・1　商品生産のために生産された手段

1・3・2　資本の非所有者から収奪する力を資本の所有者に与える社会的関係

商品生産のために生産された手段とは、お馴染《なじ》みの物理的資本である。たとえば機械や工場やオフィスビルやトラクターといったものだ。それらは商品生産を助ける目的で作られた商品（資本財とも呼ばれる）なので、労働生産性を上げるために購入された物理的な人工物として考えることができる。もう少し抽象的に言えば、過去に費やされた、あるいは「すでに死んでいる」経験労働が、物理的な生産手段として形になったものとも考えられる。

資本の非所有者から収奪する力を資本の所有者に与える社会的関係についても説明しよう。資本の物理的な存在と機能にくわえて、資本はその所有者に社会的な力を授ける。その力によって資本の所有者は、資本を持たない労働者から剰余価値（1・4参照）を搾取することができる。

注：釣竿《つりざお》やトラクターや産業用ロボット（つまり資本財）の物理的特徴や機能については、謎も誤解もない。それに対して、収奪する力をもたらす資本の性質は、それほどわかりやすいものではない。その収奪する力は、生産手段の所有権（および、所有することで自由にそれを利用する権利）を持つ人々（資本家や地主）とそれ以外の人々との社会的関係性から生まれる。資本の所有における非対称性［一方が他方よりも優位に立ち、不均衡のある状態］によって、資本を所有しない人

たちはみずからの商品労働（1・2・2参照）を売って賃金を稼ぐほかに選択肢はなく、その過程で資本家のために剰余価値（1・4参照）を生み出している。その説明として、トーマス・ピールが西オーストラリアに連れてきたイギリス人労働者の例（第三章、八六頁から八八頁）を思い出してほしい。イギリス人労働者がピールに頼らずに生産手段（周辺地域の広大な土地）へ自由にアクセスできるようになったために、ピールは「収奪する力」を失った。資本の第二の性質である「収奪する力」は、商品の生産手段への非対称的なアクセスから生まれるのだ。

1・4 剰余価値とは、ある商品の一単位を生産して販売したあとに雇用主の手元に残る差額である。より正確に言うと、それは、(a) 商品一単位あたりの生産に必要だった経験労働によって吹き込まれた価値と、(b) 同じ単位の商品を生産するために雇用主が買わなければならなかった「商品労働」の価値の差額である。[*4]

2 分配

2・1 賃金

商品の生産と販売による収益は、四種類の主な所得に変わる。賃金、利子、レント、そして利潤だ。

価格が商品の価値を反映する（しかし、価格は商品の価値に還元できない）のと同じように、賃金は商品労働（1・2・2参照）の交換価値を反映する（しかし、賃金は商品労働の交換価値に還元できない）。

注：複数の雇用主のあいだでの競争が激しければ激しいほど、賃金は労働者の商品労働の交換価値により近づく。したがって、一社または少数の雇用主が労働市場を独占している場合、賃金は労働者の商品労働の交換価値を下回る。つまり、これは雇用主が手に入れたある種の独占レント（2・3・3参照）だと言うことができる。[*5]

2・2　利子

資本家は、生産をはじめる前に労働力と土地と資本財を購入するために、資金を借りなければならない（まれに自前で、たとえば利潤の蓄積から資金が捻出されることもある）。損益分岐点まで持っていくには、ほかのすべての費用に加えて、さらに金融機関が課す利子も支払う必要がある（あるいは生産に投入せずに預金していた場合に入ってきたであろう利息分をカバーしなければならない）。

2・3　レント

レントとは、買い手が支払う価格のうち、商品の交換価値(1・1・2参照)を最も正しく反映した価格を上回っているものをすべて指す。別の言い方をすれば、その商品が生産されるのに必要な最低価格を超えて支払われる金額がレントとも言える。資本主義のもとでは、次の四種類のレントが主流である。

2・3・1　金融レント
2・3・2　グラウンド・レント[いわゆる地代]
2・3・3　独占レント
2・3・4　ブランド・レント

金融レントとは、融資を行ってもよいと考える最低の金利を超えて金融機関(たとえば銀行)に支払われる額を指す。また、金融レントには株式、不動産、デリバティブ、プライベート・エクイティなどへの投機リターンも含まれる。

グラウンド・レントは資本主義以前から存在し、日常的に使われる「家賃《レント》」という言葉に近い(だが同じではない)。所有者が自分の土地を貸し出していいと思える最低額(ゼロに近い場合もある）を超える支払い額を指す。

独占レントとは、競争が少ないか、あるいはまったく存在しないために（寡占または独占状態であるために）、売り手がその商品の交換価値以上の価格を消費者から収奪できるときに発生する。一般的な言葉では、独占レントは、売り手が商品の交換価値を超えて請求できた[*6]「上乗せ分」（または「価格とコストの差額」）の金額として知られる。

ブランド・レントは、ブランドの商品やサービスに対して交換価値以上の対価を支払う意思のある消費者から販売者が収奪する独占レントの一形態である。たとえば消費者がステータス・シンボルを求める場合や、限定品（限定版の印刷物やアンティークの花瓶など、自分自身のためというよりも、他人が所有していないという事実を望むような商品）を所有したい場合などだ。

2・4　利潤

利潤とは、売上から労働者への賃金、地主への地代、金融業者への利息や金融レント、さらにブランド・レントの蓄積に資する専門家（マーケターや広告代理店）への手数料を支払ったあとに資本家の手元に残る部分である。

3　貨幣と循環

資本主義が生み出す交換価値（二七五頁・図1参照）は、商品が貨幣に交換されるさまざまな市場で、価格、賃金、利子、利潤に転化する。

生産を開始するにあたっては、民間資金（それまでの利潤と新規融資）が企業によって使われる。商品労働（1・2・2参照）、物理的資本（1・3・1参照）、建物や土地、そして原材料といった投入物を入手するためにである。

企業内では、労働と資本の二面性によって剰余価値が生み出され、企業の所有者がこれを保有する（すなわち、資本の収奪力という性質により、投入物の交換価値よりも大きな交換価値を産出物に吹き込む経験労働を、企業は不払いで収奪している）。

商品が販売されると、企業には（生産過程で剰余価値が生み出されるため）生産過程のはじめの時点より多くの貨幣が残る。この貨幣額が所得（賃金、利子、さまざまな種類のレント——2・3参照）となる。この増大した民間部門の所得（税金や銀行の利子や地代などすべての費用を差し引いたあとの純収入）に、公的支出と新たな消費者借入を加えた額は、民間と公共部門の消費として市場に還流する。最後に、未使用の資本家の利潤に新規の企業借入を加えた額が、生産過程の新たな循環のための資金となる。これが繰り返されるのだ。

資本主義の循環過程を支える二本柱は次の通りである（二七七頁・図2参照）。

3・1　資本主義の原動力である利潤と民間への融資

3・2　価値の分散型分配メカニズムとしての市場

図1　資本主義における価値の生産と分配

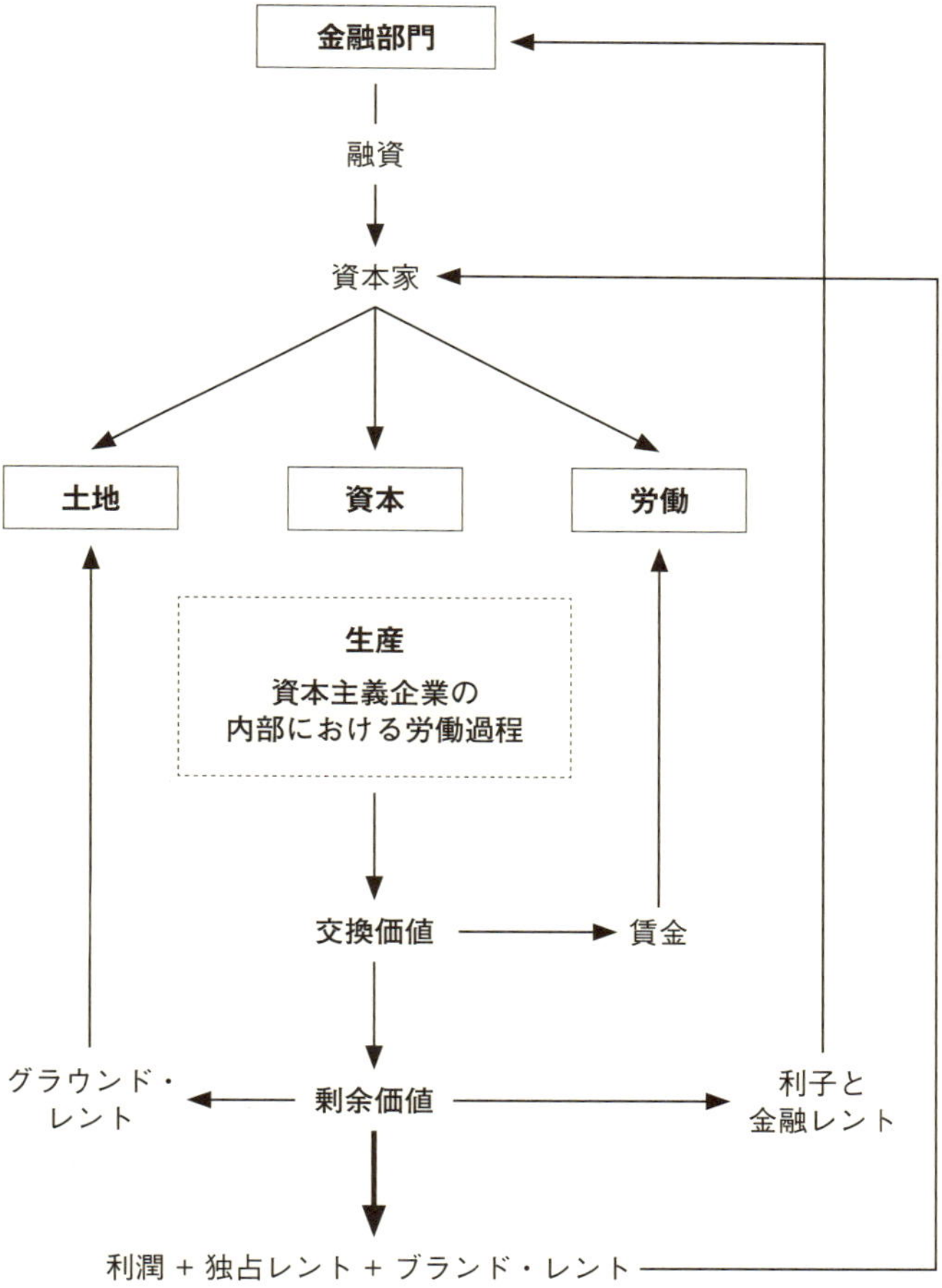

利潤は資本の蓄積を促し、資本家を動機づけ、資本主義の歯車の潤滑油になる。[*7]一方で、民間への融資（金融機関によって無から創出される）[*8]は、資本家が新しい工場や物理的資本のネットワークを築くために必要な莫大《ばくだい》な固定費を賄うことを可能にする。[*9]

市場は分散型の価格形成のメカニズムであり、そこでは交換価値が貨幣で表示される価格、賃金、名目金利、レント率などの形で認識される――1も参照。

4　資本蓄積

すべての商品同様、資本財もまた賃金労働とそれまでに生み出された資本財を利用して、資本家の所有する企業内で生産される。したがって、資本蓄積はミクロレベル（すなわち、中小企業、事業体、大企業、コングロマリットのレベル――4・1参照）で生じる。しかし、企業における資本蓄積の速度は、ミクロレベルに還元できないマクロ要因によって決まる（4・2参照）。

4・1　資本蓄積を決める（企業内の）ミクロ要因

この決定要因には、設備投資（過去の利潤と新規借入によって賄われる）、研究開発投資、革新的な設計、経営戦略などが含まれる。

4・2　資本蓄積を決める（企業外の）マクロ要因

図2　貨幣と循環

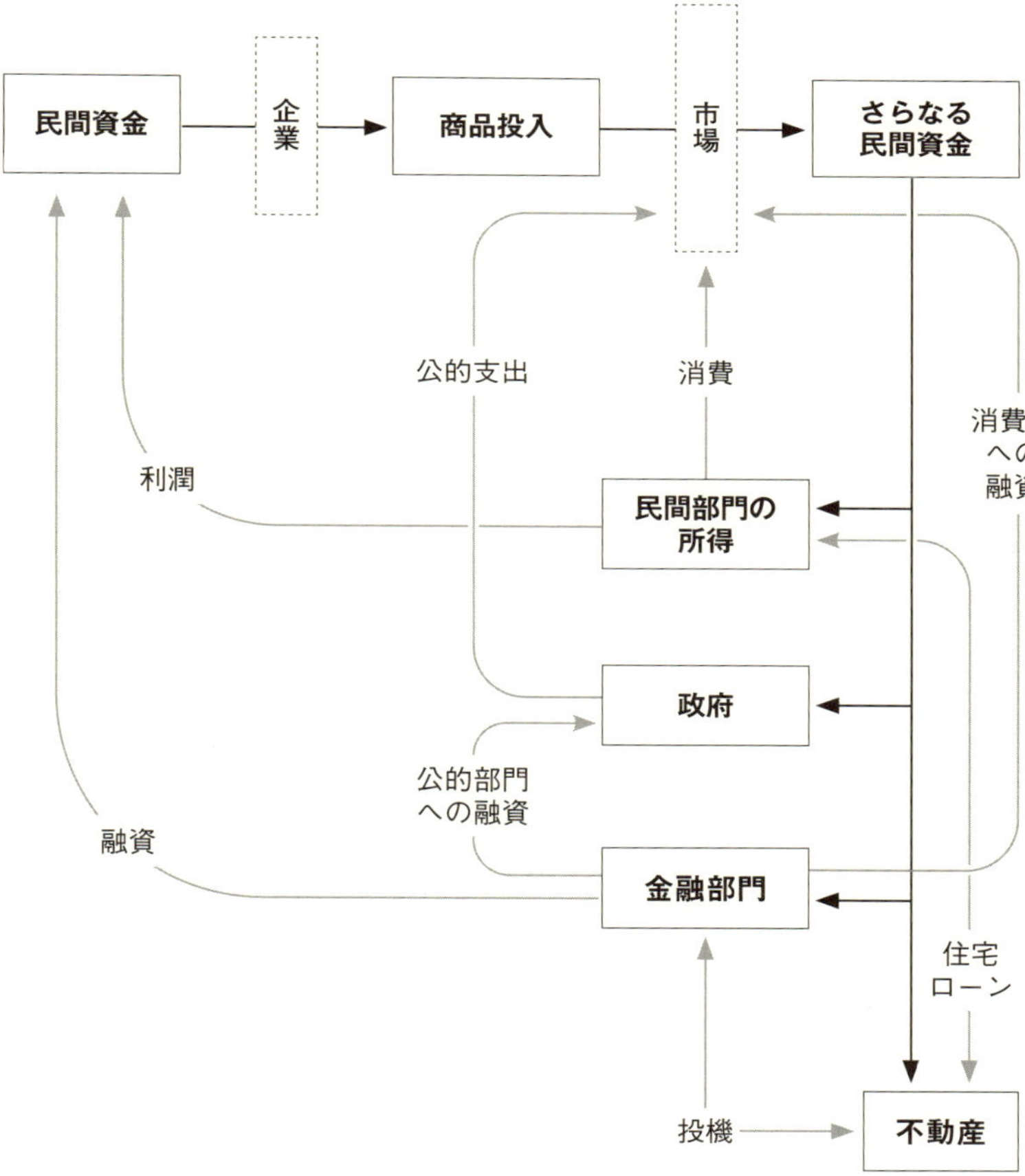

民間資金
企業
商品投入
市場
さらなる民間資金
公的支出
消費
消費者への融資
利潤
民間部門の所得
政府
公的部門への融資
融資
金融部門
住宅ローン
投機
不動産

ある資本家が資本蓄積を進めようとするかどうかは、自身の販売する商品に対する需要の予測水準によって決まるが、その需要予測は（経済全体の）総需要の水準によっても大きく左右される。総需要を決めるのは、次のふたつの要因である。

・ほかのすべての資本家による投資支出の見込み額（資本家層の総投資支出額が大きければ大きいほど、商品の消費のために支出される経済全体の収入も大きくなる）。また、この見込み額は、資本家の「アニマル・スピリット」[*10]によって決まる。
・政府の支出（つまり財政政策）。

5 恐慌

資本主義が恐慌に陥る原因として主に次のふたつがある。

5・1 利潤率の低下

利潤の減少は、企業が新たな資本に投資する力を低下させ、結果として将来の剰余価値を制限する。ある時点で、最も弱い企業が倒産する。その結果、解雇された労働者が消費を減らすため、結局はギリギリで生き残っていた企業の利潤も減少し、そうした企業の一部も倒産する。

こうして負の連鎖に陥り、倒産のドミノ倒しが続き、金融および不動産部門の低迷によってさらに悪循環に陥る。[*11]

5・2　債務危機

好景気のときには、金融機関のレントが指数関数的に、あるいはそれ以上に増える場合も多い。銀行はゴールドラッシュに浮かれたようになり、未来のつけ払いを目論《もくろ》む資本家に莫大なローンを貸し出す。だが、未来に返済するのに十分な価値を現在が生み出せなくなると、バブルが弾け、心理的な振り子が逆方向に振れ、金融機関は貸し渋りに走る。その結果、ドミノ効果で企業、FIRE（金融、保険、不動産）、さらには公的債務が破綻する。[*12]

注：景気後退はたいていの場合、自動的に調整される。たとえば不況で賃金と投入価格が大幅に下がると、生き残った企業の利潤率は（ライバルの多くが倒産して競争が減るため）再び上昇する。だが、銀行の破綻や資本家のアニマル・スピリットの減退を招くほど危機が深刻な場合には、国家が景気刺激策（財政政策）や金融緩和や銀行・企業救済策などで介入しなければ資本主義を救うことはできない。

6　社会階級

6・1　階級――社会生産システムの中での位置によって区別されるコミュニティ内の人々の集団。このシステムの中で、ある階級（または複数の階級）が別の階級のメンバーによる経験労働の成果の一部の横取りに成功している。

6・2　階級システム――搾取が社会構造に具現化される方法の集合的社会的な表現。

6・3　階級社会――階級システムを基盤とする社会のこと。数のうえでは少数派にあたるひとつまたは複数の階級が、生産の主要な手段を所有・支配することによってほかの階級から価値を収奪し、その結果として富と権力を蓄積するという性質を、どの階級社会も持っている。

6・4　資本主義の階級システム――資本主義の階級システムは、資本家とプロレタリア（賃金労働者）、それに加えて、資本主義の危機や技術革新のたびに圧迫される中産階級（商店主や熟練した給与労働者など）で構成されている。

注：かつての封建制のもとでは、土地が生産の主要な要素であり、グラウンド・レント（小作農や封臣により領主に支払われる地代）が主な収入源であり、それをもとに政治的・社会的権力が築かれた。封建的な階級社会には、さまざまな従属階級（職人、小作農、封臣など）が存在したが、唯一の支配的生産手段（土地）を単一の支配階級（領主）が所有し、そこからほかに類を見ない持

続的収入（グラウンド・レント）を得ていた。資本主義のもとで、生産の主要な要素は土地から資本に取って代わられ、封土は市場に、グラウンド・レントは利潤に置き換えられた。

7 収奪をする力の種類

資本主義以前のあらゆる権威体制は、いずれも三つのタイプの収奪をする力に依拠していた。

7・1 剝き出しの暴力：さまざまな形の物理的な暴力を行使する（またはそれをもって脅迫する）ことで命令する力。

7・2 政治力（または課題設定力）：集合的な決定が行われるフォーラムに、(a)だれが参加するか、(b)そのような場でなにを討議し、話し合い、決定するか、そして、(c)社会のどの課題を取り上げず、語らず、封じるかを決める力。

7・3 ソフトパワー（またはプロパガンダのパワー）：他者がなにを考え、なにに耐え、なにを願い、最終的になにを行うかを形成する力。

資本主義は、世界を再構成するのに役立つ四番目の収奪する力を生み出した。

7・4 資本の力：資本の所有者（資本家）に与えられた力。資本を持たない者が自発的に、資本家のために剰余価値を生み出すよう仕向ける力。

注：資本の力（7・4）は、資本家が所有する企業の外にも広がり、従来の三種類の収奪をする力に影響を及ぼした。資本家階級は国家が独占する暴力（7・1）も、社会における討議過程（7・2）もそのほとんどを支配し、メディアや教育制度を通じてプロパガンダの仕組み（7・3）も支配した。

8 テクノストラクチャーは資本の第二の性質をどのように強化したか

テクノストラクチャー（第二章参照）のもとで、ふたつの新たな業界《セクター》が発展した。いずれの業界も、目的は労働者と消費者の行動誘導だった。これらの高度に専門的な「行動誘導業界」によって、資本の力（正確にはその第二の性質）は大幅に強まった。

8・1 労働命令サービス業界――職場とその周辺に存在するこの業界の専門家は、調査研究に基づいた科学的な経営手法を用いて労働過程を迅速化し、与えられた量の商品労働からより多くの経験労働を搾り取った。そうした経営手法の例として、工場におけるテイラー・システム（科学的管理法）、洗練された監視手法、フォーディズムの大量生産システム、日本的経営（企業理念に社員を同化させる）などがある。

8・2 消費命令サービス業界――広告主、マーケター、コピーライター、クリエイター（ドン・ドレイパーというキャラクターを使って第三章で例を挙げた）といった人々から成るこの業界は、大企業のブランド商品に対する消費者の欲望をつくり出すことで、ブランド・レントを最大化することに役立った。そして、結果的に消費者と、こうした専門家を雇えない中小企業の両方に対する支配力を強めた。

このふたつの業界の発展は、これまでにない新たな市場を映す鏡だった。

・管理職市場——新しい種類のマネジャーが、これまで企業内で昇進してきたエンジニアを押しのけて、コングロマリットを支配しはじめた。マネジャーのための市場、彼ら向けの教育研修市場（たとえばＭＢＡ信奉）が伝統的な産業分野からウォール街、果ては行政にまで広がった。

・人々の関心争奪市場——消費命令サービス業界はテレビとラジオの視聴者の関心を獲得することに心血を注ぎ、その関心を広告主に売っていた（第二章の「関心争奪市場とソ連の復讐」参照）。

このふたつの命令サービス業界と市場を摑《つか》んだテクノストラクチャーは、巨大な二重の特権を確保した。それは労働者と消費者両方の行動を操作し、変容させる非対称の（ソフトな）パワーである。

テクノ封建制

資本主義が、支配的な生産手段を土地から資本へと替えたことで、かつての封建制を押しのけたように、テクノ封建制はクラウド資本に便乗して資本主義を追い出した。クラウド資本は従来の地上の物理的資本の突然変異である。

9　クラウド資本

クラウド資本とは、ネットワークでつながった機械、ソフトウェア、AIが動かすアルゴリズム、通信ハードウェアの集合体であり、それが地球上に張りめぐらされ、広い範囲にまたがる新旧さまざまなタスクを行っているものとして定義される。そのタスクは、たとえば次のようなものだ。

- 数十億もの人々（クラウド農奴）を動員し、クラウド資本を再生産させるために（しばしば無自覚のうちに）タダ働きさせる（たとえば、画像や動画をインスタグラムやTikTokに投稿したり、映画、レストラン、書籍のレビューを書き込んだりすること）。
- 照明を消すのを手伝ってくれる一方で、書籍や映画や休日のおすすめを示す。私たちの興味と関心にぴったりと寄り添うことで私たちを信頼させ、クラウド封土、つまりプラットフォーム（アマゾン・ドットコムなど）で販売されているほかの商品も私たちが受け入れるよう操作する。これらはいずれもまったく同じデジタル・ネットワーク上で稼働している。
・AIとビッグデータを活用して工場における労働者（クラウド・プロレタリアート）を管理し、同時にエネルギー網、ロボット、トラック、自動生産ライン、3Dプリンターを使って従来の製造過程を回避できるようにする。

クラウド資本は、テクノストラクチャーが利用したふたつの行動誘導業界（8・1と8・2参照）を自動化し、機械のネットワークに組み入れた。これらの業界を人間主導のサービスではなくしてしまったのだ。テクノストラクチャーのもとで店舗や工場の現場管理者、広告会社、マーケティング会社によって行われていた仕事は、テクノ封建制のもとではクラウド資本に完全に組み込まれ、AIによるアルゴリズムによって行われるようになった。

資本のふたつの性質（1・3・1と1・3・2参照）について説明した1・3の分析の観点から言えば、クラウド資本がかつての資本と違うのは、もともとの資本のふたつの性質に次のような第三の性質が加わっていることだ。

1・3・3　クラウド資本の第三の性質：行動誘導と個別命令のために生産された手段

クラウド資本の第三の性質は、アルゴリズムによる三種類の行動誘導にまたがっている。ひとつめの行動誘導は、消費者にクラウド資本を再生産させること（つまり消費者をクラウド農奴に変える）。第二には、賃金労働者に労働強化を命じること（労働者《プロレタリア》と雇用不安定層《プレカリアート》をクラウド・プロレタリアートに変える）。最後に市場をクラウド封土に変えること。ある意味で、クラウド資本の第三の性質は、その所有者（クラウド領主）にこれまでにない強力な力を与え、伝統的な資本主義部門から生み出される剰余価値をクラウド領主が吸い上げることを可能にした。二八七頁の図3に示した通りだ。

さらに分析すると、クラウド資本の第三の性質には三つの機能または形態がある。

9・1　労働を支配するために生産された手段（つまり8・1の自動化）

9・1・1　クラウド・プロレタリアート：クラウドベースのデバイスが労働過程（工場、倉庫、オフィス、コールセンターなど）に入り込み、これまで職場の生産性を上げ、剰余価値を引き出してきたテイラー主義的中間管理職に取って代わった。その結果、プロレタリアの立場はより不安定になり、クラウド資本によってさらに迅速化した仕事のペースに合わせなければならなくなる。

9・1・2　クラウド農奴：企業に所属していない人々（非従業員）は、自発的にタダで長時間必死に働き、クラウド資本を再生産する。たとえば、画像や動画やレビューを投稿したり、クリック回数を上げたりして、デジタルプラットフォームを他者にとってより魅力的なものにしている。

図3　テクノ封建制における価値の生産と分配

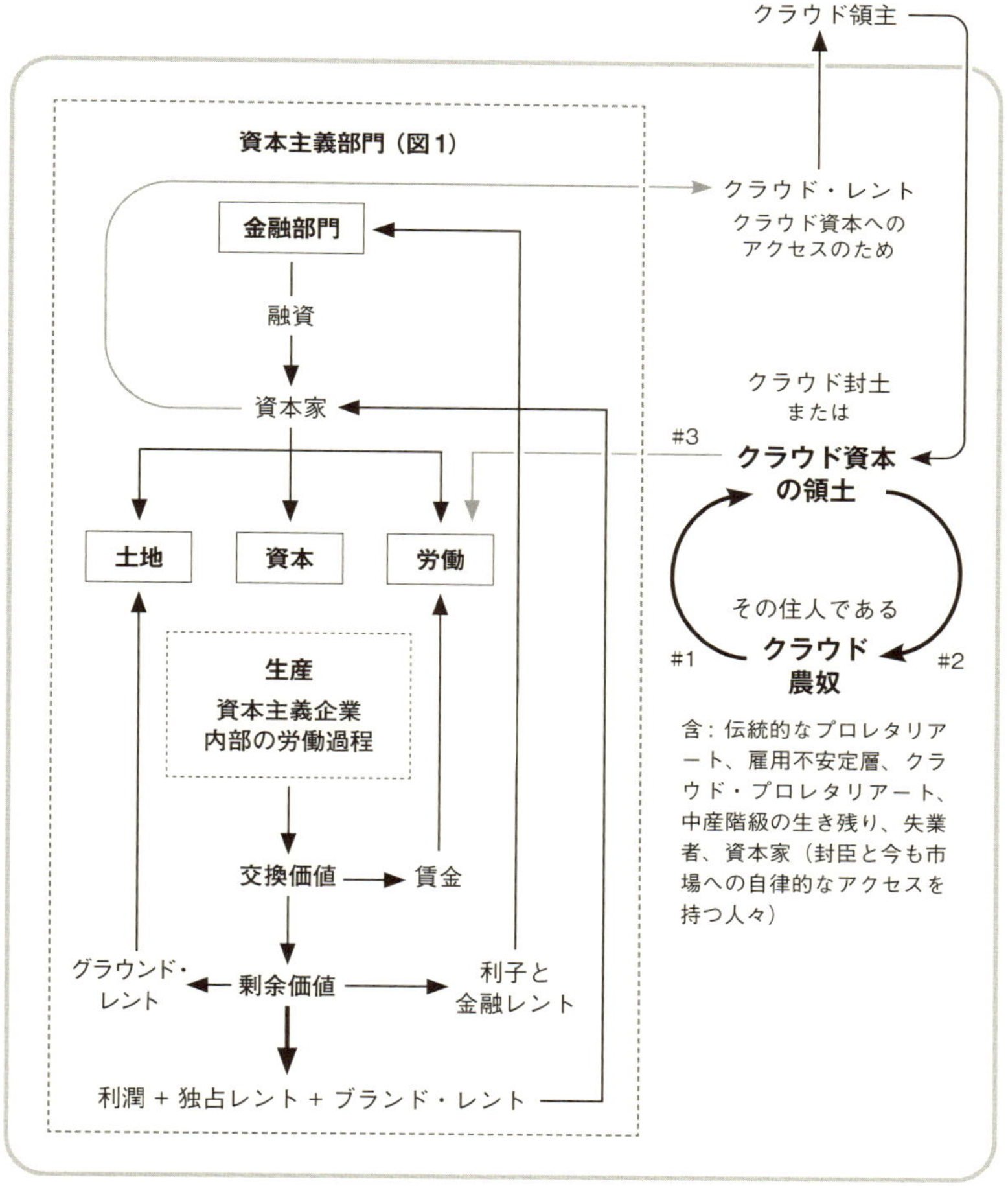

#1　クラウド農奴、つまり不払い労働がクラウド資本の再生産を助ける。
#2　クラウド資本はクラウド農奴の欲望と信条と嗜好を操作し、つまりクラウド農奴の消費行動も操作する。
#3　クラウド資本は資本主義企業に雇用された賃金労働者の仕事の速度も加速させる。

注：歴史上はじめて、不払い労働によって資本が（再）生産されるようになった。クラウド資本のプラットフォームによって、仕事は簡単に労働市場の外に移動させることができるようになり、ゲームやギャンブルや宝くじに見せかけた経済の中に埋め込まれるようになった。だが実際には、それらはすべて機械的で反復的なフォード主義的流れ作業だ。一見モダンでオシャレで親しみやすく中立的なデジタル空間はその実、労働市場から有償労働の多くを排除し、賃金をおまけのようなものへと変えるように用意周到に設計されているばかりか、その賃金がもらえるかどうかを賭け事に変えようとすらしている。*13

9・2　クラウド封土を利用する資本家からクラウド・レントを徴収するために生産された手段（8・2の自動化によって部分的に達成されている）

第三章で説明した通り（一一七頁から一二一頁「市場よ、さようなら、クラウド封土よ、こんにちは」参照）、アマゾン・ドットコムやアリババ・ドットコムのようなEコマースのプラットフォームは市場ではない（1・0と3・2で定義）。それらが市場とは考えられない理由は、クラウド領主のアルゴリズムが買い手も売り手も孤立させ、それぞれをほかの買い手からも売り手からも切り離すことに成功しているからだ。その結果、クラウド領主のアルゴリズムは買い手と売り手をマッチングさせる独占力を持つ——これは、分散化という市場が本来持つ存在意義とは正反対の力だ。クラウド領主のアルゴリズムが持つこの力によって、アルゴリズムの所有者は、顧客とつながりたい売り手（伝統的な資本家）に莫大なレント（クラウド・レント）を請求できる。

9・2・1　クラウド封土はデジタルな取引プラットフォームであり、そこではクラウド資本の持つアルゴリズムによって買い手と売り手がマッチングされる。クラウド封土は市場のように見えるが、その力が中央集権化しているため（買い手と売り手それぞれの完全な情報を把握し、双方をマッチングするアルゴリズムの力によって中央集権化は達成された）、プラットフォームはクラウド封土化する。クラウド封土はアルゴリズムの所有者またはクラウド資本の所有者に帰属し、アルゴリズムまたはクラウド資本が(a)プラットフォームをつくり、(b)クラウド農奴を集めて買い手の役割を担わせ（同時にクラウド資本に貢献させ）、封臣資本家に売り手の役割を担わせる。

9・2・2　封臣資本家は生産者としての資本家であり、自分の商品を売るためにクラウド・レントを支払ってクラウド領主が所有するクラウド封土を利用しなければならない。

9・2・3　クラウド・レントとは、クラウド領主が封臣資本家から徴収するクラウド封土の利用料である。

要するにクラウド資本の最大の功績は、ＡＩのアルゴリズムが動かすデジタル・ネットワークを使って、クラウド領主に利潤をもたらすように労働者と消費者の行動を誘導して変えただけでなく、市場そのものを変え、そのデジタル・ネットワークに組み入れ、資本家階級全体を封臣にしてしまったことなのだ。

10 テクノ封建制のもとでの分配

図1（二七五頁）では、資本主義のもとでの交換価値の分配を描いた。テクノ封建制のもとでも、資本主義部門は引き続き（資本主義時代と同じく）、経済におけるすべての交換価値を生み出している。しかし、今や資本主義部門はクラウド資本の上に構築された広範なクラウド封土に取り込まれ、服従を強いられている。クラウド農奴が提供する無償の労働と封臣資本家が差し出すクラウド・レントのおかげでクラウド資本の蓄積が増えるにしたがって、資本主義部門が生み出す剰余価値はクラウド・レントの形でクラウド領主にますます上納されることになる。この仕組みを図3（二八七頁）に描いた。

10・1 普遍的な搾取――資本家は従業員から搾取するだけだが、クラウド領主はあらゆる人から搾取することができる。すなわち、クラウド農奴はクラウド資本の蓄積を増やすために無償で働き、クラウド資本が増えるおかげで、クラウド領主は伝統的な資本家が従業員から収奪する剰余価値をますます多く横取りすることができる。企業の従業員はすでにクラウド・プロレタリアートになり下がっており、彼らの仕事は増えていくクラウド資本によって指示され、仕事のペース

を上げられていく。

11　まとめ：資本主義とテクノ封建制の主な違い

11・1　クラウド資本――クラウド資本の第三の性質（1・3・3参照）によって、資本家の利潤になるような労働者と消費者の行動誘導を目的とした、テクノストラクチャーお抱えのサービス業界（8・1と8・2参照）の完全自動化が可能となった。その結果、新たな形の資本（クラウド資本）が労働者支配のために生産された手段となる一方、消費者へのアクセスを求める資本家からクラウド・レントを徴収するようになった（9・1と9・2参照）。

11・2　利潤と市場の失墜――テクノ封建制は、資本主義の二本柱である利潤（2・4）と市場（1・0）を別の二本柱であるクラウド・レント（9・2・3）とクラウド封土（9・2・1）に置き換えた。

11・3　テクノ封建下の階級システム――テクノ封建制のもとで、クラウド領主（莫大なクラウド資本を蓄積してきた一部の資本家階級）が新たな支配階級となり、その他の資本家たち（十分なクラウド資本を持たない層）は封臣の地位に追いやられた（9・2・2）。一方、賃金労働者はますます不安定なクラウド・プロレタリアート（9・1・1）に転落し、ほぼすべての人たちがクラウド農奴（9・1・2）として、クラウド資本の蓄積と、市場に代わるクラウド封土の構築を助けるように行動している。

11・4　資本蓄積――昔ながらの物理的資本は、資本主義の企業の中だけで蓄積されており（4・1）、資本蓄積の速度はマクロ経済の状況によって左右されていた（4・2）。しかし、クラウド資本の蓄積は別のふたつの要因に大きく左右される。ひとつはクラウド農奴となった私たち全員によって提供される労働であり、もうひとつは西側諸国の主要な中央銀行による莫大な資金の直接提供である——第四章を参照。

11・5 収奪をする五番目の力——クラウド資本は、既存の四つの力——剝き出しの暴力（7・1）、政治力（7・2）、ソフトパワー（7・3）、そして資本の力（7・4）に、新しい収奪する力を加えた。それがクラウド資本を持たない、または支配しない人たちの行動を変えるクラウド資本の力である。この力によって、資本家層が生み出す莫大な剰余価値がクラウド・レントとしてクラウド領主に流れ込むようになった。

11・6 恐慌——クラウド資本の蓄積によって、資本主義の恐慌を引き起こすふたつの力がさらに強まった。利潤率の低下（5・1）と民間および公的債務バブルの崩壊による危機（5・2）である。テクノ封建制のもとでは、労働の非商品化（クラウド農奴による労働）とクラウド・プロレタリアートへの所得分配の落ち込みが同時に進行し、社会全体の消費力または総需要が減退している。その一方で封臣資本家からクラウド領主に流れる剰余価値は増え、地上の物理的資本への投資は減っている。これもさらに総需要にマイナスの影響を与えている。

注：テクノ封建制は搾取の普遍化（10・1参照）と同義であり、価値基盤の縮小と同義でもある（全所得におけるクラウド・レントの割合が上がるにつれ、その分だけ価値基盤は縮小する——二八七頁・図3参照）。そのため、テクノ封建制はより大きな恐慌をより頻繁に引き起こす傾向がある。そ

の結果、初期にクラウド資本の蓄積へと資金を提供した中央銀行（第四章参照）は、資本主義のもとで利潤と賃金が果たしていた役割を肩代わりするために、永続的にさらに多くの貨幣を発行せざるを得なくなる。だが、これはクラウド資本の蓄積をさらに助けることにしかならない（クラウド資本家は常にほかの階級よりも多く、中央銀行からの資金を使用する能力があるからだ）。要するにテクノ封建制は、資本主義よりもいっそう不安定で、破滅のループをめぐることを運命づけられているのだ。

附記② デリバティブの狂気

それはいにしえの無害なアイデアからはじまった。何十年にもわたって、農家の人々は価格低下に備えるため、事前に合意した価格で翌年の収穫を売る権利（オプション）を買っていた。それは保険契約以外のなにものでもなかった。小麦農家は保険料を支払って小麦価格の暴落に備えていたのである。

このアイデアが最初に有害ななにかに姿を変えたのは、保険の対象となる「モノ」がたとえば小麦のような実体のあるものでなく、賭けやギャンブルになった時だった。ジャックが一〇〇万ドル分の株式を買おうとしていると考えてみよう。小麦価格の暴落から身を守るために保険をかける農民と同じように、ジャックはジルから「逃げ道オプション」、つまりジルに自分の株式を、たとえば八〇万ドルで売る権利を買うことができる（するとジャックの損失は最悪でも二〇万ドルにとどまる）。ほかのどんな保険でも同じだが、災厄に見舞われなければ（株価が二割減の八〇万ドルを下回らなければ）、ジャックの保険（またはオプション）はなんの得にもならない。だが、もしジャックの株価が四割下がれば、ジャックは損失の半分を取り戻せる。これなら最悪ってわけでもない。

このようなオプション(またはデリバティブ)はブレトンウッズ体制のもとでも存在した。これが本当に危険ななにかに姿を変えるには、ブレトンウッズ体制がまず崩壊しなければならなかった。ブレトンウッズ体制の崩壊によって、銀行はニューディールの鎖から解き放たれ、まずは他人のカネで、その後は自分たちが無から生み出したカネで、株式市場で賭けを行うことが許されるようになった。まもなくウォール街は活況になり、一九八二年以降は特に勢いを増した。金融業界の成功者たちは、なんの理由もなく、みずからを宇宙の無敵の支配者だと思い込むようになった。その思い込みに影響されて、彼らはあることを考えついた。(価格下落に備えるための保険として)株式を売るオプションを買う代わりに、さらに多くの株式を買うオプションを買えばいいのでは? 皆さんはクレイジーだと思うに違いない。おそらく。だが、その狂気が莫大《ばくだい》な金儲《もう》けの不協和音の中で気づかれることはなかった。

ジャックの例だとこうなる。マイクロソフトの株式を一〇〇万ドル分買ったうえで、さらにジルに一〇万ドルを支払って、一年以内に今日と同じ金額(一〇〇万ドル)で同じだけのマイクロソフトの株式をジルがジャックに売ることを保証する。彼らの用語にすると、ジャックはジルから「一年以内に今日と同じ株価でマイクロソフトの株式を買うオプション」を買ったのである。なぜそんなことをするのか? もしこの先の一二カ月のあいだにマイクロソフトの株価がたとえば四割上がったら、ジャックはふたつ得をする。まず、すでに買っていたマイクロソフト株で四〇万ドルの利益が発生する。加えて、前年の低い株価でマイクロソフト株をさらに買い入れることのできるオプションから、四〇万ドルの利益が発生する——ジャックはマイクロソフト株を実際に買う必要はなく、そのオプションをだれかに四〇万ドルで売却できる。ジルにオプション代として支払った一〇万ドルを差し引くと、ジャックの利益は七〇万ドルになる。一〇〇万ドルでマイクロソフト株を買うだけのリターン（四〇パーセント）と比べて、一一〇万ドルでの投資のリターンははるかに高くなる（六四パーセント）。

何年間も継続して強気相場が続き、なにもかも値上がりしていたウォール街で、とめどない欲望の連鎖（オリバー・ストーン監督の映画『ウォール街』にその様子が再現されている）がジルやジャックをさらに過激なアイデアに導いた――そもそも株を買わなくてもいいのでは？　オプションだけ買っていればいいのでは？　彼らはこう考えた。もしジャックが一一〇万ドルをすべて、マイクロソフト株を今日の株価で来年買えるオプションだけに使ったらどうなる？　株価が四割上がれば、純利潤はなんと三三〇万ドルになる――投資リターンは驚きの三〇〇パーセント！　これを見たジャックは全振りすることに決めた。カネを借りられるだけ借りて、ジルからこのオプションを買おう！　ジルは、ジャックが自分が売ったオプションで儲けるのを見て、彼の真似《まね》をすることに決めた。ジャックから受け取ったカネを使い、さらにカネを借り入れて、ほかのトレーダーから同じようなオプションを買い入れた。

ここで疑問に思う人がいるかもしれない。ウォール街で警鐘を鳴らす賢い人間はひとりもいなかったのかってね。もちろんそういう人はいた。だがその警鐘は掻《か》き消された。毎月毎月、ジルやジャックたちは莫大な利益を手に入れた。彼らに異を唱えたトレーダーは愚痴っぽい負け犬として敬遠された。デリバティブの複雑さを理解していない経営者は、自分たちの金庫をカネであふれさせてくれるデリバティブに気をよくして、反対意見を封じた。反対者は選択を迫られた。やめるか（やめた人もいた）、レバレッジ稼業の仲間に入るか――レバレッジというのは、莫大な負債を元手にとんでもない賭けに出ることをオブラートでくるんだテクニカル・タームだ。彼らはまるで自宅の居間にATMがあるのを見つけたようなものだった。市場が好調な限り、銀行口座に預金がなくてもATMから無限の現金を引き出せる。先のことなど気にせず、カネを借りるだけでいい。そんなわけで、二〇〇七年までには人類の総収入の一〇倍にものぼる資金が、ウォール街やロンドンのシティのルーレットに賭けられた。

ニクソン・ショックが引き起こしたこの新たな金ピカ時代に、テクノストラクチャーは最も優秀な人材を惹《ひ》きつけることができなくなった。最高学府の物理学博士や、世界一優秀な数学者や、芸術家や歴史家でさえ、ウォール街に群れをなして集まった。フォードやヒルトンやドレイパーから、ゴールドマン・サックスやベア・スターンズやリーマンへと権力は移行した。テクノストラクチャーの大部分はウォール街の仲間入りをすることで、その推移に順応した。この金融化バブルが崩壊したあとの二〇〇九年、倒産したゼネラルモーターズの監査に入った監査人は、自動車やトラックの製造で名をなした有名企業がオプション売買を行うヘッジファンドと化していたことを発見した。自動車製造は名目を取り繕うためのお飾りになっていた。

謝辞、そして影響を受けた本や作品

私を「テクノ封建制」という言葉へと導いたきっかけのひとつが、ジョン・ケネス・ガルブレイスが一九六七年に著した『新しい産業国家』[*1]だ。同書の中でガルブレイスは「テクノストラクチャー」という用語をつくり出し、アメリカの政府機関と企業が事実上、一体化している状態を表現した。当時のアメリカ企業では、プロフェッショナルな経営陣、マーケター、アナリスト、財務担当者、エンジニアが結びつき、資本家や労働者とはまったく違う種類の新たな階級として台頭していた。ガルブレイスの描いたテクノストラクチャーは資本主義を脅かす存在ではなかった（むしろ、その逆だった——第二章を参照）ものの、そこから半世紀後に今のテクノ封建制へと向かう明らかな道筋をつけた（第三・四章を参照）。

二〇一八年までには、私はすでにあちこちの新聞や講演でテクノ封建制に関する仮説を披露していた。そのあいだに、巨大テック企業の影響力についての議論が再燃していた。きっかけになったのは、ショシャナ・ズボフが書いた『監視資本主義——人類の未来を賭けた闘い』[*2]である。その二年後にセドリック・デュランが『テクノ封建制——デジタル・エコノミー批判』[*3]を発表し、議論はさらに盛り上がった。

ズボフもデュランも巨大テック企業を独占的資本主義企業として取り上げ、そのデジタル・プラットフォーム（たとえばフェイスブックやアマゾン）が公共事業（電力、上下水道、鉄道網、通信など）のような機能を果たしていることに注目していた。ただし、巨大テック企業はクラウドを利用して私たちの個人情報を収集し、独占力を強めているとも書いていた。彼らの説にはなるほどと思ったものの、シリコンバレーの資本家がクラウドベースの監視機能を使って私たちへモノを売り込む力を強化している、という以上のことが起きていると私は確信していた。

もっと根本的ななにかが変わっていて、資本主義そのものが揺らいでいるという私の考えは間違っていないと感じさせてくれたのが、二〇一九年にマッケンジー・ウォークが出版した『資本主義は死んだ――こっちのほうがもっと悪い？』[*4]だった。これは全力で推薦したい本だ。私が考えていたことの多くが彼女の言うこととぴったり合致すると思ったが、ひとつだけ違う点があった。ウォークは、資本の力を弱めたり奪ったりするような仕方で、原材料の供給者と生産流通のすべての段階を結びつけるベクター（媒介となるもの）を支配する「ベクタリスト」階級の登場について書いている。私の見方は違う。彼女の言う「資本の首を絞めるベクター」が、私からは「資本の突然変異」に見えた。これはかなり有害なクラウド資本であり、ここから富を収奪する封建領主のような力を持った新しい支配階級が生まれたと感じていたのだ。

私のことを少しでもご存じの読者なら、ここで私が『スター・トレック』に触れても驚かないはずだ。まさかと思われるかもしれないが、「クラウド資本」という私の造語はもともと、「クラウド・マインダーズ」という、最初期シリーズ・シーズン3の第二一話（一九六九年二月二八日放送）に出てきた言葉だった。マーガレット・アーメンが脚本を書いた（原作はデイヴィッド・ジェロルドとオリバー・クロフォード）このエピソードは、支配階級が贅沢な暮らしを送る惑星アーダナの都市ストラトス（雲《クラウド》の上に静かに浮かぶ空中都市）で展開される。すべての労働はトログライトと呼ばれる人々が地上と地下の鉱山で行っている。奴隷階級であるトログライトは日常的に有毒ガスに晒《さら》され、健康が蝕《むしば》まれている。私は『スター・トレック』の「クラウド・マインダーズ」からテクノ封建制のクラウド資本をどうしても連想してしまい、その考えが頭から離れなくなった。そのあと、二〇二二年にブレット・スコットが新ラッダイト運動を描き、クレジットカードとデジタル・マネーを批判する『クラウドマネー――現金、カード、仮想通貨とウォレット争奪戦』[*5]を出版したとき、私はお墨つきを得たような気になった。

マッケンジー・ウォークのほかに、コリイ・ドクトロウの主張や考えも私に近い。彼がさまざまな雑誌に寄稿した記事やブログはいずれもおすすめだし、二〇二二年にレベッカ・ギブリンとの共著で出版した『窒息する資本主義――ビッグテックとビッグコンテンツはいかにしてクリエイティブ労働市場を支配したか、そして私たちはどうやってそれを取り戻すのか』[*6]についても、もちろん一読をおすすめする。

最後に忘れてはならないのは、編集者のウィル・ハモンドへの感謝だ。彼との仕事は本当に楽しかった。そして友人であり同志でもあるジュディス・メイヤーは、私が知らない最近のアルゴリズムやプログラミング、クラウドテックなどに関する多くの知識を授けてくれた。ここにお礼を申し上げる。

解説　日本はデジタル植民地になる

斎藤幸平

「新しい封建制」をめぐる議論が世界的に盛り上がりを見せている。ソ連崩壊から三〇年以上が経《た》った今、グローバル資本主義の成れの果ては、その自己否定としての「テクノ封建制」だったというのである。それは身分が固定化され、格差が広がり、自由が奪われた社会にほかならない。[*1]

だが、デジタル技術の開発競争でも後《おく》れを取る日本では、AI楽観論が支配的で、テクノ封建制の危険性についての議論がまったくと言っていいほど紹介されていない。このままでは日本はデジタル植民地になる。その危険性に気がつくために本書『テクノ封建制』は欠かすことができない文献であり、欧米で大きな関心を呼んだ一冊である。まずは日本での刊行を心から喜びたい。

日本が停滞しているあいだに、ほかの世界ではこの三〇年で時代が大きく変わった。水平的で透明性の高い民主主義が世界規模で実現すると持て囃《はや》された時代が、二〇〇〇年代初頭にはあった。インターネットによって、情報は「無償《フリー》」になり、「自由《フリー》」になる。この情報技術が提供する二重の「フリー」な世界が経済を成長させ、民主主義を広げていく。こうした希望がジェレミー・リフキンの「限界費用ゼロ社会」やアントニオ・ネグリとマイケル・ハートの「マルチチュード」といった新しい水平的な世界に向けた想像力を下支えしていたのだ。[*2]

ところが、四半世紀ほど経って現実に起きたデジタル社会の発展は期待とは大きく異なった展開を見せるようになる。楽観的なネット神話の時代は終わったのだ。この間に発展したのは、クラウド、ビッグデータ、モノのインターネットからなる「ネクスト・インターネット」だ。「ネクスト・インターネット」のもとでは、限界費用ゼロ社会も、水平な革命運動も到来しなかった。むしろデジタル経済が台頭した結果、資本主義は姿を大きく変えるようになり、ついには「資本主義は死んだ[*3]」とさまざまなところで言われるようになった。その資本主義の代わりに現れたのが「テクノ封建制」である。

実際、GAFAMに代表される巨大テック企業はプラットフォームの独占によって富を集中させると同時に、ますます強欲に、そして収奪的になっている。プライバシーは侵され、データの収集とアルゴリズムによる解析で、私たちの生活はかつてないほどに量化され、商品化されるようになったのだ。「マクドナルド化した世界」が二〇世紀の合理化の帰結なのだとすれば[*4]、二一世紀の「グーグル化する世界」では資本による搾取や監視が以前とは比較にならないほど徹底したものになっていく。今や経済格差はかつてないほどに広がり、ウーバーなどに見られるギグワークと呼ばれる、不安定で雇用保険もない個人請負の仕事も一般化してしまった。

これを担うのは、いわゆるデジタル・プロレタリアート、バルファキスがクラウド・プロレタリアートと呼ぶ階級だ。

またネット空間にはフェイク・ニュースがあふれ、フィルター・バブルのもとで自分の見たい情報だけを見てほかの異なる考え方を遠ざける風潮が進み、社会の分断が進んでいる。アルゴリズムに任せっきりの人間の知性は劣化し、情報を主体的に判断し、それを正しい目的に用いるよりも、ただAIの指令に身を任せるようになりつつある。権力者にとっては、人々の監視や誘導が容易になった。イスラエルでガザの市民を見張り、殺害するレーダーやドローン、監視カメラが、今後はテロ対策などの名目で先進国内にも導入されて、市民の動向の把握や運動抑圧に使われ、「内戦化」していくだろう。いまや民主主義さえも存続の危機に陥った。

だが、それがなぜ「封建制」なのか？　バルファキスによれば、資本主義の特徴が市場における商品の生産活動を通じた利潤の獲得競争だとすれば、封建制の特徴はレント（地代）である。資本主義では資本家が生産手段を所有し、自動車や冷蔵庫といった商品をつくり、販売するのに対して、封建制の特徴は、そのような生産活動を行わずに、独占によって富を増やしていくことにある。封建領主は、自分ではなにも生み出さない。農奴に自分の土地を耕させて、地代を奪い取る。そしてそれを取り巻きの家臣にばらまく。これと似たようなやり方が現代に復活している。現代の封土や荘園にあたるデジタル空間のクラウド上で、人々から利子や手数料、特許のライセンス利用料といったレントをふんだくる、ピンハネが横行しているのである。

テクノ封建制のクラウド領主がいるのは、もちろんシリコンバレーを中心としたアメリカのデジタル帝国である。だが、その支配は世界全体に及ぶ。したがって当然ながら、地政学的な帰結をもたらす。GAFAMのような自前のプラットフォームを持たない日本やEUといったグローバル・ノースの国々も、アメリカのデジタル植民地になっていくからである。

この流れに唯一抵抗できるのは、アリババやテンセントなど独自のプラットフォームを持つ中国だけだ。そしてまさにこのことがプラットフォームをめぐる覇権争いを引き起こし、米中間の地政学的緊張関係を高める原因になっている。それがどのような帰結を迎えるかはまだわからないが、第三次世界大戦のきっかけにもなりかねない。

中国以外の国は、デジタル帝国によって収奪され続けることになるが、それは日本も例外ではない。GAFAMのような企業はデータを抽出し、それをビッグデータとして加工している。そうしたデータやアルゴリズムは製品の生産やマーケティングに欠かせないものになっているが、ほとんどの企業は金を出してGAFAMから買うしかない。また、アマゾン・ウェブ・サービス（AWS）などが提供するデータセンターやサーバー代のためにも、支払いをしなければならない。

その結果、日本のような自前のプラットフォームを持たない国ではデジタル・トランスフォーメーションを進めれば進めるほど、富はアメリカへと流出していく。デジタル赤字は年々増加し、本書の刊行年には七兆円に近づくとされ、そのことが円安の一因になっているという指摘もある。日本国民は、アメリカのデジタル帝国の荘園を耕すクラウド農奴なのである。

今や、GAFAMのような数少ない巨大テック企業が荘園としてのプラットフォームを支配し、経済的権力を集中させ、地球上のほとんどの人々とのあいだに非対称な関係を築いている。自分たちの独占的地位を脅かすような企業が出てくれば、買収してしまえばいい。肝心な技術は特許で徹底的に守る。独占して「規模の経済」が作用するようになれば、ユーザーの退出費用が大きくなり、私たちは不利な条件でも呑《の》まざるを得なくなる。

こうした知財とデータを中心とした収奪型経済は、資本主義の抱えるパラドックスに光を当ててくれる。それは経済成長をしているにもかかわらず、労働生産性の停滞とそれにともなう格差拡大が発生している、という謎である。実際、近年のＩＴ革命にもかかわらず、労働生産性の伸び率は低下しているのだ。

けれどもこのパラドックスは、「テクノ封建制」のもとでの投資の多くが剰余価値の生産ではなく、収奪のための投資だということに気がつけば、理解できるようになる。

もちろん、イノベーションが起きているのは間違いない。だが、それは生産過程におけるイノベーションではない。むしろ今では、生産過程以外の場所で起きていると言ってよい。より多くのデータを引き出し、流通やレントの次元で効率性を高めることで、価値を収奪するための技術に莫大《ばくだい》な投資が行われているのである。そうした投資の結果に限れば、一部の企業は膨大な利潤を上げるようになっているが、全体としてのパイが増えることはない。

だとすれば、企業がいくら利益を増やそうとしても、国民の暮らしが豊かにならないのは当然だろう。むしろ収奪が資本投資の主目的になることで、実体経済の生産活動はますます周縁化されていく。増えているのは、デジタル領主に群がっておこぼれに与《あずか》ろうとするコンサルタントやPR広告業などの「ブルシット・ジョブ」ばかりである。

問題は国民からの収奪にとどまらない。デジタル経済が引き起こす環境負荷も極めて深刻である。二四時間バックアップも含めて絶えず稼働し続けなければならないデータセンターやサーバーの維持、AI開発のディープラーニングにおいては膨大な電力が使用され、冷却用の大量の水が必要になり、さらには、コバルトやニッケルなどのレアメタルがグローバル・サウスから収奪され、鉛、水銀、カドミウムなどのさまざまな汚染物質がまき散らされている。加えてEゴミと呼ばれる電子機器などの廃棄物も中国やアフリカなどですでに問題になっている。

電力需要の急増も「テクノ封建制」に伴う問題だろう。アマゾンやマイクロソフトは、AIを開発するための電力を賄《まかな》うために、自前の原子力発電を調達する準備に入っている。それは名目上は「脱炭素化」のためでもあるが、そもそもこうした形での電力需要が増え続ければ、いくら再生可能エネルギーを増やしたところで火力発電を減らすことができないという結果になりかねない。デジタル化は効率性を高め、環境にやさしい社会をつくるように見えるかもしれないが、実態はそのような牧歌的なイメージとは大きく異なっているのである。本書はこうした現実を理解するうえで必読の一冊である。

一方で、バルファキスのテクノ封建制については、その概念の是非をめぐってさまざまな論争が繰り広げられている。[*5] また、テクノ封建制という呼び名以外にも、「監視資本主義」や「プラットフォーム資本主義」、「レント資本主義」など、むしろ事態を資本主義の発展段階として捉えるような議論もある。[*6] そして、このような事態を解決する方法として、プラットフォームを公共財にしていくのか、GAFAMの独占を解体して競争を取り戻すのか、あるいは国家の法規制によってプライバシー保護を重視していくのかをめぐっても意見の相違がある。そのうえで、そうした社会を公正な「デジタル資本主義」と見なすのか、それとも資本主義を超えた「プラットフォーム社会主義」と見なすのかについても、多様な見解があることをつけ加えておこう[*7]。

独占やピンハネに基づいた「テクノ封建制」をよりよい公正な「デジタル資本主義」に改善することができるのか。私はそのような可能性について懐疑的である。そして、この本が描く社会の変化を「封建制」と呼ぶことの弊害もあると考えている。つまり、封建制を脱してよりよい資本主義や自由市場経済を目指すべきだという含意が期せずして生まれてしまうのではないか、という懸念を抱かずにはいられないのだ。

デジタル技術が私たちの生活に欠かせないものとなり、公的な意義を持つようになっているからこそ、そもそも私企業に十分な規制もないまま、管理や開発を委ねることは本来許されるべきではない。デジタル経済を〈コモン〉に転換するにはどうすればよいのか、私たちは真剣に考えなければならない。単にオープンAIのような人工知能企業やTSMCのような半導体製造メーカーを日本に誘致して、経済特区をつくって経済を成長させようという楽観論はまったく的が外れている。日本のこれ以上の没落を避けるためには、バルファキスの警鐘から学び、危機感をもって対策を練らなければならない。

註

第一章　ヘシオドスのぼやき

1　第九歌三六〇行。［ホメロス『オデュッセイア（上）』松平千秋訳、岩波文庫］

2　一七四―二〇〇行。［ヘーシオドス『仕事と日』松平千秋訳、岩波文庫］

3　カール・マルクス「『ピープルズ・ペーパー』誌創刊四周年記念の会での演説」一八五六年（Karl Marx, speech at the anniversary of the *People's Paper*, 1856）

4　『共産党宣言』［カール・マルクス、フリードリヒ・エンゲルス著、堺利彦、幸徳秋水訳、彰考書院］（*The Communist Manifesto*, 1848）

5　一八六五年。［カール・マルクス『資本論　第一巻』上・下巻、今村仁司、三島憲一、鈴木直訳、ちくま学芸文庫］

6　一八四四年。［カール・マルクス『経済学・哲学草稿』長谷川宏訳、光文社］

7　一八四八年。［『共産党宣言』］

第二章　資本主義のメタモルフォーゼ

1　https://time.com/mad-men-history/

2　ブレトンウッズ協定は、この協定が結ばれた国際会議が行われたニューハンプシャー州の地名にちなんで名付けられた。

3　正確には、ニクソンは（ブレトンウッズ体制下の）金一オンス＝三五ドルという固定価格でのアメリカによる金兌換義務を撤廃すると発表した。それは実際にはドルと欧州通貨、そしてドルと日本円の固定交換比率を廃止することだった。テキサス出身の財務長官ジョン・コナリーは、ショックで声も出ない欧州の首脳たちにこう言い放った。「我々のドルは、今やあなたがたの問題だ」。

4　デリバティブの仕組みについては附記②を参照。

第三章　クラウド資本

1　カール・マルクスは『資本論』第一巻で、ピールの物語をこのように語った。「ピール氏は、あらゆるものをスワン・リバー（西オーストラリア）に持ってきたが、不幸にもイギリスの生産様式だけは輸出できなかった！」。

2　『共産党宣言』を参照。

3　拙著『父が娘に語る 美しく、深く、壮大で、とんでもなくわかりやすい経済の話。』［関美和訳、ダイヤモンド社］第六章（*Talking to My Daughter: A Brief History of Capitalism*, Vintage, 2019）を参照。

4　ニューラル・ネットワークは、コーネル航空研究所のフランク・ローゼンブラットによって開発された。最近ではこうしたネットワークを使い、分子と細菌の繁殖を防ぐ可能性とをつなぐ大規模なデータセットを解析することによって、抗生物質（ハリシンなど）の合成にも成功している。その抗生物質がターゲットとする細菌の化合物についてなにも知らなくても、アルゴリズムがすべてをやってくれる！

5　関連する記述についてはこちらを参照。https://www.theverge.com/2019/4/25/18516004/amazon-warehouse-fulfillment-centers-productivity-firing-terminations

第四章　クラウド領主の登場と利潤の終焉

1　https://www.theguardian.com/business/2020/aug/12/uk-economy-covid-19-plunges-into-deepest-slump-in-history

2　https://markets.ft.com/data/indices/tearsheet/historical?s=FT

3　SE:FSI
面白いことに、ビデオゲームのコミュニティで生まれた最初の本格的なデジタル市場は、ある意味でリバタリアンの理想だった。制作会社は自由に制作し、買い手はお互いに交流し、一方で企業は介入せず、どの商品もおすすめせず、売上から販売手数料をもらうだけだった（レントを嫌う純粋なリバタリアンなら、この点については嫌っただろう）。これとはまったく対照的に、アマゾン・ドットコムやアリババのようなサイトでは、買い手も売り手も自由に交流できず、同じものを見ることさえできず、それどころかアルゴリズムがオンラインでの買い手と売り手の自由な交流を妨げ、それぞれができることとできないこと、見えるものと見えないものも決めている。

4　欧州連合［EU］は最も熱心な緊縮政策の推進者となり、二〇一〇年以降はイギリスのキャメロンとオズボーンが少し遅れてEUに続き、緊縮政策で自国を打ちのめした。一方、アメリカではオバマ大統領が刺激策を全面に打ち出したが、現実は違っていた。モノやサービスや労働の需要の落ち込みに比べて、政府による刺激策は規模が小さすぎた。だが、より厳密に言えば、刺激策の効果は（主に不動産価格の大幅な下落による）収入の急激な落ち込みによって引き起こされた、州規模での大幅な支出削減によって相殺されたのだった。

5　これは例外ではなかったことを特記しておきたい。二〇〇九年から二〇二二年のあいだ、ユーロ圏、スカンジナビア、スイス、日本の政策金利はマイナスだった。そして、それは単なる政策金利にとどまらなかった。その間、一八兆ドル（ヨーロッパと日本の歳入を超える額）を上回る融資において、貸し手が利子を支払うことになったのだ。

6　二〇〇八年の金融危機後の銀行救済はあまりにも腐敗していたが、そうではないやり方もある。一九九二年に北欧の銀行が破綻したとき、政府は介入を行って救済したが、銀行家は救済しなかった。むしろ彼らを追い出し、銀行を国有化し、新たに経営陣を任命し、何年かあとに新たな所有者へと売却した。一九九八年のアジア通貨危機後の韓国でも同じだった。それとは対照的に、二〇〇八年の金融危機後、アメリカと欧州では、リーマン・ブラザーズ以外の破綻した銀行家を中央銀行が救済した。それを見た私が思いついた造語が「バンクラプトクラシー」（破綻と支配を掛け合わせた言葉）だ。それはポスト金融危機の新たな現実――つまり西側の銀行家の力は、その銀行の損失の大きさに等しいということ――を表していた。拙著『世界牛魔人――グローバル・ミノタウロス：米国、欧州、そして世界経済のゆくえ』［早川健治訳、那須里山舎］（*The Global Minotaur*, Zed Books, 2011）を参照。

7　中央銀行は実際にはどのようにこれを行うのか？　個人は中央銀行に口座を持つことはできない。口座を持てるのは金融機関だけだ。中央銀行（イングランド銀行であれ、連邦準備制度であれ）が行う必要があるのは、民間銀行（バークレイズであれ、バンク・オブ・アメリカであれ）が中央銀行に持つ口座に金額を打ち込むことだけだ。それで貸越を許可できる。法的には、これが可能となるためには、民間銀行が債権者となっている国債や社債や住宅ローンやクレジットカード債権などと同額の担保を差し出さなければならない。しかし金融危機のあいだは、だれもがほかのだれかに対して借金があり、そしてだれも借金の支払いができない状態なので、中央銀行は紙切れほどの値打ちさえない担保でも受け入れる。

8　表向きには独立的であるはずの中央銀行は、当然ながら、銀行家の救済を正当化するために公共の利益を訴える必要があった。そこで彼らは「信頼の回復」と「投資の促進」を理由に、銀行家に大量の現金を流し込むしかなかった。状況は最悪だったので、中央銀行は、企業による投資を促すために銀行に資金を渡さざるを得ないのだと国民に説明していた。

9 もうひとつの例を挙げると、コロナ禍の最中に原油価格がゼロを下回った日が、一日程度あった。それは奇妙だが、わからなくもないことだった。市民のほとんどはロックダウンに遭い、石油とディーゼルオイルの需要は消え失せた。突然に石油備蓄があふれ、需要にかかわらず毎週一定量の石油を買い入れる義務を負った所有者は、やむを得ずお金を支払ってでも余った石油を引き取ってもらうしかなかったのである。

10 https://www.pionline.com/money-management/blackrock-aum-recedes-10-trillion-high
https://corporate.vanguard.com/content/corporatesite/us/en/corp/who-we-are/sets-us-apart/facts-and-figures.html
https://newsroom.statestreet.com/press-releases/press-release-details/2022/State-Street-Reports-First-Quarter-2022-Financial-Results/default.aspx
ビッグ・スリーが支配する株式とデリバティブの合計額は二二兆ドルになり、これはニューヨーク証券取引所に上場する株式価値の総額（約三八兆ドル）の半分以上にのぼった。アナリストたちは *The Boston University Law Review* 誌上で、ビッグ・スリーがアメリカの株主議決権の四〇パーセントを占める日も近いと予測した。

11 ウォール街が実際の中央銀行（連邦準備制度、欧州中央銀行など）の信用を急加速させる能力を考慮すると、アメリカの国内総生産（GDP）のおよそ一年分に相当する。

12 たとえば、バンガードはフォードとゼネラルモーターズの両方の大株主である。この二社を本気で競わせても、バンガードは得をしない。

第五章　ひとことで言い表すと？

1 スペイン戦争におけるシモーヌ・ヴェイユの体験から生まれたエッセイ 'The Power of Words'［言葉の力］からの引用。

2 ナポレオン戦争によって穀物輸入が止まり、イギリスで価格が上昇したため、地主は得をし、戦争後もこの棚ぼた的な利得を確保し続けようと目論《もくろ》んだ。そのため、戦時に生じていた遮断が解消されたあとでも彼らは穀物法を施行して、穀物輸入を制限した。

3 ローザ・ルクセンブルクは一九一五年に刑務所で書いた小冊子に、社会主義は必然ではなく、野蛮状態がやってくる可能性も同じだけ存在すると書いた。「ユニウスの小冊子」の名前で知られる彼女の著作 *The Crisis in German Social Democracy*［ドイツ社会民主主義の危機］は、第一次世界大戦に向かったドイツの社会民主党指導層への強烈な批判である。

4 https://www.cnbc.com/2021/10/31/ula-inside-jeff-bezos-first-investment-in-indonesian-e-commerce-html

5 一九世紀初頭のロンドンの銀行家であり、有名な自由市場主義者である経済学者のデヴィッド・リカードは、この点を明確にしている。収入の中で家賃の割合が増えると必ず投資が減り、モノの需要が下がり、成長が頭打ちになる。『経済学および課税の原理』［上・下巻、羽鳥卓也、吉澤芳樹訳、岩波文庫］（*On the Principles of Political Economy and Taxation*, 1817）を参照。

6 https://www.theguardian.com/business/2020/oct/07/covid-19-crisis-boosts-the-fortunes-of-worlds-billionaires

7 附記①を参照。

8 前章で、中央銀行が大量の貨幣を発行して金融業者に流すことによって、貨幣を有害化していることについて話した。しかし、その際に私が強調したのは、銀行家のための貨幣発行と多くの人々にとっての緊縮の組み合わせこそが、貨幣の有害化をもたらしたということであった。主流の評論家たちがこの緊縮の部分について（彼らが緊縮に賛成していることは確かなのに）口を閉ざし、中央銀行の貨幣発行にしか批判の矢を向けないというのは非常に興味深い。二〇〇八年以降、違うやり方があったかもしれないことについて、彼らは意図的に口を閉ざしている。中央銀行が実際に行ったこととは別の方法に彼らは賛成するか？　たとえば返済不能な（公的および民間の）債務の免除、破綻した銀行の国営化、ベーシック・インカムの財源としての貨幣発行、といった景気刺激策に賛成するか？　もちろんしない。とすると、彼らの中央銀行批判は偽善の極みでしかない。

9　https://www.ft.com/content/65713f3f-394c-4b31-bafe-043dec3dc04d

10　https://www.reuters.com/markets/europe/bank-england-buy-long-dated-bonds-suspends-gilt-sales-2022-09-28/
この短期ながらも深刻な危機の最中に、イギリスの大富豪たちのために国家債務を大幅に増大させると発表したリズ・トラスは、イギリス首相として最短の在任期間を終えることになった。トラスの発表に反応して英国債市場の底が抜けた理由は、長年の「銀行家のための社会主義」のあいだにシティに埋められた地雷のせいだった。イギリスの年金基金は、インフレと金利上昇のリスクをヘッジするために莫大な金額をデリバティブへと投資していた。だが、その投資は英国債を担保に資金を借りて行っていたものだった。そのため、トラスが緊縮財政を前倒しせず、大幅減税のための国債を大量に追加発行すると発表したせいで、英国債は下落し、年金ファンドは損失をカバーするためにさらにデリバティブへと資金を注ぎ込んだ。パニック状態の中で、年金基金は唯一の手持ちの流動資産である国債を売った。イングランド銀行が介入し、リズ・トラスが汚名にまみれてダウニング街10番地［首相官邸］を去るまで、この悪循環は続いたのだった。

第六章　新たな冷戦――テクノ封建制のグローバルなインパクト

1　https://www.nytimes.com/2022/10/07/business/economy/biden-chip-technology.html

2　アメリカと中国の労働者は二次被害も受けていた。中国の資本家がアメリカの不動産を買い漁ったことでアメリカの住宅価格が上昇し、アメリカの労働者はさらに困窮し、「マイホームの夢」を叶《かな》えるためにさらに多額の住宅ローンを組むことになった。一方で、アメリカの純輸入の増加によって中国の資本家のドル建ての利益はさらに増大し、その資金がアメリカに還流していったため、中国経済においては、その利益を生み出した大衆の収入はますます減った。

3　中国による莫大な投資で恩恵を受けたのはアメリカ経済だけではない。ユーロ圏の中でも比較的弱い国の経済がドミノのように倒れはじめたとき（最初にギリシャ、次にアイルランド、ポルトガル、スペイン、イタリア、キプロスなど）、ドイツの製造業は輸出先をこうした弱い市場から、需要の強い中国に切り替えた。設備投資の好調な中国では、たとえば数千マイルにわたる高速鉄道がわずか三年で建設されていた。

4　私がこの文章を書いた二〇二三年一月一〇日時点。

5　アメリカの巨大テック企業は中国のライバルに必死に追いつこうとしていた。ウォール街ではすでに超強力な金融機関が確立されているため（金融業界における彼らの独占を直接崩すことは不可能なので）、シリコンバレーは金融業界に取り入ろうとしている。たとえば、マイクロソフトはロンドン証券取引所グループと手を組んだ。このような提携は三度目である。グーグルもそれ以前に、シカゴ・マーカンタイル取引所（CME）との一〇年間のクラウド・コンピューティング協定に一〇億ドルを投資していた。彼らに後れを取るまいと、アマゾン・ウェブ・サービス（AWS）はニューヨークのナスダックと手を組み、オプション取引所のひとつをAWSに移行することに合意させた。

6 マイケル・ペティスの論文、'Will the Chinese renminbi replace the US dollar?'［中国人民元はドルの地位を奪うのか？］(*Review of Keynesian Economics*, Vol. 10, No. 4, Winter 2022, pp. 499-512) および彼のマシュー・C・クレインとの共著『貿易戦争は階級闘争である――格差と対立の隠された構造』［小坂恵理訳、青山直篤解説、みすず書房］(*Trade Wars Are Class Wars: How Rising Inequality Distorts the Global Economy and Threatens International Peace*, Yale University Press, 2020) も参照。

7 たとえば、アメリカと袂《たもと》を分かったあとのサダム・フセイン、イラン、ベネズエラ、そしてもちろんキューバ、そしてウクライナ戦争勃発後のロシア。

8 https://www.theverge.com/2018/8/13/17686310/huawei-zte-us-government-contractor-ban-trump
https://www.reuters.com/article/us-usa-tiktok-ban-q-a-idINKBN2692UO

9 一九八五年九月二二日、アメリカ、日本、西ドイツ、フランス、イギリスによってプラザ合意が結ばれた。その表向きの目的はドルの価値を切り下げ、ミノタウロスを手懐けること、つまりアメリカの貿易赤字を抑えることだった。プラザ合意によって、（合意後二年以内で）ドルは円に対して五〇パーセント超の切り下げに至ったが、プラザ合意の真の目的は隠されたところにあった。それは日本がアメリカのレント資本主義を脅かすようなレント国家になるのを阻止することだった。円が値上がりするにつれ、日本経済は減速していった。それに対応して日本銀行は金融機関に大量の貨幣を注入し、巨大な不動産バブルを生み出した。一九九〇年の初頭に政府がバブル抑制のために金利を上げると、住宅とオフィスの価格は暴落した。日本の金融機関は大量の不良債権を抱えることになった。一九三〇年代半ば以来はじめて、先進国の資本経済は流動性の罠にはまったのだ。それは二〇〇八年以降に西側諸国で起こったことの先駆けだった。その後、日本の中央銀行は大量貨幣発行（婉曲な言い回しで「量的緩和」と呼ばれた）に走り、二〇〇八年以降、西側の中央銀行はいずれも同じ政策を取ることになった。

10 西側の中央銀行は、過去にもベネズエラやアフガニスタンの中央銀行の資金を凍結したことがある。しかし、ロシアの中央銀行の資金凍結は、主要な中央銀行の資金が実際に没収されたはじめてのケースだった。

11 国際的な通信システム、たとえばSWIFT［国際銀行間通信協会］によって、グローバルな資金移動が可能になる。この協会はベルギーの組合によって所有されているが、SWIFTをだれが利用できてだれができないのかは、最終的にはアメリカ政府の意向で決まる。

12 当然のことながら、アメリカの連邦準備制度と欧州中央銀行は、中国のデジタル人民元に対抗するため、独自のデジタル通貨をつくりたいと真剣に思っている。だが、西側諸国には中国にない高い障壁がある。デジタル・ドルやデジタル・ユーロを悪の権化として見るウォール街やフランクフルトの銀行からの大反対だ（デジタル通貨によって決済システムにおける彼らの独占が消滅するからだ）。中国の民間銀行も中央銀行によるデジタル人民元を嫌っていた。だが、銀行家たちが政治家や官僚に国の法律を指示するアメリカやヨーロッパと違い、中国では共産党が銀行家を支配している。デジタル人民元がこれから進むべき道だ、と共産党が決定を下したとたんに勝負は決まった。

13 地域の人たちは当然、国産のものを手に入れたがる。問題は資本家が国内の人たちに支払う賃金が低すぎて、国民が国産のものを買えないことだ。ジョン・メイナード・ケインズの言葉を借りると、原因は需要不足ではなく、有効需要不足である。

14 拙著『世界牛魔人』を参照。

15 たとえば、一九七〇年代に欧州通貨制度がつくられ、一九八〇年代に単一市場ができ、一九九〇年代にユーロが生まれ、二〇一〇年代に欧州安定メカニズムができ、二〇二〇年代にはポストコロナ復興ファンドが創出された。面白いことに、ヨーロッパ最大の失敗の原因はこうした壮大なプロジェクトにある。この一連の大失敗に関する私の考えについては、*And the Weak Suffer What They Must?*［そして弱者は苦難を強いられるのか？］(The Bodley Head, 2017) および『黒い匣《はこ》 密室の権力者たちが狂わせる世界の運命――元財相バルファキスが語る「ギリシャの春」鎮圧の深層』［朴勝俊、山崎一郎、加志村拓、青木嵩、長谷川羽衣子、松尾匡訳、明石書店］(*Adults in the Room*, The Bodley Head, 2018) を参照。

16 適切な通貨統合には、共通の中央銀行だけでなく共通の財務省が必要になる。その財務省には、多額の共通債（たとえば、米国債に匹敵する欧州版のユーロ債）を発行する能力がなければならない。もし本気でEUが共通の財務省をつくり、適切なユーロ債を発行すれば、EU向けに輸出を行う中国の資本家は、ユーロで得た利益を米国債ではなくユーロ債に投資できるようになる。そうなれば、ユーロはドル支配に対抗できる準備通貨になる可能性がある。だが、アメリカは貿易赤字の財政を支えるのが難しくなる。アメリカの需要、つまり貿易赤字は、ドイツやオランダといったヨーロッパの黒字国から見れば純輸出（つまり資本家の利益）の源であるので、北欧の資本家と政府が欧州通貨同盟の完成に反対するのも無理はない。

17 問題はヨーロッパのエネルギー価格だけではない。ロシアの天然ガスから切り離されたことで、ヨーロッパはアメリカの液化天然ガスに依存するようになった。すなわち、ヨーロッパの資本家が所有するアメリカにある資産ではなく、アメリカ企業に属するアメリカの資産として、ヨーロッパの資本家が得る利益のより大きな部分がアメリカに還流されるようになるということだ。ヨーロッパがロシアの天然ガスからアメリカの天然ガスへの切り替えを余儀なくされたことで、ヨーロッパの資本家にとって旨みのあったダーク・ディールはまた打撃を受けた。

18 EUが戦略的重要性を失ったことは、次のような問いからうかがい知ることができる。いつかウクライナの停戦協議がはじまって、ウクライナの復興に必要とされる莫大な資金をEUが負担すべきだとアメリカが主張したら、だれがEUを代表して交渉するのか？ 東欧、バルト地方、北欧の国々はフランス政府もドイツ政府も信用しておらず、両国ともプーチンに対して弱腰すぎると思っている。だが、EUの資金を握っているのはドイツとフランスだ。EUはもちろんアメリカの言いなりになって、ウクライナのためにカネを出すだろう。しかし交渉の席に強いEU代表がいなければ、大陸レベルで代表者なき課税が行われるようなものだ！

19 一九七〇年代や一九八〇年代と今との違いは、当時のグローバル・サウスの苦境が主に、アメリカの利子率が四パーセントから二〇パーセントに上昇したせいであったことだ。今のアメリカの金利上昇率は当時よりはるかに低い。それでも、グローバル・サウスの苦境は一九七〇年代や一九八〇年代とそれほど変わらない。なぜなら、ドルが一五パーセント値上がりしたからだ。ドルの値上がりと金利上昇を合わせれば、現在の苦境は一九七〇年代から一九八〇年代の苦境と同程度だと考えられる。

20 ベンダー・ファイナンスとは、売り手が買い手に対して、売り手である自分からなにかを買うための資金を貸すことだ。たとえば、フォルクスワーゲンやゼネラルモーターズは消費者に車を買ってもらうために、顧客にローンを提供する。国家経済レベルでも同じことができる。ロンドンやニューヨークの銀行が政府にお金を貸したり、レバノンやエジプトやスリランカなどの輸入企業にお金を貸したりして、西欧製の軍艦や原材料や、どこにでもありそうな消費財までも売りつけるのである。

21 こんな仕組みになっている。明日の電力価格の下落による損失を補うために、彼らは価格の下落に大金を賭ける。だが、手持ちのお金は使いたくないので、まだ生産されていない電力を担保にして掛け金を借りる。もし価格が下がれば彼らは賭けに勝ち、売上の減少を補填できる。しかし、二〇二二年に電力価格は高騰し、掛け金を貸した金融機関は彼らに賭けを続けさせるために、はるかに多くの担保を要求した。そのため、電力会社はさらに多額の将来の電力を担保として差し入れなければならなかった。これによって電力の先物価格は下がり、その結果、株価が下落し、賭けを続けるためにはさらに多くの担保が必要になった。こうして悪循環がはじまり、政府が救済するまでそれが続いた。

22 しかし、グローバリゼーションが収入にもたらした影響が大きかったのは中国と韓国であり、中国と韓国ほどではないものの、その他の東南アジアにも影響したことは特記しておきたい。グローバリゼーションが世界の貧困に及ぼした前向きな影響についての統計から中国と韓国を除くと、グローバリゼーションが貧困を撲滅したという仮説はほとんど成り立たない。これは自由市場主義者（当然、彼らはグローバリゼーションが自由市場資本主義の優越を示す証拠だと主張したがる）にとっては皮肉だし、悩ましい点だ。なぜなら、中国が経済大国になれたのは金融市場を規制緩和し、国家による投資計画をやめるべきだという新自由主義者の勧めに抵抗したからだ。

23 Kathrin Hille, 'Foxconn to raise salaries 20% after suicides,' ［キャサリン・ヒル「フォックスコン、自殺者続出後、給与を二〇パーセント引き上げ」］, *Financial Times*, 29 May 2010 および Saloni Jain and Khushboo Sukhwani, 'Farmer Suicides in India: A Case of Globalisation Compromising on Human Rights,' ［サロニ・ジャイン、クシュブー・スコーワニ「インドの農民自殺—人権をないがしろにするグローバル化の事例」］, *Defending Human Rights and Democracy in the Era of Globalization*, IGI Global, 2017 を参照。

24 アン・ケース、アンガス・ディートン『絶望死のアメリカ——資本主義がめざすべきもの』［松本裕訳、みすず書房］（Anne Case and Angus Deaton, *Deaths of Despair and the Future of Capitalism*, Princeton University Press, 2020）を参照。

25 『一九八四年』［高橋和久訳、ハヤカワepi文庫］でジョージ・オーウェルはオセアニア、ユーラシア、イースタシアの三つの超大国がグローバル支配を目論みながらも失敗する未来を想像した。

26 ジャック・マーは、中国版のジェフ・ベゾスにウォーレン・バフェットの風味を加えたような存在である。マーはアマゾンの中国でのライバルであるアリババや、クラウド金融企業であるアント・グループなど多くの企業を創業し、経営してきた。習近平が中国のクラウド領主の力を削ぐとほのめかしたとき、彼はジャック・マーのことを念頭に置いていた。二〇一八年、マーはアリババの経営から降りるように「促され」、二〇二一年にはアント・グループの支配権も手放さざるを得なかった。同時に、中国政府はジャック・マーだけを狙い撃ちにしたわけではなく、すべてのクラウド領主たちの手綱を握るつもりであることを報道陣に漏らした。

第七章　テクノ封建制からの脱却

1 「モバター」と銘打ったステラークのパフォーマンスは、オーストラリアのキャスラで開かれた二〇〇〇年のイベント「サイバーカルチャーズ」の一部だった。

2 詳細については、拙著『父が娘に語る～経済の話。』を参照。

3 ジョン・メイナード・ケインズが美人コンテンストの例を使って、株式の「真の」価値を知るのは不可能だと説明したことはよく知られている。株式市場の参加者は、だれが一番美人であるかを判断するつもりはない。むしろ、平均的な意見としてだれが一番美人だと予測されるか、平均的な意見がなにを平均的な意見だと見ているかに基づいて彼らは勝者を選ぶ――まるで猫が自分のしっぽをぐるぐると追いかけるように。ケインズの美人コンテストの例は、現代の若者の悲劇の説明にもなる。

4 Johann Hari, *Stolen Focus: Why You Can't Pay Attention* [ヨハン・ハリ『盗まれた集中力――なぜ注意を払うことができなくなったのか』] (Bloomsbury, 2022) を参照。

5 トニー・ブレア政権のもとで拡大したシティの利益のごく一部が国民保健サービス（NHS）にまわされ、NHSの資金が増加したのはこの好例だ。その後、二〇〇七年から二〇〇八年の金融危機でシティは破綻し、納税者が大金を支払って銀行と銀行家を救済することになった。

6 限界費用（なにかをもう一単位だけ多く提供するためにかかる費用、たとえば追加の一分間のブロードバンド、もう一本分の動画配信、もう一冊分の電子書籍などにかかる費用）がゼロに近づく世界では、価格は消滅し、大金を稼ぐにはクラウド・レントを徴収するしかない（たとえば、投稿の拡散に料金を取るフェイスブックのようなプラットフォームや、売り手から代金の三五パーセントを徴収するアマゾンなど）。

7 作家であり巨大テック企業の批判者であるコリイ・ドクトロウは、こう上手に表している。「プラットフォームのために働くというのは、従業員にルールがどのようなものかを教えずに、ルールを破るたびに給料からカネを差し引く上司のもとで働くようなものだ。上司がルールを教えてしまうと、従業員は上司に気づかれないようにルールを破り、罰金を逃れてしまうからだ。コンテンツの管理運営は、セキュリティの確保を秘匿によって行うのが最善のビジネス慣行だとみなす唯一の領域だ」。

8 一九九〇年代から二〇〇〇年代にかけて、携帯電話会社は規制当局が相互運用性を強制しないよう――ライバル会社のネットワークに無料で電話する権利を利用者に与えないよう、また電話番号を変えずにライバル通信キャリアへと乗り換えることができないように――必死で抵抗していた。だが、規制当局が相互運用性を強制したことで通信会社の競争が増え、価格は下がった。クラウド領主が恐れることのひとつは、クラウドの相互運用性、つまりユーザーが自身のデータや電子書籍やチャット履歴や写真や音楽を失うことなく別のクラウド封土に移れるようになることだ。しかし、ユーザーが移したい個人のデータは複雑であることから（電話番号や電話帳などと違って）、クラウド領主がそれほど心配していないことも明らかだ。

9 一九五〇～一九六〇年代には、パレスチナ人、クルド人、西サハラの人たちによる要求は、彼らの自己決定権の倫理基盤に異議を唱える保守派からの囂々《ごうごう》たる非難に遭った。同じように、ラテンアメリカ、エジプト、韓国の人々の民主化への要求もまた、彼らの社会では慣習と制度の発展が不十分で民主主義の柱として機能しない、というバーク的主張をもとにした抵抗に遭った。しかし一九九一年以降、こうした独立国家と民主主義についての保守派の懐疑は消え去った。もちろん、旧ユーゴスラビアにおいては選択的に。また、アフガニスタンとイラクにおいては、中東の民主化という名目で。ただし、すべてNATO軍をしたがえてのことだった。

10 二〇〇八年一〇月三一日に投稿されたこの論文のタイトルは、'Bitcoin: A Peer-to-Peer Electronic Cash System'［ビットコイン：ピア・ツー・ピアの電子キャッシュシステム］だった。

11 この例は、ニコラス・シャクソン『世界を貧困に導く　ウォール街を超える悪魔』［平田光美、平田完一郎訳、ダイヤモンド社］(Nicholas Shaxson, *The Curse of Finance: How global finance is making us all poor*, The Bodley Head, 2018) から借りた。

12 ここで私が引き合いに出しているのは、イーサリアムという仮想通貨である。ビットコインと違って、イーサリアムは支払いに使えるだけでなく、ほかの種類のコミュニケーション――たとえば投票、デジタル契約など――にも使える。

13 ナカモトは二〇〇八年の論文で、ピア・ツー・ピアの認証プロセスを次のように要約していた。「ノードがほぼ自律的に一斉に動く。メッセージは決まった経路をたどるわけではなく、ベスト・エフォートに基づいて届けられるため、ノードを特定する必要がない。ノードは自由にネットワークを離れたり再び接続したりでき、離れている間に起きたことの証明としてプルーフ・オブ・ワーク［PoW］チェーンを受け入れる。CPUが真正のブロックを承認してチェーンを拡張し、真正でないブロックを拒否する。必要なルールとインセンティブはこの合意形成メカニズムによって行使される」。

14 「フィナンシャル・タイムズ」紙は、ゴールドマン・サックスは香港金融管理局、国際決済銀行、その他の金融機関と手を組むことにしたと報じた。彼らの共同プロジェクトは「ジェネシス」と名づけられ、ブロックチェーンを使って、グリーンボンドの買い手がボンドに紐《ひも》づいたカーボンクレジットを追跡できるようにする。世界銀行もまた、「チア」と呼ばれるブロックチェーンのシステムを使って同じようなことをやろうとしている。

15 二〇一四年当時、将来の進歩的なギリシャ政府が欧州中央銀行や既存銀行の支配を受けない決済システムを作り出せるようなツールを私は準備しており、ブロックチェーンを基盤にした決済システム「財政マネー」の設計を提案した。一年後、私はギリシャの財務大臣となり、こっそりとその実現を目論んでいた。だが残念なことに、当時の首相は国際金融機関の圧力に屈して実現を拒否し、私は辞任するしかなくなった。拙著『黒い匣』を参照。

16 パスカル・ドノホーによる『父が娘に語る～経済の話。』の書評 (*Irish Times*, 4 November 2017) を参照。

17 拙著『クソったれ資本主義が倒れたあとの、もう一つの世界』［江口泰子訳、講談社］(*Another Now: Dispatches from an alternative present*, The Bodley Head, 2000)

18 先述したアイルランドの財務大臣は、株式市場と民間投資家による資本の所有を終わらせるという私の意見が、起業家精神とイノベーションに反すると思い込んだ。彼に対する私の答えがここにある。

19 本書執筆中の二〇二三年四月時点で、中央銀行はハイパーインフレと闘うために新規の貨幣発行をしない方針であるにもかかわらず、一連の銀行破綻を救済するために大量の貨幣発行を余儀なくされている。第五章で説明した通り、二〇〇八年以降、中央銀行の発行する貨幣が資本家の利潤に取って代わり、システムの原動力になっている。

20 戦後の金融システムが確立された一九四四年のブレトンウッズ会議でジョン・メイナード・ケインズが提案した国際清算同盟の精神に、このふたつの税は基づいている（ここでの通貨は私が名づけたコスモスではなく、バンコールと呼ばれている）。この提案はアメリカ代表によってバッサリと切り捨てられ、予想通りドルがグローバル金融の中心とされた。

21 国会と並行して機能する市民議会のアイデアは、もちろん私のものではない。アイルランドはそうした議会（Tionól Saoránach もしくは「私たち市民」と呼ばれる）を設立した。この議会は中絶の議論で決定的な役割を果たし、国民投票の課題を設定し、国会の承認を経て、アイルランド国民の投票に付された。市民議会が国家統制にどのように利用されたかに関する詳細は、ダーヴィッド・ヴァン・レイブルック『選挙制を疑う』[岡﨑晴輝、ディミトリ・ヴァンオーヴェルベーク訳、法政大学出版局]（David Van Reybrouck, *Against Elections: The Case for Democracy*, The Bodley Head, 2016）を参照。

22 拙著『クソったれ資本主義が倒れたあとの、もう一つの世界』が出版されて以来、プログレッシブ・インターナショナルの創立メンバーたちが#MakeAmazonPay のハッシュタグのもとで、国際的なキャンペーンを行うようになった。

23 または、科学っぽい造語を使うと、最大化戦略《マクシミン》（最小限の個人の利益のために最大限の犠牲を払うこと）から最小化戦略《ミニマックス》（最大限の個人の利益のために最小限の犠牲を払う）への転換と言ってもいい。

附記① テクノ封建制の政治経済学

1 経済学という人によって意見の異なる領域への簡単な（専門的でない）入門編として、私が一九九八年に書いた *Foundations of Economics: A beginner's companion*, Routledge［経済学の基礎——初学者の手引き］をお読みいただいてもいい。マゾっ気のある読者なら、ジョセフ・ハレヴィ、ニコラス・テオカラキスとの共著で、分厚くてより専門的な *Modern Political Economics: Making sense of the post-2008 world*,［現代政治経済学——二〇〇八年以降の世界を理解する］（Routledge, 2011）をお読みいただきたい。

2 政治経済学では昔から、経験価値は使用価値として知られていた紛らわしい用語である。つまり、賢い人たちならば、効用のない仕事——芸術や美、知識のための知識、ただそこに山があるから行う山登りなど——に大きな主観的価値を吹き込むことができるし、そうすべきである。したがって、私の言葉である「経験価値」は、なにかの役に立っても立たなくても、前向きで健全で楽しくて心が満たされるような経験から得られる価値を指す（新古典派の経済学者はジェレミー・ベンサムにしたがって、経験価値を効用として捉えていることに注意）。

3 古典派政治経済学（たとえばアダム・スミス、デヴィッド・リカード、カール・マルクスなど）では、私が「経験労働」と呼ぶものは単に「労働」と呼ばれていた。「経験」という形容詞を加えたのは、それ（経験活動としての労働）を商品としての労働と区別するためだ。「商品労働」は、古典派経済学では「労働力」と呼ばれていた。要するに、古典派政治経済学者は「労働」と「労働力」を区別しており、私は労働の二面性を「経験労働」と「商品労働」に分けたほうがややこしくない（さらに、より学びが深くなる）と思ったのだ。

4 剰余価値とは「剰余交換価値」を意味する。経験価値は純粋に主観的かつ個人的なもので、なにものの剰余にもならないからだ。

5 もう少し正確には、これをモノプソニー（買い手独占）レントと呼ぶべきである（雇用者が独占的に商品労働を買い入れているため）。

6 売り手はみずからの市場での独占力（または消費者からぼったくる力）に応じて利幅（独占レント）を上乗せできる。競争の激しい市場では独占レントはゼロに近づく。言い換えれば、市場の独占が進めば進むほど、その生産に注がれた交換労働の総量と価格との差が拡大する――というのも、どんな商品の交換価値（1・1・2）も、その生産に注がれた経験労働（1・2・1）の総量に等しいからだ。

7 利潤が経済の主要な原動力となったのは、資本主義が封建制を退けたあとだった。かつての封建制のもとで経済の原動力として機能していたのは地代だった。もちろん利潤は常に存在し、歓迎されていたが、資本が力の源泉として土地に取って代わるまでは社会の主な原動力ではなかった。詳しくは、拙著『父が娘に語る～経済の話。』の第四章を参照。

8 銀行家とそのほかの似たような金融機関は、将来の価値を強引に現在へと引っ張ってくることで、なにもないところからローンを生み出し、資本家の計画に投資する。そしてその計画が将来、金利とともに返済されるだけの十分な価値を生み出してくれることをただ願うのみだ。

9 生産→分配→金融化というパターン（小作農が穀物を生産し、地主が自分たちの取り分を集め、それから余剰が市場で販売されて貨幣が蓄積され、それが貸し出しに向かう）にしたがう封建制と違って、資本主義では順番が逆になる。借金（金融化）がまず先にあり（事業者は資金をまず確保しなければならない）、分配がそのあとに続き（資本家が賃金や家賃や金融についての契約を結び）、それからやっと生産がはじまる。より詳しくは、拙著『父が娘に語る～経済の話。』の第三章を参照。

10 資本家の集合的気分（大衆心理）を言い表したジョン・メイナード・ケインズの言葉。資本家による集団的投資額が総需要の水準を決める。

11 カール・マルクスは、ほかのすべてが等しいならば、資本の蓄積は長期的には利潤率を押し下げると主張した。なぜなら、生産が資本集約的になるにつれ、単位ごとのアウトプットに含まれる人間の経験労働は減少するからだ。したがって、単位ごとの交換価値もまた徐々に減少する。だからそれにつれて当然、利潤率も下がるというわけだ。

12 ジョン・メイナード・ケインズの研究を発展させたハイマン・ミンスキーは、金融の不安定性が金融の安定期によって引き起こされることを示した（安定期がしばらく続くと、リスク回避型の投資家がとんでもないリスクを取りはじめる）。

13 クラウド領主へと利潤をもたらす仕事に対して、その報酬を受け取らなくてもいいと考える労働者は一定数存在する。もとは大規模多人数参加型のオンラインゲームで擬似報酬システムが開発されたことにはじまり、それが多くのデジタル・プラットフォームやクラウド封土に広がった。当初はゲーム参加者自身の行動が、そのゲーム環境の中で希少価値のあるデジタル・アイテム（レアな剣やヘルメットなど）に自然に交換価値を吹き込んでいた。そのうちに、そのゲームの開発企業が人気のデジタル・アイテムを報酬として与えるようになった――二〇二〇年にゲーム・コミュニティの外で熱狂を引き起こしたNFT［非代替性トークン］の最初の兆しがここにある。その後、企業は仕事を「ゲーム化」する方法を発見し、クラウド資本の蓄積に使うようになった。アマゾンが労働者を「アソシエイト」と呼びたがるように、こうした労働者は「プレーヤー」「ユーザー」「タスカー」と呼ばれる。クラウド資本のために彼らを働かせ続けようと、金銭以外のさまざまなトークン・ベースの支払い方法が使われ、労働者同士の競争を煽るためにスクリーン上で、旧ソ連のスタハノフ労働者さながらに順位づけもされている（二〇二〇年、アマゾンのクラウド型の搾取の仕事場であるメカニカルタークで働いていた労働者には、時給二ドル未満しか支払われず、タスクの九割では、一タスクごとに一〇セント未満しか支払われていなかった）。

謝辞、そして影響を受けた本や作品

1 ジョン・ケネス・ガルブレイス『新しい産業国家』上・下巻〔斎藤精一郎訳、講談社文庫〕（John Kenneth Galbraith, *The New Industrial State*, Princeton University Press, 1967）

2 ショシャナ・ズボフ『監視資本主義——人類の未来を賭けた闘い』〔野中香方子訳、東洋経済新報社〕（Shoshana Zuboff, *The Age of Surveillance Capitalism: The Fight for a Human Future at the New Frontier of Power*, Public Affairs, 2019）

3 Cédric Durand, *Technoféodalisme: Critique de l'Économie Numérique*, Zones, 2020

4 McKenzie Wark, *Capital Is Dead: Is This Something Worse?*, Verso Books, 2019

5 Brett Scott , *Cloudmoney: Cash, Cards, Crypto and the War for our Wallets*, The Bodley Head Ltd, 2022

6 Rebecca Giblin & Cory Doctorow, *Chokepoint Capitalism: How Big Tech and Big Content Captured Creative Labor Markets and How We'll Win Them Back*, Beacon Press, 2022

解説　日本はデジタル植民地になる　斎藤幸平

1 ジョエル・コトキン『新しい封建制がやってくる——グローバル中流階級への警告』中野剛志解説、寺下滝郎訳、東洋経済新報社、二〇二三年

2 ジェレミー・リフキン『限界費用ゼロ社会——〈モノのインターネット〉と共有型経済の台頭』柴田裕之訳、NHK出版、二〇一五年。アントニオ・ネグリ、マイケル・ハート『〈帝国〉——グローバル化の世界秩序とマルチチュードの可能性』水嶋一憲、酒井隆史、浜邦彦、吉田俊実訳、以文社、二〇〇三年

3 McKenzie Wark, *Capital Is Dead: Is This Something Worse?*, Verso Books, 2019

4 ジョージ・リッツア『マクドナルド化する社会』正岡寛司監訳、早稲田大学出版部、一九九九年

5 Cédric Durand, *How Silicon Valley Unleashed Techno-Feudalism: The Making of the Digital Economy*, Verso Books, 2024 / Evgeny Morozov, A Critique of Techno-feudal Reason, *New Left Review* 133/134 (Jan/April 2022) : pp. 89-126.

6 ショシャナ・ズボフ『監視資本主義』（前掲書）。ニック・スルネック『プラットフォーム資本主義』大橋完太郎、居村匠訳、人文書院、二〇二二年 / Brett Christophers, *Rentier Capitalism: Who Owns the Economy, and Who Pays for It?*, Verso Books, 2020 / 日本では、佐々木隆治「「新しい資本主義」とはなにか——レント資本主義と『資本論』の射程」（岩波書店『世界』二〇二二年六月号）が参考になる。

7 James Muldoon, *Platform Socialism: How to Reclaim our Digital Future from Big Tech*, Pluto Press, 2022

テクノ封建制《ほうけんせい》

デジタル空間《くうかん》の領主《りょうしゅ》たちが
私《わたし》たち農奴《のうど》を支配《しはい》する
とんでもなく醜《みにく》くて、
不公平《ふこうへい》な経済《けいざい》の話《はなし》。

2025年2月28日　第1刷発行
2025年6月11日　第3刷発行

著者　ヤニス・バルファキス
解説　斎藤幸平《さいとうこうへい》
訳者　関《せき》 美和《みわ》
発行者　樋口尚也
発行所　株式会社 集英社
〒101-8050 東京都千代田区一ツ橋2-5-10
電話 編集部 03-3230-6137
読者係 03-3230-6080
販売部 03-3230-6393（書店専用）
印刷所　株式会社DNP出版プロダクツ
製本所　株式会社ブックアート
マークデザイン+ブックデザイン　鈴木成一デザイン室
カバーデザイン　コバヤシタケシ
装画　藤嶋咲子「工場人間 #02」

Printed in Japan　ISBN978-4-08-737008-9　C0033
定価はカバーに表示してあります。

ヤニス・バルファキス
経済学者。1961年アテネ生まれ。2015年のギリシャ経済危機の際に財務大臣に就任、EUから財政緊縮を迫られるなかで大幅な債務帳消しを主張し、世界的に話題となった。現在はアテネ大学で経済学教授を務める。主な著書にベストセラー『父が娘に語る 美しく、深く、壮大で、とんでもなくわかりやすい経済の話。』をはじめ、『黒い匣』『クソったれ資本主義が倒れたあとの、もう一つの世界』など。

斎藤幸平 さいとう・こうへい
経済思想家。東京大学大学院総合文化研究科准教授。1987年生まれ。主な著作に17言語に翻訳され、世界的ベストセラーとなった『人新世の「資本論」』など。

関 美和 せき・みわ
英語翻訳者、ベンチャー・キャピタリスト。主な訳書に『FACTFULNESS（ファクトフルネス）』（上杉周作との共訳）『ゼロ・トゥ・ワン』『誰が音楽をタダにした?』など。

Shueisha
Series
Common